市政行业职业技能培训教材

# 沥 青 工

建设部人事教育司组织编写

中国建筑工业出版社

**图书在版编目（CIP）数据**

沥青工/建设部人事教育司组织编写 .—北京：中国
建筑工业出版社，2004
市政行业职业技能培训教材
ISBN 7-112-06884-3

Ⅰ.沥… Ⅱ.建… Ⅲ.沥青路面-技术培训-教材
Ⅳ.U416.217

中国版本图书馆 CIP 数据核字（2004）第 118954 号

市政行业职业技能培训教材

# 沥 青 工

建设部人事教育司组织编写

\*

中国建筑工业出版社出版、发行（北京西郊百万庄）

新 华 书 店 经 销

北京蓝海印刷有限公司印刷

\*

开本：850×1168 毫米　1/32　印张：11　字数：294 千字
2005 年 2 月第一版　　2005 年 2 月第一次印刷
印数：1—3000 册　　　　定价：**21.00** 元

ISBN 7-112-06884-3

TU·6130（12838）

本社网址：http://www.china-abp.com.cn
网上书店：http://www.china-building.com.cn

本书是根据建设部《职业技能岗位标准和职业技能岗位鉴定规范》编写的，内容涵盖了沥青工初级工、中级工和高级工的知识。主要包括：沥青工常用的基础知识，如机械常识、常用附件、电工常识、供电系统与电动机、电工仪表与测量；沥青工必备知识，如沥青混合料的组成、沥青、燃油、乳化沥青设备、改性设备、沥青混合设备、材料新工艺新设备等。

本书由浅入深，循序渐进，突出职业技能和实际操作，利于培训，方便自学。

本书可供全国市政行业职业技能沥青工及相关工种的工人培训用书，还可供高等、中等职业学校实践教学使用。

＊　　＊　　＊

责任编辑：姚荣华　田启铭　胡明安

责任设计：孙　梅

责任校对：刘　梅　王　莉

# 出 版 说 明

为深入贯彻《建设部关于贯彻〈中共中央、国务院关于进一步加强人才工作的决定〉的意见》，落实建设部、劳动和社会保障部《关于建设行业生产操作人员实行职业资格证书制度的有关问题的通知》（建人教〔2002〕73 号）精神，加快提高建设行业生产操作人员素质，培养造就一支高素质的技能人才队伍，根据建设部颁发的市政行业《职业技能标准》、《职业技能岗位鉴定规范》，建设部人事教育司委托中国市政工程协会组织编写了本套"市政行业职业技能培训教材"。

本套教材包括沥青工、下水道工、污泥处理工、污水处理工、污水化验监测工、沥青混凝土摊铺机操作工、泵站操作工、筑路工、道路养护工、下水道养护工等 10 个职业（工种），并附有相应的培训计划大纲与之配套。各职业（工种）培训教材将初、中、高级培训内容合并为一本其培训要求在培训计划大纲中具体体现。全套教材共计 10 本。

本套教材注重结合市政行业实际，体现市政行业企业用工特点，理论以够用为度，重点突出操作技能训练和安全生产要求，注重实用与实效，力求文字深入浅出，通俗易懂，图文并茂。本套教材符合现行规范、标准、工艺和新技术推广要求，是市政行业生产操作人员进行职业技能培训的必备教材。

本套教材经市政行业职业技能培训教材编审委员会审定，由中国建筑工业出版社出版。

本套教材作为全国建设职业技能培训教学用书，可供高、中等职业院校实践教学使用。在使用过程中如有问题和建议，请及时函告我们，以便使本套教材日臻完善。

建设部人事教育司

2004 年 10 月

# 市政行业职业技能培训教材
## 编审委员会

顾　　　问：李秉仁

主 任 委 员：张其光

副主任委员：果有刚　陈　付

委　　　员：王立秋　丰景斌　张淑玲　崔　勇

　　　　　　杨树丛　张　智　吴　键　冯玉莲

　　　　　　陈新得　沙其兴　梁银龙　刘　艺

　　　　　　白荣良　程　湧　陈明德

## 《沥　青　工》

主　　　编：胡达平

副 主 编：李辉中

主　　　审：林　秋

副 主 审：云德祥

编写人员：胡达平　李长田　孙仁海　黄　强

　　　　　周天复　李辉中　徐　欣　黄文婷

　　　　　王路松　李士杰

# 前　言

　　为了适应建设行业职工培训和建设劳动力市场职业技能培训和鉴定的需要，我们编写了《沥青工》培训教材。

　　本套教材根据建设部颁发的沥青工等工种的《职业技能标准》、《职业技能岗位鉴定规范》，由建设部人事教育司组织编写。

　　本套教材的主要特点是，每个工种只有一本书，不再分为初级工、中级工和高级工三本，内容上基本覆盖了"岗位鉴定规范"对初、中、高级工的知识要求。本套教材注重突出职业技能教材的实用性，对基本知识、专业知识和相关知识有适当的比重，尽量做到简明扼要，避免教科书式的理论阐述和公式推导、演算。由于全国地区差异、行业差异较大，使用本套教材时可以根据本地区、本行业、本单位的具体情况，适当增加一些必要内容。

　　本套教材的编写得到了建设部人事教育司、中国建筑工业出版社、中国市政工程协会、北京市政总公司的大力支持，在编写过程中参照了原机械工业部、交通部、建设部组织编写的部分技术书籍和国家有关规范、标准。由于编者水平有限，书中可能存在不足甚至错误之处，希望读者在使用过程中提出宝贵意见，以便不断改进完善。

编者

# 目　　录

# 一、公差与配合及机械识图

## (一) 正投影法的基本概念

### 1. 正投影

投射线相互平行且与投影面相垂直的投影方法，称为正投影法。根据正投影法所得到的图形，称为正投影图或正投影，简称为投影。工程中所使用的图样大都是采用正投影法画出的。

(1) 投影的基本性质

1) 显实性　直线的投影反映实长、平面的投影反映实形的性质，称为显实性 (图 1-1 (a))。

2) 积聚性　直线的投影积聚成一点，平面的投影积聚成一条直线的性质，称为积聚性 (图 1-1 (b))。

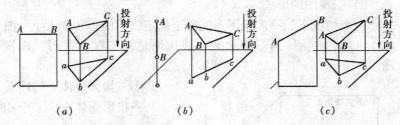

图 1-1　正投影的特性

(a) 线、面平行投影面，具有显实性；(b) 线、面垂直投影面，
具有积聚性；(c) 线、面倾斜投影面，具有类似性

3) 类似性　直线或平面与投影面倾斜，直线的投影长度变短、平面的投影面积变小，但投影的形状仍与原来的形状相类似，这种投影性质称为类似性 (图 1-1 (c))。

（2）三面视图

1）视图的基本概念

用正投影法所绘制的物体的图形，称为视图。

视图不是观察者看物体所得到的直觉印象，而是把物体放在观察者和投影面之间，将观察者的视线视为一组相互平行且与投影面垂直的投射线，对物体进行投射所获得的正投影图，其投射情况如图 1-2 所示。

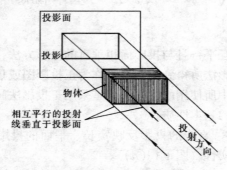

图 1-2　物体的视图

2）三视图的形成

一般情况下，一面视图不能完全确定物体的形状和大小（图 1-2）。为了将物体的形状和大小表达清楚，工程上常用三面视图。

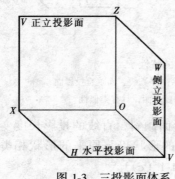

图 1-3　三投影面体系

①三投影面体系的建立

三投影面体系由三个相互垂直的投影面所组成（图 1-3）。它们分别为：正立投影面，简称正面，用 $V$ 表示；水平投影面，简称水平面，用 $H$ 表示；侧立投影面，简称侧面，用 $W$ 表示。相互垂直的投影面之间的交线，称为投影轴。它们分别是：$OX$ 轴，简称 $X$ 轴，是 $V$ 面与 $H$ 面的交线，它代表物体的长度方向；$OY$ 轴，简称 $Y$ 轴，是 $H$ 面与 $W$ 面的交线，它代表物体的宽度方向；$OZ$ 轴，简称 $Z$ 轴，是 $V$ 面与 $W$ 面的交线，它代表物体的高度方向。

三根投影轴相互垂直，其交点 $O$ 称为原点。

②物体在三投影面体系中的投影

将物体放置在三投影面体系中，按正投影法向各投影面投射，即可分别得到物体的正面投影、水平面投影和侧面投影，如图 1-4（$a$）所示。

③三投影面的展开

为了画图方便，需将相互垂直的三个投影面摊平在一个平面上，并规定：正立投影面不动，将水平投影面绕 $OX$ 轴旋转 90°，将侧立投影面绕 $OZ$ 轴旋转 90°（图 1-4（$b$）），分别重合到正立投影面上（这个平面就是图纸），如图 1-4（$c$）所示。应注意，水平投影面和侧立投影面旋转时，$OY$ 轴被分为两处，分别用 $OY_H$（在 $H$ 面上）和 $OY_W$（在 $W$ 面上）表示。

物体在正立投影面上的投影，称为主视图；物体在水平投影面上的投影，称为俯视图；物体在侧立投影面上的投影，称为左视图，如图 1-4（$c$）所示。画图时，不必画出投影面的范围，因它的大小与视图无关。这样，三视图更为清晰，如图1-4（$d$）所示。

3）三视图之间的关系

①三视图间的位置关系

以主视图为准，俯视图在它的正下方，左视图在它的正右方。

②三视图间的投影关系

主视图反映物体的长度（$X$）和高度（$Z$）；俯视图反映物体的长度（$X$）和宽度（$Y$）；左视图反映物体的高度（$Z$）和宽度（$Y$）。

由此归纳得出：

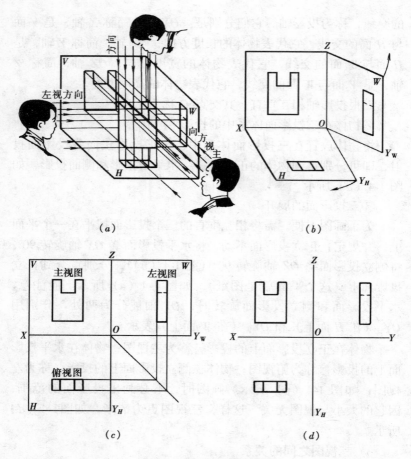

图 1-4　三视图的形成过程

主、俯视图长对正（等长）；

主、左视图高平齐（等高）；

俯、左视图宽相等（等宽）。

③视图与物体的方位关系

所谓方位关系，指的是以绘图（或看图）者面对正面（即主视图的投射方向）来观察物体为准，看物体的上、下、左、右、前、后六个方位（图 1-5（a））在三视图中的对应关系，如图1-5

4

（b）所示。

主视图反映物体的上、下和左、右；

视图反映物体的左、右和前、后；

左视图反映物体的上、下和前、后。

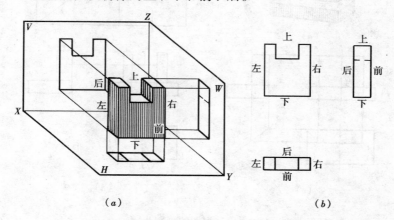

图 1-5　视图和物体的方位对应关系

由图 1-5 可知，俯左视图靠近主视图的一边（里边），均表示物体的后面，远离主视图的一边（外边），均表示物体的前面。

4）视图的作图方法与步骤

根据物体（或轴测图）画三视图时，首先应分析其结构形状，摆正物体（使其主要平面与投影面平行），选好主视图的投射方向，再确定绘图比例和图纸幅面。

作图时，应先画出三视图的定位线，再从主视图入手，根据"长对正、高平齐、宽相等"的投影规律，按组成部分依次画出俯视图和左视图。图 1-6（a）所示的物体，其三视图的作图步骤如图 1-6（b）、（c）、（d）所示。

**2．线框的含义**

视图是由若干个线框组成的，因此，搞清线框的含义，对学习画图和看图都很有帮助。

（1）视图中的每个封闭线框，均表示物体的一个平面（平

5

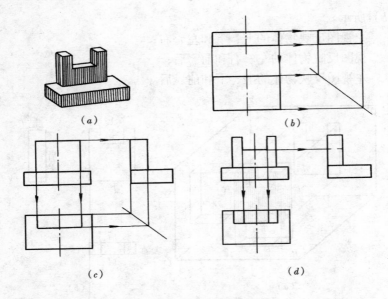

图 1-6　三视图的画图步骤
(a) 轴测图；(b) 画底板的三面投影；(c) 画立板
的三面投影；(d) 画槽的三面投影

面、曲面及其组合面）或空的投影。

(2) 视图中相邻的两个封闭线框表示物体上位置不同的两个表面的投影。

(3) 在一个大封闭线框内所包括的各个小线框，一般是表示在大平面体（或曲面体）上凸出或凹下的各个小平面体（或曲面体）的投影。

# (二) 互换性及其意义

同规格的零件之间可相互调换，并且装配时不必进行任何加工，在互换后能保证原机器的使用性能无改变。这种可相互调换的性质就是互换性。

互换性的对象有：几何参数、机械性能和电气参数等。

几何参数一般包括尺寸大小、几何形状和相互关系等，这里仅介绍几何参数的互换性。

允许零件几何参数的变动量称为几何参数公差。它包括：尺寸公差、形状公差和位置公差等。

零件实际几何参数近似理想几何参数的称为零件的几何精度，包括：尺寸精度、形状精度和位置精度等。精度越高，误差越小。要使零件具有互换性，必须将零件的误差控制在规定的范围内。

# （三）公差的基本术语及其意义

## 1."尺寸"的术语及定义

（1）尺寸

用特定单位表示长度数值的数字，称为尺寸。机械工程图上规定的特定单位是 mm（毫米），标注时常将单位省略，仅标注数值。长度值应广义理解为：长度、宽度、高度、深度、直径、半径等。但一般不包含用角度单位表示的角度值。

（2）基本尺寸

设计给定的尺寸。基本尺寸一般应取整数。

（3）实际尺寸

通过测量所得的尺寸，称为实际尺寸。它是一个近似值。

（4）极限尺寸

极限尺寸是指允许尺寸变化的两个界限值，它以基本尺寸为基数来确定。加工零件过程中，只要将零件加工后的尺寸控制在一定的范围内，能保证零件的使用功能即可。确定这个范围的两个界限尺寸叫做极限尺寸。较大的一个称为最大极限尺寸，较小的一个称为最小极限尺寸。

## 2."偏差"和"公差"的术语和定义

（1）尺寸偏差（简称偏差）

某一尺寸减其基本尺寸所得的代数差，称为尺寸偏差。极限尺寸与基本尺寸的代数差叫做极限偏差，其中最大极限尺寸减去基本尺寸所得的代数差称为上偏差；最小极限尺寸减去基本尺寸所得的代数差称为下偏差。它们可以为正、负或零值。

（2）尺寸公差（简称公差）

允许尺寸的变动量称为尺寸公差。它等于最大极限尺寸与最小极限尺寸之代数差的绝对值，也等于上偏差与下偏差之代数差的绝对值。

### 3. 尺寸公差带（简称公差带）

在图中设定一条直线，作为零件偏差的基准线（通常称零线），表示基本尺寸，由代表上偏差和下偏差的两条直线所限定的一定区域表示公差。这种简图被称为公差带图。

有了公差带图，对分析孔、轴的公差关系、零件的配合性质，就十分清楚、方便。公差带的大小（带宽）反映了零件的精度高低和加工的难易程度。

### 4. 孔、轴公差带代号

在图纸上，孔、轴的上下偏差也可以用公差带代号表示。孔、轴公差带代号由基本偏差与标准公差等级代号两部分组成。

（1）标准公差

标准公差是用来确定公差带大小的。国家标准将公差分为20 个等级，即 IT01、IT0、IT1、IT2…IT18。其中 IT 表示标准公差 01、0、1、2…等表示公差等级，即精度等级。

（2）基本偏差

在公差带图中，确定公差带相对于零线位置的上偏差或下偏差称为基本偏差，国家标准规定了基本偏差系列，并按顺序用字母表示排列。其中大写的字母表示孔的基本偏差代号，小写字母表示轴的基本偏差代号。详见有关手册。

（3）孔、轴公差带代号

孔、轴公差代号由基本偏差与公差等级代号组成，并用同一号字母书写，基本偏差代号在前，公差等级代号在后如 H8.h7等。

**5. 配合的有关术语**

（1）配合

所谓配合是指基本尺寸相同，相互结合的孔和轴公差带之间的关系。

（2）间隙或过盈

孔的尺寸减去相配合轴的尺寸所得的代数差。此值为正时是间隙，为负时是过盈。

（3）间隙配合

具有间隙（包括最小间隙等于零）的配合，称为间隙配合，间隙配合的零件相互之间可以滑动，拆装容易。

（4）过盈配合

具有过盈（包括最小过盈等于零）的配合，称为过盈配合，过盈配合的零件装配困难，通常需要强制压入或用其他特殊方式装配。

（5）过渡配合

可能具有间隙或过盈的配合，称为过渡配合。在过渡配合中，间隙量或过盈量都很小，当需要传递扭矩时，配合件之间必须加辅助联结件（如键、销等）。过渡配合的定心精度比过盈配合高，而拆装又比过盈配合容易，在机器中如活塞销与活塞的配合，固定齿轮与轴的配合都是采用过渡配合。

（6）基准制

变更孔、轴公差带的相对位置，可以组成不同性质、不同松紧的配合。为简化起见，无需将孔、轴公差带同时变动，只要固定一个，变更另一个，便可满足不同使用性能要求的配合，且获得良好的经济效益。因此，公差与配合标准对孔和轴公差带之间的相互位置关系，规定了两种基准制，即基孔制与基轴制。

1）基孔制

基孔制是指基本偏差为一定的孔的公差带和不同基本偏差的轴的公差带形成的各种配合的一种制度。

2）基轴制

基轴制是指基本偏差为一定的轴的公差带和不同基本偏差的孔的公差带形成各种配合的一种制度。国家标准规定，一般情况下，优先选用基孔制。基本尺寸相同的孔和轴，如果要求它们的公差值相等，这时孔比轴的加工要困难。当采用基孔制时，孔是基准件，故公差带的位置只有一个，可以减少定值刀具和定值量具的数量。在加工中，改变轴的公差带的位置比较方便，因此，采用基孔制比较经济。

但在有些情况下，如滚动轴承的外圈与轴承座的配合，因滚动轴承是标准件而轴承座孔必须采用基轴制。

### 6. 形状和位置公差

零件加工质量的控制，除尺寸公差要求外，对零件各要素的形状和位置要求也十分重要，为了提高产品质量和保证互换性，还必须对零件的形状与位置的误差加以限制，给出一个经济、合理的误差许可变动范围，这就是形状与位置公差（简称形位公差）。

（1）零件的几何要素

构成机械零件几何形状的点、线、面统称为零件的几何要素，对零件进行形位误差的控制就是对其几何要素的控制。

（2）形位公差的项目与符号

到目前为止，我国已发布了形位公差和形位误差方面的国家标准 14 项。GB1182—1996 中规定了 14 个形状和位置的公差项目，详见《机械设计手册》。

### 7. 表面粗糙度

（1）表面粗糙度

表面粗糙度是指加工表面上具有的较小间距和峰谷所形成的微观几何形状误差。前面介绍过的尺寸误差和形状误差反映的是零件宏观几何误差。

表面粗糙度对机械零件的耐磨性、抗腐蚀性、疲劳强度和零件配合的可靠性等都有很大的影响。表面粗糙度直接影响到零件的机械性能，它也是我们全面评定产品质量的重要指标之一。

（2）表面粗糙度的常用参数（GB/T 1031—1995）

评定表面粗糙的参数很多，常用的主要有 3 个：

1）轮廓算术平均偏差（Ra）

2）微观不平度＋点高度（Rz）

3）轮廓最大高度（Ry）

要了解其具体含义请查阅有关资料，这里不作详细介绍。表面粗糙度的评定参数值已经标准化，设计时应按国家标准GB/T1031—1995规定的参数值系列选取。

# （四）零 件 图

## 1. 零件图的内容

（1）图形

一组图形包括视图、剖视、剖面等，用以表达零件各部分的结构形状。

（2）完整的尺寸

应正确、完整、清晰、合理地标出该零件制造和检验时必要的定形、定位和总体尺寸。

（3）技术要求

标明该零件在制造、检验、装配、调整过程中应达到的一些技术要求。如表面粗糙度、尺寸公差、形位公差、热处理、表面修饰及其他要求等。

（4）标题栏

标题栏中写明该零件的名称、图号、材料、数量、比例、重量等各项要求。

## 2. 零件图上的尺寸标注

（1）基本规则

1）零件的真实大小应以图样上所注的尺寸数据为依据，与图形大小及绘图的准确程度无关。

2）图样中（包括技术要求和其他说明）的尺寸单位均以毫

米为单位，不标注其计量单位的代号及名称。如采用其他单位时必须注明。

（2）零件图上常见结构要素的尺寸标注

常用的尺寸注法（GB4458.1—84、GB/T16675.1—1996），详见《机械设计手册》。

（3）零件图上的技术要求

零件图上除了视图、尺寸以外，还需具备在生产过程中应达到的技术要求。例如：表面粗糙度、尺寸公差及形位公差、热处理及表面修饰等。

### 3. 表面粗糙度代号及其注法

图纸上表示表面粗糙度的符号及其标注（GB/T131—83），详见《机械设计手册》。

### 4. 公差与配合在图纸上的标注

在图纸上标注，应该有基本尺寸、公差带代号等几个方面。

（1）公差在图上的标注方法，详见《机械设计手册》

孔轴公差带用基本偏差代号与公差等级号组成，并且要用同一号大小的字书写。

标注有三种表示方法：1. 只标注公差带代号；2. 只标注极限偏差值；3. 公差带代号与极限偏差值同时标注，此时的极限偏差值要加注括号。

（2）配合的标法

用孔轴的公差组合表示，写成分数形式，分子为孔，分母为轴。详见《机械设计手册》。

### 5. 形位公差 （GB1182—80）

形位公差代号包括：形位公差有关项目的符号、形位公差框格和指引线、形位公差数值及其他有关符号、基准代号。详见《机械设计手册》。

### 6. 零件表面修饰及热处理标注

零件的表面需修饰或进行热处理，可以用文字说明或用代号标注。

表面修饰主要是指涂漆、镀锌、镀铬、抛光等，目的是防锈、防腐和美观，方便使用，延长使用寿命。

# （五）读零件图及装配图

作为一个技术工人，必须读懂与本工种有关的零件图，以便根据图纸采取相应加工方法，达到图上提出的要求。

**1. 读零件图的方法步骤**

（1）看标题栏

首先看标题栏，了解图号、零件名称、材料、比例等，有助于读懂图样。

（2）分析视图

要弄清各视图的名称，区分主、俯视图，找出视图之间的对应关系。找到剖视、剖面图形的剖切位置及投影方向。对斜视图及局部剖视图，根据标注的名称找到表达部位后逐一了解各图的表达内容。

（3）形体分析

利用"三等"对应关系，将整体分解成若干基本几何体，再分析这些形体的变化和细小结构，综合起来弄清物体的整体形状。

（4）分析尺寸

在分析视图的基础上，找出零件长、宽、高三个方向的尺寸基准。再从基准出发分析每个尺寸的作用及公差要求。视图和尺寸是从两个方面同时反映同一零件的形状和大小。视图是定型的，尺寸是定量的。读图时应将它们结合起来分析，不可截然分开。

（5）了解技术要求

对表面粗糙度、尺寸公差、形位公差、表面修饰、热处理等，均应弄清其含意。

**2. 装配图及其组成**

装配图是表达机器或零部件工作原理、结构形状和装配关系的图样。在设计新产品或更新改造旧设备时，一般都是先绘制机器或部件的装配图，然后再根据装配图画出零件图，在产品制造中，装配图是制定装配工艺的规程，进行装配和零部件检验的技术依据。在使用或维修机器时，需要通过装配图了解机器的构造，进行技术交流。引进先进设备时，装配图更是必不可少的技术资料。装配图应该包括以下内容。

（1）一组视图

用一组视图说明机器或部件的工作原理、结构特点、零件之间的相对位置，装配连接关系等。在装配图中，不同零件的剖切面应以不同的剖面符号表示，而同一零件在不同视图中被剖切时，则应以同一剖面符号表示该零件的剖切面。

（2）尺寸

装配图上的尺寸与零件图上的尺寸不同，不是用以表示定形和定位，而是表示机器或部件的规格以及装配、检验、运输、安装过程中所必须的一些尺寸。

（3）技术要求

说明机器或部件的性能，以及装配、调试和使用时必须满足的技术条件。

（4）标题栏、明细表和零件序号

说明机器或部件包括的零件名称，零件序号、数量、比例和材料等。

**3. 装配图的识读**

识读装配图的目的，主要在于了解机器或部件的名称、功用、性能、工作原理、零件之间的装配关系，各零件的作用、结构、传动方式、装拆顺序及技术要求等。

识读装配图的一般步骤及方法如下：

（1）概括了解

阅读标题栏、明细表等内容，了解机器或部件的名称、功用以及各零件的名称、序号等。

（2）分析视图

先找主视图，再找其他视图，弄清各视图间的投影关系，然后看装配图中采用了哪些剖切方法并找到相应的剖切位置，最终明确各视图的表达重点。

（3）分解零件，想象形体

首先利用零件序号不同、或剖面符号的不同、或装配图的特殊表达方法、或视图间的投影关系，将机器或部件分解为若干个零件，然后，根据"三等"和"方位"的关系，"分线框，定形体"想象出各个零件的形状。

（4）识读尺寸

结合视图分析及分解零件，分别找出外形尺寸、规格尺寸、安装尺寸及装配尺寸。以此搞清楚机器或部件的规格，外形大小，零件间的配合性质和公差的大小，装配时应保证的尺寸，以及安装时所需要的尺寸。

（5）分析装配关系，弄懂工作原理

结合视图分析和零件分析，找出所有装配干线，进而确定零件间的定位、连接、固定和调整的方法，以及运动零件的运动方式和所需的润滑方式、密封形式等，同时，根据装配图中所标注的尺寸公差和配合，明确相应零件的配合要求（即属于何种基准制，何种配合类型及配合精度等）。在此基础上，分析得到机器或部件的工作原理以及每个零件的功用。

（6）辨清装拆顺序

在弄懂装配关系及工作原理的前提下，结合零件的序号，弄清楚机器或部件的装拆顺序。

（7）明确技术要求

弄清楚装配图中对零、部件组装后的检测技术指标，使用时对工作条件的要求及机器或部件的技术性能等技术要求，同样是很重要的。

## （六）机械传动系统图的识读

### 1. 机械传动系统图的作用

所谓机械传动系统图是指用以表示机械各个传动系统的综合图。它是采用一些简单的机构运动简图符号来代替实际传动的零件，以说明机器或部件的传动原理和传动路线。

### 2. 机械传动系统机构运动简图及符号

机构运动简图及符号是传动系统图的基本组成部分。了解各种符号所代表的机构，对识读传动系统有着重要的作用。

## （七）机械制图国家标准

机械制图国家标准统一规定了绘图规则，须遵照使用。国家标准代号为"GB"。详细参照有关手册，这里不再讲解。

### 思 考 题

1. 正对观察者的投影面是哪一投影面？
2. 左视图反映物体哪几个尺寸？
3. 虚线通常可表示哪些部位？
4. 什么叫实际尺寸？
5. 在绘制视图时，尺寸线和剖面线用什么样的线条表示？
6. 机械制图中绝大多数用的投影法是什么投影法？
7. 简述互换性及其含义？
8. 零件图的图样中是否有简化画法？
9. 何谓定形尺寸？
10. 机件的真实性大小应以图样上哪一尺寸数值为依据？
11. 用以确定零件在部件或机器中位置的基准叫什么基准？
12. 用剖切平面完全地剖开机件所得的剖视图称为什么剖视？
13. 《公差与配合》国标中规定有几个公差等级？
14. 何谓表面粗糙度？

15. 如何表示形状公差的同轴度?

16. 读装配图要了解哪些内容?

17. 形位公差中的位置公差有几项?

18. 何谓正平线? 侧平线?

19. 机械制图的比例概念是什么?

20. 一个完整的尺寸由哪几部分组成?

21. 圆直径、圆弧的半径分别是如何标注的?

22. 常见的基本几何体有哪几种?

23. 三视图中的长、宽、高分别用哪一字母表示?

24. 何为铅垂线?

25. 轴向尺寸的标注有哪几种形式?

# 二、常用机构和机械部件

## （一）概　　述

在长期生产实践中，人类发明创造了各种机械，图 2-1 所示为发动机结构。从图中可以看到，发动机是由各种不同的机械零

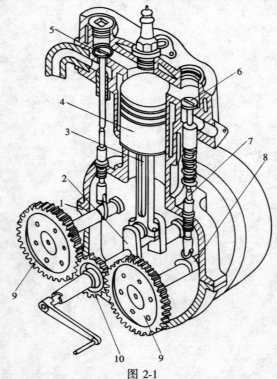

图 2-1

1—机架；2—曲柄；3—连杆；4—活塞；5—进气阀；
6—排气阀；7—推杆；8—凸轮；9、10—齿轮

件和机构组成的：如齿轮、凸轮、弹簧、曲轴、连杆、轴承等等。下面根据图 2-1 介绍几个名词。

（1）机器

机器具有下列 3 个特征：

它们是人工的物体组合；各部分之间具有确定的相对运动；能够作功或进行能量转换。

以上 3 个特征同时具备的才能称为机器，如发动机、机床等就是机器。

（2）机构

机构具有机器的前面两个特征，即：它们是人工的物体组合，各部分之间具有确定的相对运动。可实现一定的运动变换。

如发动机中活塞、连杆、曲轴和气缸体组成的曲柄连杆机构；凸轮、推杆等组成的凸轮机构等等。

（3）机械

机械是机器和机构的总称。

（4）构件

构件是由零件组合而成的，凡彼此之间没有相对运动、而与其他零件之间可有相对运动的零件组合体称为构件。

构件是运动的最小单元。它可以是单一的整体，也可以是几个零件组成的刚性联接。例如，内燃机中连杆（图 2-2）就是由连杆体、连杆盖、轴瓦、螺栓和螺母等几个零件组成的。这些零件形成一个整体而进行运动，所以称为一个构件。

（5）零件

零件是构件的组成部分，是制造的单元。如图 2-2 连杆组中的连杆体、连

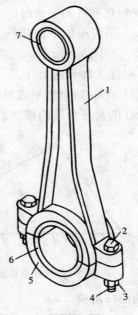

图 2-2　连杆

1—连杆体；2—螺栓；3—螺母；4—开口销；5—连杆盖；6—轴瓦；7—轴套

杆盖、轴瓦、螺栓等都是零件。

零件分为两大类：一类是通用零件，在各种机械中均可见到，如螺栓、螺母、垫圈、滚动轴承等。通用零件又称为标准件。另一类称为专用件，它只能出现在某一型号规格的机械中，如图 2-1 中的活塞、气缸套、连杆等。

# （二）平面四杆机构

平面机构可以使机器的工作部分实现非回转规律的运动，并能实现预期的运动轨迹、位移和速度等。平面机构的各构件是由销轴、滑道等方式连接起来的，各构件间的相对运动在同一平面或相互平行的平面内。

最简单的平面机构是由四个构件组成的，简称平面四杆机构，如图 2-3 所示。构件 4 为固定不动的机架，与机架相连的杆 1 和杆 3 称为连架杆，不与机架直接相连的杆 2 称为连杆。如果杆 1 或杆 3 能绕 A 或 D 作整周运动则称为曲柄，若仅能在小于 360°的某一角度内摆动，则称为摆杆。

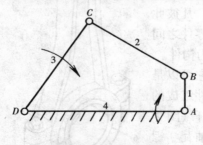

图 2-3　四杆机构简图

按照机构中曲柄的数量，可将四杆机构分为三种基本型式：曲柄摇杆机构、双曲柄机构和双摇杆机构。

**1. 曲柄摇杆机构**

在四杆机构中，若两个连架杆中，一个为曲柄，另一个为摇杆，则此四杆机构称为曲柄摇杆机构。

**2. 双曲柄机构**

在具有曲柄的四杆机构中，如果我们取最短杆作为机架，其相邻两连架杆就均变为曲柄，则得双曲柄机构。

### 3. 双摇杆机构

在具有曲柄的四杆机构中，把最短杆 1 的对边杆 3 作为机架，则两连架杆 2 和 4 都不能作整周转动，故得双摇杆机构。

### 4. 曲柄滑块机构

曲柄滑块机构是曲柄摇杆机构的一种演变机构，一般用来实现转动和往复移动的转换。如图 2-4 所示，当曲柄等速转动时，滑块作变速直线运动。

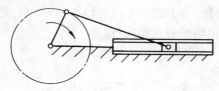

图 2-4　曲柄滑块机构

图 2-5 为内燃机曲柄连杆机构中使用曲柄滑块机构的情况。当活塞受到气体的压力向下移动时，通过连杆带动曲轴作圆周运动。

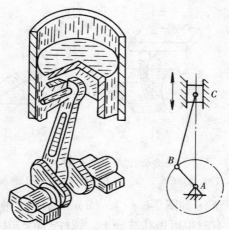

图 2-5　内燃机活塞连杆机构

# （三）凸轮机构

## 1. 凸轮机构的分类

根据凸轮和从动件的不同形状和形式，凸轮机构可分为以下一些形式：

（1）按凸轮的形状分类

1）盘形凸轮：如图 2-6（a）、（b）所示，它是一个绕定轴线转动并具有变化半径的盘类构件。

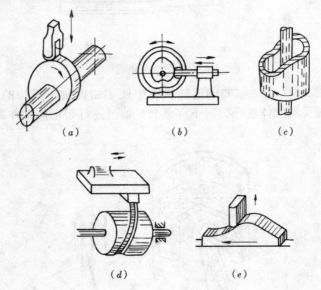

图 2-6　凸轮机构的种类
（a）、（b）盘形凸轮；（c）、（d）圆柱凸轮；（e）移动凸轮

2）圆柱凸轮：如图 2-6（c）、（d）所示，这种凸轮轮廓一般做在圆柱上，有时也可做在端面上。圆柱凸轮与其从动件不在一个平面上运动，它是空间凸轮机构。

3）移动凸轮：如图 2-6（e）所示，它可视为半径无穷大的盘形凸轮。相对机架作直线移动。

（2）按从动件的形式分类

①尖底式从动件：如图2-7（a）所示；

②滚子式从动件：如图2-7（b）所示；

③平底式从动件：如图2-7（c）所示。

**2. 凸轮**

现以盘形凸轮为例说明凸轮各部分的名称，见图2-8。

（1）工作曲线

凸轮与从动件直接接触的那个轮廓表面称为工作曲线（见图2-7）。

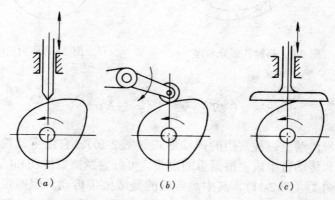

图 2-7 凸轮与从动杆接触形式

（a）尖底式从动件；（b）滚子式从动件；（c）平底式从动件

（2）理论曲线

在尖端接触和平面接触的凸轮中，理论曲线就是工作曲线。在滚子接触的凸轮中，与工作曲线相距为滚子半径并与工作曲线等距的曲线，称为理论曲线。

（3）基圆

凸轮轴心到理论曲线相距最近点的距离为半径作圆，这个圆称为基圆。

（4）压力角

从动件受力方向与运动方向之间的夹角,用 α 表示,见图2-9。

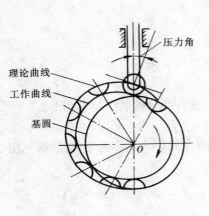

压力角

理论曲线
工作曲线
基圆

图 2-8　凸轮各部分名称

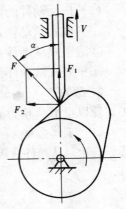

图 2-9　压力角

# （四）带 传 动

带传动是一种常用的传动形式（图2-10），它由主动轮、从动轮和传动带组成。根据带的形式，可分为摩擦带传动和啮合带传动两类（图2-11），其中最常见的是摩擦带传动。摩擦带传动按带的剖面形状可分为平带、V带、圆带和多楔带等。啮合带（图2-11（e）传动也称为同步带传动，靠带轮轮齿与带工作面上的齿啮合传动。

**1. 摩擦带传动的主要特点**

（1）优点

1）因带有弹性，能缓冲、吸振，从而传动平稳，噪音小。

2）当传动过载时，带在带轮上打滑，可防止其他零件损坏。

3）可用于中心距离较大的传动。

4）结构简单，装拆方便。

（2）缺点

24

传动比不恒定；传动外部尺寸大；传动效率低；带的寿命短；不宜用于高温、易燃等场合。

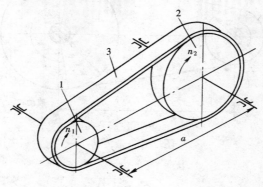

图 2-10　摩擦带传动

1—主动轮；2—从动轮；3—封闭环形带

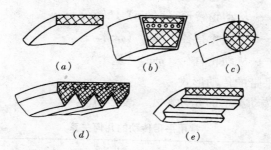

图 2-11　带的类型

（a）平带；（b）V带；（c）圆带；（d）多楔带；（e）同步带

## 2. 平带传动

平带传动结构最简单，带轮制造容易，在中心距大的场合应用较多。平带中有帆布芯平带（橡胶布带）、编织平带、皮革平带等。其中帆布芯平带应用最广。

（1）带传动的传动比计算

如图 2-12 所示，在带传动中，先转动的带轮称为主动轮，被主动轮带动而转动的带轮称为从动轮。若不考虑滑动，带传动

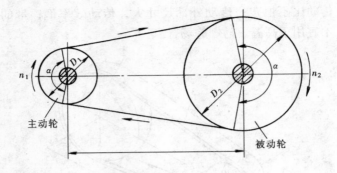

图 2-12 带传动

的传动比即：

$$i = \frac{n_1}{n_2} = \frac{D_2}{D_1}$$

式中　$n_1$——主动轮转速（r/min）（转/分）；

　　　$n_2$——从动轮转速（r/min）（转/分）；

　　　$D_1$——主动轮直径（mm）（毫米）；

　　　$D_2$——从动轮直径（mm）（毫米）。

（2）平带的传动形式

平带传动有下面几种形式（表2-1）。

常用平带传动的几何关系　　　　表 2-1

| 传动简图 | 开口式 | 交叉式 | 半交叉式 |
|---|---|---|---|
| 小带轮的包角 $\alpha$ | $\alpha \approx 180° - \dfrac{D_2 - D_1}{l} \times 60°$ | $\alpha \approx 180° + \dfrac{D_2 + D_1}{l} \times 60°$ | $\alpha \approx 180° + \dfrac{D_1}{l} \times 60°$ |
| 带的几何长度（未考虑它的张紧和悬垂） | $L = 2l + \dfrac{\pi}{2}(D_2 + D_1) + \dfrac{(D_2 - D_1)^2}{4l}$ | $L = 2l + \dfrac{\pi}{2}(D_1 + D_2) + \dfrac{(D_1 + D_2)^2}{4l}$ | $L = 2l + \dfrac{\pi}{2}(D_1 + D_2) + \dfrac{D_1^2 + D_2^2}{2l}$ |

26

1）开口式传动：用于两轴轴线平行，且回转方向相同的场合。

2）交叉式传动：用于两轴轴线平行，且回转方向相反的场合。

3）半交叉传动：用于两轴轴线既不平行也不相交的场合。

在平带传动中，带的拉力大小与小带轮的包角有关。带轮的包角就是带与带轮接触面的弧长所对应的中心角。"包角"越大，拉力越大；反之"包角"越小，拉力就越小。一般小带轮包角应大于 120°。

### 3. V 带传动

V 带传动一般用于两轴轴线相距较近的场合，其中心距一般为 0.4 ~ 5m，线速度一般为 5 ~ 25m/s，传动比 ≤ 7，传递功率最大可达 50kW，一般多用于电动机到工作机的首级传动。

（1）普通 V 带的传动特点

普遍 V 带剖面呈梯形，带轮上有相应的轮槽，与平带传动相比其特点是：

传动比较大；带已标准化，并大量生产；结构尺寸紧凑；具有更大的传动能力。

（2）普通 V 带的结构

1）普通 V 带的结构

常见的普通 V 带结构如图 2-13 示。其横截面呈梯形，楔角为 40°。它由包布、顶胶、抗拉层、底胶等组成。拉力基本由抗拉层承受，抗拉层分帘布受压缩和拉伸。帘布结构制造方便、应用广泛、型号齐全。线绳结构柔性好，抗弯能力强。

2）普通 V 带标准（GB11544—89）

图 2-13　普通 V 带剖面结构

普通 V 带是标准件，制成无接头的环形。分为 7 种型号，详见《机械设计手册》。

3）V 带的长度

①基准长度：V 带弯曲时，带中保持原有长度不变的周线，也称节线长度。基准长度已标准系列化。

②计算长度：带的外表周长，大于基准长度 $\Delta L$。

V 带的型号压印在它的外表面上。如：V 带 B1400GBl1544—89，表示普通 V 带、B 型截面、其基准长度为 140mm。

（3）V 带传动的安装和维修

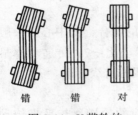

图 2-14  V 带轮的
安装位置

1）安装 V 带时，两轮的中心线必须平行，端面与中心垂直，且两轮的对应轮槽必须在同一平面内（图 2-14）。带轮安装在轴上不得晃动，否则会使带的侧面过早磨损，使轴承受到附加力的作用。

2）V 带断面在轮槽中应有正确的位置（图 2-15），即 V 带的外周表面应与带轮外缘表面平齐或略高出一点，但不能高出太多，否则，会减少接触面，降低传动能力；也不能低于外缘表面，不然会使底面与轮槽接触，失去 V 带传动摩擦力较大的优点。

图 2-15  V 带断面在带轮中的位置

3）成组使用的带，其长短不能相差过大，新旧带最好不要同组使用，否则，会使受力不均匀。此外，带松紧要适中。中等中心距时，根据经验，用大拇指能按下 10～15mm 即可（图 2-16）。

4）应保持带的整洁，防止与油类、酸、碱以及对橡胶有腐蚀的介质接触，尽量避免日光曝晒，并应使用防护罩。

**4．带传动的调整**

带传动中由于长期受拉力，工作一段时间后，会产生永久变形，使长度增加，造成松弛，甚至不能工作，因此必须采用一些措施进行调整。

图 2-16　V 带的张紧程度

（1）当中心距不能改变时，采用截短带的长度，重换带的搭扣。

（2）应用带蜡，增加其摩擦系数。这种方法只适用于带略有伸长的情况下。

（3）应用张紧轮

（4）将电动机固定在带有导轨的滑板上或固定在可以摆动的底板上。

**5．其他带传动简介**

（1）同步带传动

同步带传动是以钢丝为强力层被聚氨酯或橡胶包覆，带的工作面制成凸齿与带轮上的齿槽进行啮合传动。同步带具有：无滑动、传动比准确；带较薄，质量较轻可用于高速传动；可允许较小的带轮直径，使结构紧凑；作用在轴上的压力小等优点。但同步带传动制造、安装精度要求较高，成本也较高。多用于发动机、放映机、录音机、电子计算机等。

（2）多楔带传动

多楔带传动是在平带基体下边做出很多纵向楔，其楔形部分嵌入带轮上相应的楔形槽内，靠楔面摩擦工作。因摩擦力大，传递功率大，多用于要求结构紧凑，而传动功率较大的场合，如发动机中曲轴、空调、发电机等之间的传动。

# （五）齿轮传动

齿轮传动是依靠主动轮的轮齿依次推动从动轮的轮齿来进行运动和动力传递的。它是机械传动中应用最广的一种传动形式。其主要优点为：适用载荷和速度范围广（传递功率可达 $1 \times 10^5 \mathrm{kW}$，线速度可达 $300\mathrm{m/s}$）、传动效率较高（$0.92 \sim 0.99$）、传动比稳定、寿命较长、工作可靠性较高。可实现平行轴、相交轴、交叉轴间的运动和动力传递。其缺点为：要求较高的制造和安装精度，因此成本较高，不适于远距离传动。

齿轮的传动类型很多，按照两轴的相对位置和齿向，齿轮传动的分类如下（图 2-17）。

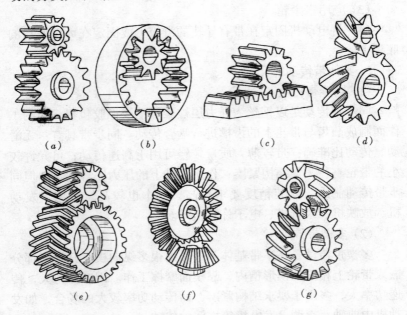

图 2-17　齿轮传动的类型

（a）外啮合；（b）内啮合；（c）齿轮与齿条啮合；（d）斜齿外啮合；
（e）人字齿；（f）圆锥齿轮；（g）螺旋齿轮

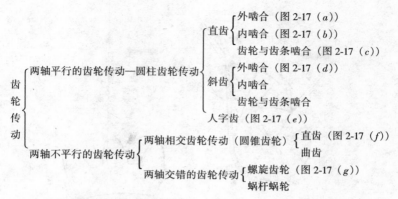

**1. 齿轮传动的基本要求**

（1）齿轮在啮合运转过程中要保持恒定不变的传动比。

（2）传递过程中扭矩恒定不变。否则，传递中会产生振动、冲击和噪声等现象，从而造成齿轮加速磨损，降低传动精度。

要满足上面两个要求，可以应用摆线、圆弧线和渐开线作齿廓线，目前以渐开线用得最多（因为它具有很多其他曲线不具备的优点）。

**2. 渐开线及其性质**

渐开线的形成如图 2-18（a）所示。用一条棉线，它的一端固定在圆盘的外圆上，另一端拴一支笔，拉紧线头逐渐展开，这时笔尖在纸上画出的曲线就称为渐开线。齿廓就是渐开线的其中一段（图 2-18（b））。

我们称这个圆盘为"基圆"，棉线称为"发生线"。它展开过程中总是和基圆相切的。我们任意选择一个位置 $b$，这时棉线和基圆相切于 $c$ 点，所以 $bc$ 垂直于基圆半径 $oc$。

从渐开线的形成过程可以知道渐开线有如下性质，

（1）弧长 $ac$ 等于线段 $bc$ 的长度；

（2）渐开线上任一点 $b$ 的法线（即 $bc$）与基圆相切；

（3）在同样直径的基圆上，所得的渐开线完全相同。基圆直径不同，所得的渐开线曲率也不同，基圆小，曲率大；

（4）基圆内无渐开线。

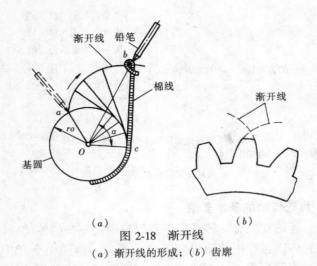

图 2-18 渐开线

（a）渐开线的形成；（b）齿廓

### 3. 渐开线齿廓上的压力角

在一对齿轮啮合过程中，齿廓上任意一点的受力方向和运动方向之间的夹角，称为该点的压力角。如图 2-19 所示。从图上可以看出：

（1）同一渐开线上各点，越远离中心的点，它的压力角越大（$\alpha_1 > \alpha$），而基圆上的点其压力角为零。

（2）压力角越小，则作用在速度方向的分力就越大，而径向分力就越小，所以压力角的大小直接影响轮齿的受力情况；

（3）从图 2-20 还可以看到：压力角的大小还可以影响齿廓的形状。图 2-20（a）齿顶较宽而齿根较瘦，相反图 2-20（c）齿顶变尖，齿根较壮。考虑到压力角对齿轮有如此大的影响。我国规定标准齿轮分度圆上的压力角为

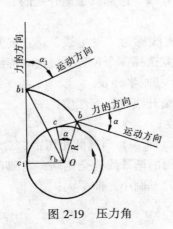

图 2-19 压力角

32

20°（如果无特别说明，通常所说的压力角都是指分度圆上的压力角）。各国的标准不同，所以采用的压力角也有所不同。

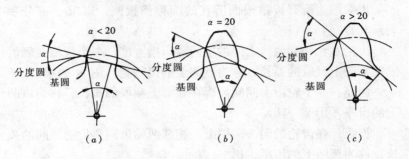

图 2-20　压力角对齿轮的影响

### 4. 直齿圆柱齿轮各部位的名称

图 2-21 所示为一渐开线直齿圆柱齿轮，它的每个轮齿的两侧齿廓都是由形状相同、方向相反的渐开线组成。现将各部分名称介绍如下：

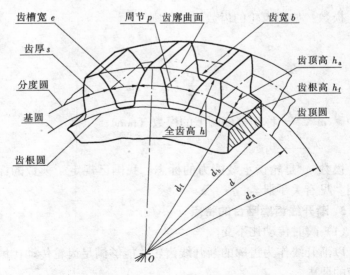

图 2-21　直点圆柱齿轮各部位名称

齿顶圆：齿轮顶端所在的圆称为齿顶圆。其直径、半径分别表示为 $d_a$、$r_a$。

齿根圆：所有齿槽根面所在的圆称齿根圆，以 $d_f$、$r_f$ 分别表示其直径和半径。

齿槽宽：相邻两齿之间的空间或齿槽宽度，一个齿槽两侧齿廓在某圆上截取的弧长，称为该圆上的齿槽宽，用 $e_k$ 表示。

齿厚：一个轮齿上两侧齿廓在某圆上截取的弧长，称为该圆上的齿厚，用 $s_k$ 表示。

齿距：在齿轮的同一圆周上，相邻两轮齿同侧齿廓之间的弧长，称为该圆上的齿距，用 $p_k$ 表示。显然

$$p_k = s_k + e_k$$

分度圆：齿轮上齿厚和齿槽宽相等的圆称为齿轮的分度圆，用 $d$、$r$ 分别表示其直径和半径。分度圆上的齿厚和齿槽宽分别以 $s$ 和 $e$ 表示，分度圆上的齿距称作周节，用 $p$ 表示，显然

$$P = s + e$$

模数：如果齿轮的齿数为 $Z$，则

$$p = \frac{\pi d}{z}$$

所以：
$$d = \frac{P}{\pi} \cdot z = mz$$

式中　$m = \dfrac{P}{\pi}$ 称作分度圆上的模数（nun）；

　　　$z$——齿数。

模数 $m$ 是轮齿承载能力的标志。我国已规定了模数的标准系列。见有关手册。

### 5. 渐开线齿廓啮合的特点

（1）瞬时传动比不变

以渐开线作为齿廓的渐开线齿轮，能够满足齿轮传动比恒定不变的要求。

（2）传动力矩恒定不变

齿廓上受力的方向始终与基圆相切。当齿轮安装固定后，其基圆的位置就不会改变了，压力线方向也不变。若主动齿轮传递过程的力矩不变，则齿轮的压力大小和方向都不变，动力传递就是稳定的。

（3）中心距可分离性

当一对渐开线齿轮安装好以后，即使两轮基圆发生分离（正常情况两基圆应该相切），而传动比不变的性质称为中心距可分离性。它在实用上可补偿制造和安装方面的误差。

### 6. 齿轮齿条传动

要把直线运动变为回转运动或把回转运动变为直线运动时，可以采用齿轮齿条传动。

由渐开线性质可知，渐开线齿轮的基圆越大，所产生的渐开线曲率越小（半径越大）。当模数不变，而齿数无限时，这时基圆和分度圆也就无限大了，渐开线也就成了直线。齿条就是一个基圆直径无限大的齿轮。因此它的齿廓两侧就成了直线。

齿条的模数、压力角、齿距、齿高、齿顶高和齿根高都与直齿圆柱齿轮相同。

### 7. 直齿圆锥齿轮

直齿圆锥齿轮一般用于两轴线相交的两轴传动，并以两轴相交 90°。用得最多。直齿圆锥齿轮的轮齿是做在圆锥面上的，这样每个轮齿两端的大小就不一样，越靠近锥顶轮齿越小，越远离锥顶轮齿越大。在计算圆锥齿轮时，是以大端的参数为标准。这是因为此处尺寸最大，计算出来的数值比较准确，同时也便于估计机构的尺寸。

### 8. 蜗轮蜗杆传动

蜗轮蜗杆传动是用来传递空间垂直交错两轴间运动和动力的传动机构（图 2-22）。它具有如下特点：结构紧凑、传动比大，动力传动一般为 8～80，只传递运动时可达 100，且传动平稳，无噪声。但蜗轮蜗杆传动啮合面间的相对滑动速度较大，摩擦和磨损严重；传动效率低，一般为 0.7～0.8；某些蜗轮蜗杆传动可

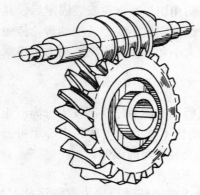

图 2-22 蜗轮蜗杆传动

以实现自锁。

蜗杆有单头和双头之分。蜗杆的头数就是蜗杆的齿数。一般蜗杆的头数有 1~4 个，但也有 6 个的。

蜗轮的旋转方向可以用两手法则来判断，当蜗轮为右旋时用右手（图 2-23（a）（b）），弯曲四指代表蜗杆的旋转方向，则拇指的反方向就是蜗轮相对于蜗杆的运动方向。

当蜗轮为左旋时用左手，如图 2-23（c）。

**9. 轮齿的失效形式**

齿轮的轮齿是传递运动和动力的关键部位，也是齿轮的薄弱环节，故齿轮的失效主要发生在轮齿。轮齿的主要失效形式有以下 5 种。

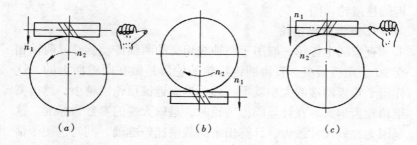

（a） （b） （c）

图 2-23 蜗轮旋转方向的判断

（1）轮齿折断

轮齿折断是齿轮失效中最危险的一种形式，它不仅导致齿轮传动丧失工作能力，而且可能引起设备和人身的安全事故。轮齿折断有疲劳折断和过载折断两种类型。

1）疲劳折断 齿轮工作时，在载荷多次作用下，当应力达到一定数值时，受拉一侧齿根处会出现疲劳裂纹（图 2-24（a））。随着载荷作用次数的增加，裂纹不断扩展，当齿根剩余截面无法承受时，轮齿发生折断。

2）过载折断。由于短时的严重过载或冲击载荷，使轮齿因强度不足而突然折断。

（2）齿面疲劳点蚀

轮齿工作时齿廓曲面上将产生近似于脉动循环变化的接触应力。当接触应力超过表层材料的接触疲劳极限时，齿面就会出现疲劳点蚀。疲劳点蚀一般多出现在齿根表面靠近节线处（图 2-24（b））。

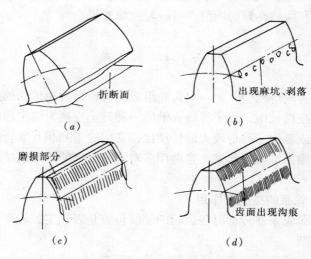

图 2-24 齿轮轮齿失效形式

（a）轮齿折断；（b）齿面疲劳点蚀；
（c）齿面胶合；（d）齿面磨粒磨损

齿面疲劳点蚀是闭式软齿面齿轮传动的主要失效形式。在开式传动中，由于齿面磨损较快，因而一般看不到点蚀现象。

（3）齿面胶合

齿轮传动在低速重载时，齿面间不易形成润滑油膜；在高速重载时，由于啮合区的温升使润滑油黏度降低，从而使润滑油膜破裂导致两齿面金属直接接触，出现粘着现象。随着齿面间的相对滑动，粘着点被撕脱，从而在较软齿面上留下与滑动方向一致的粘撕沟痕（图 2-24（d）），这种现象称为胶合。

（4）齿面磨粒磨损

齿轮传动时，由于两齿廓间的相对滑动，在载荷作用下齿面会产生磨损。灰尘、污物、金属微粒进入啮合齿面间起到磨粒作用，产生磨粒磨损（图 2-24（c））。齿面磨损严重时，不仅失去了正确的齿形，而且轮齿变薄，易引起折断。

硬度是影响磨粒磨损的最重要因素。此外，降低齿面表面粗糙度值和保持良好的润滑，可减轻齿面磨损。

# （六）轮　　系

在齿轮传动中，由一对齿轮组成的机构是齿轮传动的最简单形式。在机械中，为了将输入轴的一种转速变换为输出轴的多种转速，或者为了获得较大的传动比，常用一系列相互啮合的齿轮将输入输出轴联接起来，这种用多对齿轮组成的传动系统称为轮系。

## 1. 轮系的类型及作用

按照轮系在传动时各齿轮的轴线位置是否固定，轮系可分为两种类型。

固定轴轮系：各齿轮的轴线位置固定。

周转轮系：至少有一个齿轮的轴线位置不固定。也可称作行星轮系。

轮系的主要作用包括：

（1）输入轴输出轴可得到不同的传动比，以实现不同的速度要求。

（2）当两轴线距离较大时，用多对齿轮代替一对齿轮传动，可使齿轮的尺寸变小，机构更紧凑。

**2. 定轴轮系**

（1）一对齿轮的传动比计算

图 2-25（$a$）所示为一对外啮合齿轮传动。当主动轮 1 以逆时针方向转动时，从动轮就顺时针转动，即两轮转向相反。我们用"$-$"表示两轮转向相反。如果是内啮合齿轮（图 2-25（$b$））传动，由于两轮转向相同，我们用"$+$"号表示。则两轮传动比为：

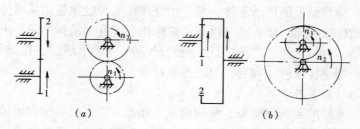

图 2-25　一对齿轮啮合

（$a$）外啮合传动；（$b$）内啮合传动

$$i_{12} = \frac{n_1}{n_2} = (\pm) \frac{Z_2}{Z_1}$$

式中　$n_1$——主动轮转速（r/min）（转/分）；

　　　$n_2$——从动轮转速（r/min）（转/分）；

　　　$Z_1$——主动齿轮齿数；

　　　$Z_2$——从动齿轮齿数。

（2）平面定轴轮系

传动比可逐级进行计算，其推导过程不在这里作。经过推导我们可推论出平面定轴轮系传动比的一般公式：

$$i_{AB} = \frac{n_A}{n_B} = (-1)m \frac{各从动轮齿数乘积}{各主动轮齿数乘积}$$

式中，$A$ 表示首轮，$B$ 表示末轮，$m$ 为整个传动过程中外啮合的次数。

## （七）轴上的连接

机械轴必装有其他零件。这些零件可以固定在轴上，如皮带轮；也可以沿轴作轴向移动，如滑动联齿；也可以在轴上作旋转运动如滑动轴承。在这里只介绍固定及滑动装置的常用结构。

### 1. 键

轴与轴上的传动零件一般是用键连接的。键把扭矩从轴传给传动件或相反传动，还可以起定位作用。键连接结构简单、工作可靠、拆装方便、应用广泛。键可分为平键、半圆键、花键等。它们都是标准件，均有相应的国家标准。

（1）平键

平键的断面是矩形，两侧面是工作面，工作时靠键和键槽的两侧面互相挤压传递扭矩。键的上面与轮鼓底之间不接触，留有间隙，如图 2-26 所示。常用的平键有普通平键和导向平键两种。

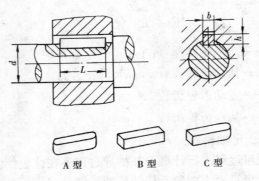

图 2-26　普通平键

普通平键的端部形状可制成圆头（A 型）、方头（B 型）或半圆头（C 型），如图 2-26 所示。导向平键用螺钉固定在轴上，轴上零件与键是间隙配合，能作轴向移动形成动连接，如图 2-27 所示。

（2）半圆键连接

半圆键也是以两侧为工作面，如图 2-28 所示，但它的键槽较深，对轴的强度削弱较大，故只适用于轻载荷且位于轴端零件的连接。

（3）花键连接

轴上周向均匀分布的多个凸齿和轮孔中相应的凹槽构成的连

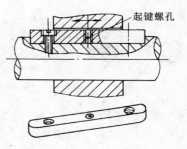

图 2-27 导向平键

接称为花键连接（图 2-29）。花键连接是以齿的侧面作为工作面的，由于多齿传递载荷，所以花键连接具有承载能力强、对轴强度削弱小、定心好、导向性好等优点，故应用较广。它适用于定心精度要求高，载荷大或经常滑移的连接。

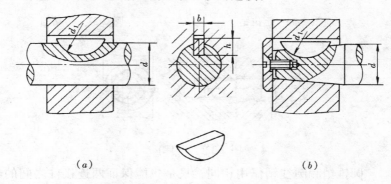

（a）                                           （b）

图 2-28 半圆键

根据齿形不同，可分为矩形花键（图 2-29（a））、渐开线花键（图 2-29（b））和三角形花键（图 2-29（c））。

**2. 销**

销在机器中可起定位（图 2-30）和连接（图 2-31）作用，同时能承受不大的剪力或起防松保险作用。常用有圆柱销、圆锥销和开口销（图 2-32）等。

圆柱销与相配的孔都经过精铰，用以保证圆柱销作精确定位用。

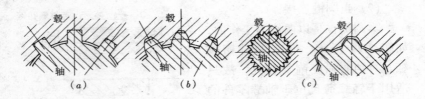

图 2-29　花键

（a）矩形花键；（b）渐开线花键；（c）三角形花键

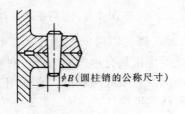

图 2-30　定位销

图 2-31　传动销

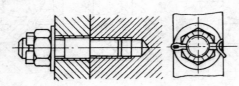

图 2-32　开口销

　　圆锥销和圆柱销作用相同，只是更能保证两连接件之间的定位精度，锥孔必须铰配，然后压入锥销。锥销有 1：50 锥度，能起自锁作用即不会自动脱落。锥销能多次拆装，这点比圆柱销好。

　　开口销常要与槽形螺母配合使用。它穿过螺母上的槽和螺杆上的孔以防止螺母松动。是一种很好的防松保险装置，如图 2-32 所示。

　　销也是标准件，有相应的国家标准。

# （八）轴　　承

轴承是支承轴径或轴上回转零件的部件。分为滚动轴承（图 2-33（a））和滑动轴承（图 2-34）两大类。滚动轴承具有转动灵敏，摩擦阻力小、效率高、润滑简便、易于互换等优点；其缺点是抗冲击能力差，有噪声，而滑动轴承在高速、高精度、重载、强冲击或轴承结构需要分割的场合又有其明显的优势。

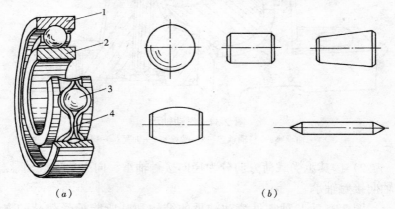

（a）　　　　　　　　　　　　　　（b）

图 2-33　滚动轴承及滚动体
1—外圈；2—内圈；3—滚动体；4—保持架

## 1. 滚动轴承

（1）结构

滚动轴承（图 2-33（a））是由外圈、内圈、滚动体以及保持架所组成。滚动体就在内外圈的滚道中滚动，而保持架是使滚动体均匀地隔开，不会发生碰撞。为了适应不同的载荷要求，滚动体（均为实心体）有不同的外形，如图 2-33（b）所示。

（2）分类

滚动轴承的类型很多，分类方法也较多，一般有：

1）按滚动体形状分为球轴承，滚子轴承、滚针轴承。

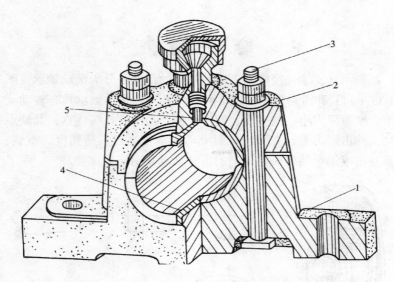

图 2-34  滑动轴承

1—轴承座；2—轴承盖；3—螺栓；4—轴瓦；5—套管

2）按其承受载荷方向分为径向接触轴承、向心角接触轴承、轴向接触轴承。

图 2-35 为几种常见滚动轴承的结构和其所能承受载荷的方向。

3）滚动轴承的代号

在国家标准 GB/T272—93 中规定了轴承代号的表示方法。轴承代号由基本代号、前置代号和后置代号构成。详见《机械设计手册》。

为了适应不同承载能力的需要，同一内径尺寸的轴承，可使用不同大小的滚动体，因而使轴承的外径和宽度也随着不同。直径系列是指对用于同一内径的不同外径的尺寸系列，并用数字表示；宽度系列是指同一内径和外径具不同宽度的尺寸系列。

【例】  解释轴承代号 6204，N2210 的含义：

6204

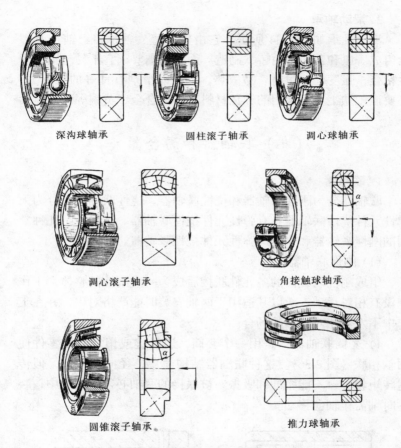

深沟球轴承　　　　　圆柱滚子轴承　　　　　调心球轴承

调心滚子轴承　　　　　　　　角接触球轴承

圆锥滚子轴承　　　　　　　　推力球轴承

图 2-35　常见滚动轴承的结构

6—类型代号，深沟球轴承

2—尺寸系列（02）代号。代号左边为零时可省略

04—内径代号、内径乙 $d = 4 \times 5 = 20$mm

N2210

N—类型代号，圆柱滚子轴承

22—尺寸系列代号，

10—内径代号，内径 $d = 10 \times 5 = 50$mm

**2. 滑动轴承**

滑动轴承如图 2-34 所示，它由轴承座、轴承盖、轴瓦及螺栓组成。座和盖通常由铸铁制造。而轴瓦则要求它不易与轴颈发生粘合，强度好、耐磨、易散热，并对润滑剂有良好的吸附力，还要便于加工。而常用的轴瓦材料有巴氏合金、黄铜等。

# （九）联轴器和离合器

**1. 联轴器**

联轴器分为刚性联轴器和挠性联轴器，挠性联轴器又分为无弹性元件挠性联轴器和有弹性元件挠性联轴器。这里介绍几种常用的刚性联轴器和非金属弹性元件挠性联轴器。

（1）刚性联轴器

组成刚性联轴器的各元件联接后成为一个刚性的整体，工作中没有相对运动。所以其适用于两轴安装时能严格对中，并在工作中不发生相对位移的场合。

1）套筒联轴器　是用一个套筒，通过键或销等联接零件使两轴相联（图 2-36）。这种联轴器结构简单，径向尺寸小，但传递转矩较小，不能缓冲和吸振，被联接的两轴必须严格对中，装拆时轴需作轴向移动。

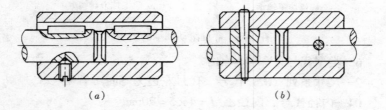

图 2-36　套筒联轴器
（a）键联接；（b）销联接

在图 2-36（b）所示的联轴器中，如果销的尺寸设计适当，过载时铺板折断，保护联轴器中的其他零件。这种能起安全保护作用的联轴器称为安全联轴器。

2）凸缘联轴器　是用螺栓组把两个半联轴器联接起来，通过键实现与两轴的联接（图2-37）。

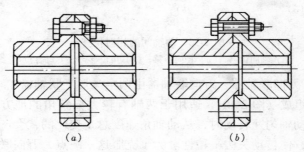

图2-37　凸缘联轴器
（a）YL型；（b）YLD型

按对中方法不同，凸缘联轴器有 YL 型和 YLD 型两种。YL型凸缘联轴器装拆时轴不需作轴向移动，可用于经常装拆的场合；YLD 型凸型联轴器则利用半联轴器的凸肩与凹槽对中，装拆时轴需作轴向移动，多用于不常拆卸的场合。

凸缘联轴器结构简单，对中精度高，传递转矩较大，但不能缓冲和吸振，并且要求两轴同轴度好、两轴对中性好的场合。

（2）无弹性元件挠性联轴器

当两轴安装时不能严格对中，或在工作中可能发生相对位移的地方（图2-38），应采用挠性联轴器。这种联轴器的工作零件都是刚性元件，利用联轴器中零件间的相对滑动、间隙等来补偿两轴间的相对位移。

1）滑块联轴器　滑块联轴器由两个带有凹槽的半联轴器 1和 3 及一个两端面都有凸缘的中间圆盘 2 组成（图2-39（a））。半联轴器固装在两根轴端，凹槽中心线通过轴线。中间圆盘两端面的凸缘中线相互垂直并通过圆盘中心线，嵌在两个半联轴器的凹槽中（图2-39（b））。当两轴间有径向位移时，随着轴的转动，中间圆盘的凸榫在两半联轴器的凹槽中来回滑动。

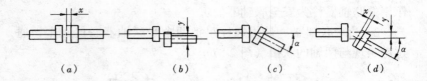

图 2-38　两轴间的相对位移

（a）轴向位移；（b）径向位移；（c）角位移；（d）综合位移

2）万向联轴器　万向联轴器由两个叉形半联轴器 1、2 和十字轴 3 组成（图 2-40），适用于两轴有较大偏斜角的地方。缺点是当主动轴匀速转动时，从动轴角速度总是变化的，会产生附加动载荷，使传动失去平稳性。为了克服这一缺点，万向联轴器常成对使用，组成双万向联轴器（图 2-41）。

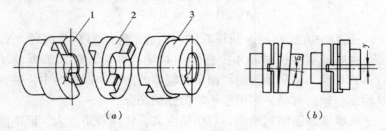

图 2-39　滑块联轴器

1、3 半联轴器；2 中间圆盘

为保证从动轴与主动轴角速度同步，万向联轴器安装时应满足下列三个条件：

①主、从动轴与中间轴三轴线在同一平面内。

②中间轴两端的叉面位于同一平面内。

③主动轴与中间轴的夹角等于中间轴与从动轴的夹角。

万向联轴器结构紧凑，维修方便，能补偿较大的角位移，广泛用于汽车、工程机械等传动中。

此外还有非金属弹性元件挠性联轴器，其原理和金属联轴器相似，沥青混凝土拌和设备基本不用，这里就不作介绍了。

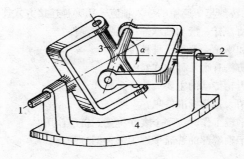

图 2-40 万向联轴器示意图

1、2—半联轴器；3—十字轴；4—机架

## 2. 离合器

离合器用于轴与轴联接，使它们一起回转并传递扭矩。它可以使机器运转过程中方便地将两个轴的运动接合或分离。在沥青混凝土行业中基本不用，这里只作简单介绍。

（1）操纵式离合器分啮合式离合器、摩擦式离合器两种。

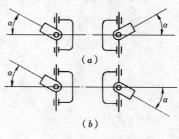

图 2-41 双万向联轴器的安装

（2）自动离合器分超越离合器、离心离合器两种。

## 思 考 题

1. 带传动的工作面是哪一表面？带传动能保持准确的传动比吗？

2. 三角带的截面形状为三角形，其夹角为多少度？

3. 带传动的失效形式是什么？一般对带传动的包角 α 有何要求？

4. 如何计算三角带的长度？

5. 三角带传动的特点是什么？

6. 链传动的特点是什么？其能在哪些条件下工作？

7. 在机械传动中，哪一种传动效率最高？

8. 带轮、齿轮等轴上零件一般应装什么轴上？

9. 电动机转轴与变速箱的输入轴应采用哪种连接方式连接？

10. 各种活塞杆、滑动轴承等，属哪类零件？

11. 蜗杆和蜗轮一般用于哪种传动？

12. 机械防松有哪几种方式？

13. 开式齿轮传动的主要失效形式是什么？

14. 键、销大多是标准件吗？

15. 普通平键工作时，哪个表面将受到挤压作用？

16. 常用于轴端部的普通平键为哪种型号的？

## 简 述 题

1. 简述齿轮传动的失效形式？

2. 轴表面粗糙度对轴有何影响？

3. 简述轴的作用？

# 三、液 压 传 动

## （一）概　　述

液压传动是以液体为工作介质进行能量传递的传动。在液体传动中，按其工作原理的不同可分为容积式液压传动和动力式液压传动两大类，两者的根本区别在于：前者是以液体的压力能进行工作；后者是以液体的动能进行工作。通常将前者称为液压传动，后者称为液力传动，本章只着重介绍液压传动。

油液是液压传动系统中常用的工作介质，又是液压元件的润滑剂。它的主要性质是压缩性和黏性。我国液压油的牌号是以40℃运动黏度等级来划分牌号的，牌号数字大，则黏度大。根据液压系统的工作条件选用适当黏度的液压油，才能充分发挥液压系统的工作效率。对油液选择应考虑以下因素：

（1）一般液压系统选用 L-HL 液压油中 15、22、32 等牌号。

（2）冬季用 L-HV 或 L-HS 液压油中 15。

（3）压力高时用黏度大的油，压力低时用黏度小的油。

液压传动应用很广泛，其优点是：传动平稳、能吸振、质量轻、体积小、灵敏度高；承载能力大、布局紧凑；容易实现无级变速；能自行润滑；便于自动化、标准化、系列化。

其不足是：各元件配合精度要求高，加工、安装、维修、成本均高于其他传动；因泄露而影响传动比的准确性；温度的变化影响整个系统的工作性能；各种损失或损耗较大，不可能远距离传动等等。

# （二）基 本 概 念

图 3-1 为简易液压传动装置的原理图。图中 3 和 4 是两个液

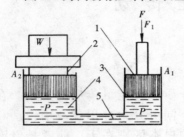

压缸，1 和 2 是两个活塞，油管 5 将两液压缸联通，使其成为一个密封容器，并在其中充满油液。当活塞 1 在外力 $F_1$ 作用下向下移动时，使油液受到挤压作用。由于油液具有"不可压缩性"，因而产生压力 $p$，使液压缸 3 内油液通过油管 5 进入液压缸 4，推动活塞 2 向上运动，完成举起重物 $W$ 的工作。

图 3-1 液压传动原理图
1—小活塞；2—大活塞；3—小液
压缸；4—大液压缸；5—油管

这种在密封容器内，利用受压液体传递压力能，再通过执行机构，把压力能转换成机械能而做功的传动方式，称为液压传动。

**1. 压力**

在图 3-1 所示中，设小活塞面为 $A_1$，大活塞面积为 $A_2$，则小油缸的压力是：

$$P_1 = F_1/A_1$$

根据中学物理学的知识可知，密封容器中的静止油液，在一处受到压力时，这个压力可传递到连通器的所有点上，而且其大小处处相等—帕斯卡原理。因此大活塞所受到压力是：

$$P_2 = P_1 = F_1/A_1$$

另外 $\qquad\qquad P_2 = F_2/A_2$

$F_2$—为油液对活塞的作用力。

所以 $\qquad\qquad F_1/A_1 = F_2/A_2$

运用力学及数学原理，可以有下列现象：

（1）增加 $A_2/A_1$ 的比值（即大活塞比小活塞的面积大得多）

52

可以利用较小 $F_1$（外力）就可以产生很大的力 $F_2$，而推动大活塞向上运动。这是人力液压千斤顶原理（该千斤顶是公路养护机车必备随车工具）。

（2）当外负荷（上述图中的重物 $W$ 及内外摩擦力）与 $F_2$ 有如下关系时。

1）外负荷大于 $F_2$，则重物不可能向上运动，只有继续增大 $F_1$ 使液油压力 $p_1 = p_2$ 同时增大才能将重物顶起（如千斤顶可以加长杠或由力气大的工人工作）。

2）外负荷变为无穷大，则 $p_2 = p_1$ 也应是无穷大，如果该系统没有保护措施，将损坏该系统某些薄弱环节（如 1t 的千斤顶顶起 10t 甚至更重的机车时，必然会损坏密封件而大量漏油）。

3）外负荷小于 $F_2$，就可以使大活塞 2 向上运动而抬起重物，这时油液的压力是：

$$p_1 = p_2 = W/A_2$$

而且缸内的压力不再升高。

结论

①液压系统中的压力一般是指压强，即单位面积所受到的力。单位：帕（Pa）。$1Pa = 1N/m^2 = 10^{-6}MPa$

②密封系统的压力一旦形成，处处相等。

③液压系统中的压力是由外负荷决定的。

**2．流量和流速**

单位时间内流经管道或液压缸某一截面的油液体积，称为流量，以 $Q$ 表示。若在时间 $T$ 内流过管道或液压缸某一截面的油液体积为 $V$，则流量为：$Q = V/T$（$m^3/s$）

常用单位一般采用升/分（L/min）它是液压元件基本参数之一。在单位时间内，油液流经管道或液压缸某一截面的距离，称为流速。它以 $u$ 表示。若以 $L$ 表示距离，则

$$u = L/t$$

由于体积是截面积与距离的乘积，即：$V = A \cdot L$

则 $$L = V/A$$

又因 $$V = Q \cdot t$$
所以 $$u = Q/A$$

该式说明液压系统一旦做好,其管道或油缸截面不变,要调节运动速度只调节流量即可达到。元件的运动速度与压力无关。

由于油液具有"不可压缩性",所以油液在无分支的管道中流动时,流经每一个截面上的流量一定相等,这就是液体流动连续性原理(见图3-2)。因此,进入管道一端和自另一端流出的流量也一定相等。

### 3. 功率与效率

功率等于力与速度的乘积。在液压系统中,是通过液压缸等执行元件来做功,所以系统的输出功率应该是液压缸所克服负载阻力 $F$ 与液压缸(活塞)的运动速度 $v$ 的乘积,即:

$$N = F \cdot v = p \cdot Q$$

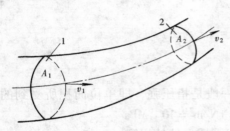

液压系统中的压力和流量由液压泵提供。由于系统中存在着压力和流量损失,所以液压泵输出的压力和流量都应大于液压缸等执行元件的工作压力和流量。效率是输出功率与输入功率的比值。所以

图 3-2 液体流动连续性原理图

液压泵输出的最高工作压力和流量,由于系统存在损耗,其功率并不是全部用于输入液压缸等执行元件进行工作,而是打了一个折扣。

对于输出流量为定值的定量泵,其输出流量即为该泵的额定流量。

# (三) 组成及职能符号

### 1. 液压传动的工作

液压传动是以液体为工作介质,利用压力能来驱动执行机构

的传动方式。

## 2. 液压传动系统的组成

液压传动系统基本组成为：

（1）能源装置——液压泵

它将动力部分（电动机或其他原动机）所输出的机械能转换成液压能，给系统提供压力油液。亦称为动力元件。

（2）执行装置——液压机械（液压缸、液压马达）

通过它将液压能转换成机械能，推动负载做功。亦称为执行元件。

（3）控制装置——液压阀（流量阀、压力阀、方向阀等）

通过它们控制或调节，使油液的压力、流速和方向得以改变，从而改变执行元件的力（或力矩）、速度和方向。亦称为控制元件。

（4）辅助装置——油箱、管路、蓄能器、滤油器、管接头、压力表、开关等

通过这些元件把系统联系起来，以实现各种工作循环。

（5）工作介质——液压油

绝大多数液压油采用矿物油，系统用它来传递能量或信息。

## 3. 液压传动系统图及图形符号

以结构符号来表示各元件的液压系统图，称为结构式原理图。它直观性强，容易理解，但图形复杂，绘制困难。为了简化液压系统图，均用元件的职能符号来绘制液压系统图。这些符号只表示元件功能及连接通路，而不表示其结构。

# （四）液　压　泵

根据标准中的压力分级，通常将额定压力为 0~2.5MPa 的液压泵称为低压泵；额定压力为 2.5~8.0MPa 的液压泵称为中压泵；额定压力为 8.0~16MPa 的液压泵称为中高压泵；额定压为 16~32MPa 的液压泵称为高压泵；额定压力超过 32MPa 的液压泵

叫超高压泵。

液压泵可分为齿轮泵、叶片泵、柱塞泵和螺杆泵四类。目前，齿轮泵大多用于低压系统，叶片泵用于中压系统，柱塞泵用于高压系统，而螺杆泵一般用于流量非常稳定的低压系统中。

**1. 液压泵的工作原理**

图 3-3 是液压泵工作原理简图。图中泵体 1 和柱塞 2 构成一个密封容腔。当柱塞向下运动时，容腔容积增大，产生局部真空，油箱内油在大气压力作用下，通过单向阀 3 进泵体内，这是吸油过程；当柱塞向上运动时，容腔容积减小，吸入体内的油受到挤压而通过单向阀 4 输出，这是压油过程。这种液压泵是利用密封容积大小的交替变化进行吸油和压油的，所以也称为容积泵。它的输油量与密封容积的变化率及变化次数成正比。在

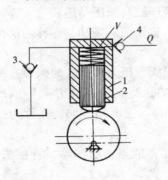

图 3-3　液压泵工作原理简图
1—泵体；2—柱塞；3、4—单向阀

压油过程中，输油压力决定于油液从单向阀 4 输出时遇到的阻力。即输油压力决定于外界负载。

在吸油过程中，必须使油箱与大气相通。单向阀 3、4 分别保证吸油时使吸油口与油箱接通而切断出油口；压油时保证出油口与输油管道接通而切断吸油口，组成配油装置。因此，容积泵正常工作的必备条件是：

（1）应具有密封容积；

（2）密封容腔的容积大小能交替变化；

（3）应具有配油装置；

（4）油箱必须与大气相通。

**2. 齿轮泵**

齿轮泵是最常用的一种液压泵。它有外啮合式和内啮合式两种，其中外啮合式最常用。

（1）齿轮泵的工作原理

以外啮合式齿轮泵为例（图 3-4）。它由泵体 3，前后端盖（图中未画出）。一对相互啮合的齿轮 1 和 2 以及长、短轴等组成。泵体和前、后端盖组成一个密封容腔。一对齿轮又将这个容腔分隔为两腔，即吸油腔和压油腔。当齿轮由电动机拖动，按箭头方向转动时，右面容腔（吸油腔）由于啮合着的轮齿逐渐脱开，把齿槽的凹

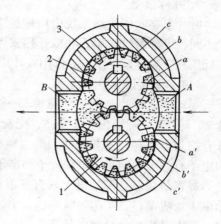

图 3-4　齿轮泵工作原理图
1、2—齿轮；3—泵体
A—吸油口；B—压油口

部让出来，使这一容腔容积增大，形成真空，通过吸油口 A 向油箱吸油。齿轮的齿槽 a、b、c⋯等 a′、b′、c′⋯等随齿轮转动，把油液送到左面容腔（压油腔）去，完成配油任务。左面容腔内，由于轮齿不断进入啮合，使这一容积减小，油液受挤压，从压油口 B 输出泵外。随着齿轮的连续转动，不断地完成吸油、配油、压油工作，使齿轮泵得以连续供油。

（2）齿轮泵的型号和图形符号

齿轮泵在电机（发动机）转速一定时，其流量是固定不变的，所以它们属定量泵。

国产齿轮泵产品系列为"CB"其中"C"和"B"分别是"齿"和"泵"的汉语拼音的第一个字母。

CB 型齿轮泵一般多为低压泵，压力等级为 B 级，也即其额定压力为 2.5MPa。额定流量系列有 16、20、25、31.5L/min 等几种。由于齿轮泵的压油口小，吸油口大，因此，它的吸、压油腔不可互换的，使之成为单向泵。

### 3. 叶片泵

叶片泵在液压传动系统中应用最多。按其结构形式和工作方式不同，可分为单作用式和双作用式两种。单作用式叶片泵应用于低压和变流量系统中，双作用式叶片泵普遍使用于中压系统中。

（1）单作用式叶片泵

单作用式叶片泵的工作原理如图 3-5 所示。它由转轴 1、叶片 2、转子 3、圆形内腔定子 5、配盘 6、7 和泵体组成。转子上开有均匀分布径向倾斜狭槽，槽内装有可伸缩滑动的叶片。转子和定子有一偏心距离 $e$。在转子和定子两侧各装一只配油盘，使之形成密封腔。在配油盘上开有互不相通的两个油窗 I 和 II，下油窗 I 通吸油口 A，称为吸油窗。上油窗 II 通压油口 B 称为压油窗。当电动机带动转轴 1 按箭头方向转动时，叶片在离心力和通向叶片根部液压油作用下向外伸出，使其顶部紧贴定子壁，在任

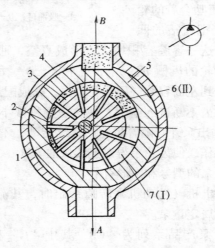

图 3-5　单作用式叶片泵工作原理图

1—转轴；2—叶片；3—转子；4—泵体；

5—定子；6、7—配油盘

I —吸油窗；II —压油窗

A—吸油口；B—压油口

何两片之间构一个密封腔。这时位于下半部的各密封容积不断增大，形成局部真空，于是通过吸油窗向油箱吸油。这时位于上半部的各密封容积不断缩小，于是油液受挤压通过压油窗向外压油。转子每转一周，每个密封容积都完成吸油、压油作用各一次，因此，称之为单作用式叶片泵。由于转子受压油腔油压作用，产生单向径向力，所以单作用式叶片泵工作压力不宜过高，一般常用的额定压力为 2.5MPa。但是这种泵很容易实现流量变化，只要改变转子与定子的安装偏心距离 $e$，就能改变密封容积的变化率，从而改变输出流量，使之成为变量叶片泵。

常见单作用式叶片泵是限压式变量叶片泵，其型号如下：

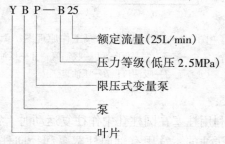

（2）双作用式叶片泵

双作用式叶片泵的工作原理如图 3-6 所示。双作用叶片泵的转子和定子同心，Ⅰ、Ⅱ两个吸油腔和Ⅲ、Ⅳ两个压油腔相互对称，因此，液压油作用在转子上的径向力相互抵消，为这种泵提高工作油液压创造了条件；所以都制成 C 级（中压，6.3MPa）的压力等级。这种泵长圆形内腔，在Ⅰ、Ⅱ、Ⅲ、Ⅳ各工作腔间都有向径 $r$ 或 $R$ 形成的油封隔离区域，避免了压油腔向吸油腔的泄漏，同时各工作腔在转子每转一周工作两次，因此，输出流量大。由于径向 $r$ 与径向 $R$ 间是逐渐均匀地增大和减小的，所以各密封容积的容积变化率是固定的。使之成为流量均匀稳定的单向定量泵。

在液压传动系统中通常采用的 YB 型叶片泵，额定压力为 6.3MPa，额定流量有 12.5、16、25、31.5、40、50L/min 等几种。

双作用式叶片泵的图形符号即是单向定量泵符号。

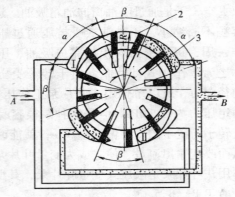

图 3-6　双作用式叶片泵工作原理图
1—叶片；2—定子；3—转子；Ⅰ—吸油管；Ⅱ—压油管
A—吸油口；B—压油口

（3）柱塞泵

柱塞泵是利用柱塞在圆柱孔中作往复运动时，密封容积发生变化而吸油、压油的。常用有轴向柱塞泵和径向柱塞泵两大类。柱塞泵与齿轮泵和叶片泵相比，具有压力高，流量容易调节，吸油、压油口可以互换（双向泵）等特点。在沥青混凝土行业不用，这里不作介绍，想了解可查阅有关书籍。

（4）液压泵的选择

液压泵是标准液压元件，选用液压泵时，主要是确定液压泵的额定流量、额定压力、流向及结构类型。要求泵的铭牌上标定的流量与压力（即额定流量、额定压力）略大于系统中所需的最大流量与最大压力。

## （五）液压缸和液压马达

液压缸和液压马达是液压系统中的执行元件，是将系统中的油液压力能转变为机械能的能量转换装置，用以完成工作机构的各种复杂的动作。

液压执行元件按运动方式，可分为往复运动式（液压缸）和旋转式（液压马达）两大类。液压缸按运动形式，可分为直线往复式液压缸和摆动式液压缸；按液压作用性质，可分为单作用式液压缸和双作用式液压缸。其中，直线往复式液压缸按结构又可分为活塞式液压缸和柱塞式液压缸等。

液压马达按其结构，可分为叶片式液压马达、柱塞式液压马达和齿轮式液压马达。从原理上讲，液压马达和液压泵具有可逆性，任何一种容积式液压泵可作为容积式液压马达使用。但是，由于用途不同，它们在结构上是有差别的。

**1. 活塞式液压缸**

单作用液压缸是指这种液压缸只有一个通油口，仅向活塞的一端供油，利用液压力实现单向动作；其返回行程靠活塞杆自重、弹簧力及其他机械的推力来完成的。因此具有节省动力的优点。单作用液压缸在各类机床、液压升降机、自卸卡车和叉车中常有应用。

双作用液压缸都是活塞式的，一般可分为单活塞杆、双活塞杆和伸缩套筒式。双作用液压缸的液压系统可以交替向活塞两端供油，利用液压力来实现液压缸的往复直线运动。

双活塞杆液压缸广泛应用于工程机械和其他各类机械中，伸缩套筒式液压缸多应用于起重机和液压升降机等机械中。

（1）双出杆双作用活塞式液压缸

图3-7为双出杆双作用活塞式液压缸的示意图。活塞2两端各有一根活塞杆3从缸体伸出。当缸体固定，油液从进油口 b 进入缸体左腔时，活塞

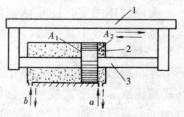

图3-7　双出杆活塞式液压缸示意图
1—工作台；2—活塞；3—活塞杆
a、b—进、出油口

带动工作台 1 向右运动，缸体右腔的油液自出油口 $a$ 排出。当油液自口 $a$ 进入缸体右腔，活塞带动工作台向左运动，缸体左腔的油液自 $b$ 口排出。由于活塞两端的有效工作面积相同（$A_1 = A_2$），所以，当进入液压缸的油液流量 $Q$ 和压力 $p$ 一定时，根据 $v = Q/A$ 和 $F = p \cdot A$，则活塞的正、反两个方向运动及推力相等。

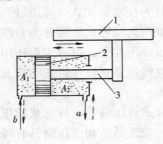

图 3-8　单出杆活塞式
液压缸示意图

1—工作台；2—柱塞；3—柱塞杆
$a$、$b$—进、出油口；$A_1$—无杆腔工
作面积；$A_2$—有杆腔工作面积

（2）单出杆双作用活塞式液压缸

图 3-8 所示为单出杆双作用活塞式液压缸的示意图。活塞 2 一端有活塞杆 3 从缸体伸出，另一端没有活塞杆，所以液压缸左、右两腔的有效工作面积不相等。设活塞直径为 $D$，活塞杆直径为 $d$，则左腔（无杆腔）有效工作面积 $A_1$，右腔（有杆腔）有效工作面积 $A_2$，显然，$A_1 > A_2$。它和双出杆作用活塞式液压缸相比，有以下特点：

1）往复运动速度不相等；

2）往复运动的液压作用推力不相等；

3）液压运动范围相等。

无论缸体固定，还是活塞固定，其往复运动范围都约等于其有效行程的两倍。

**2. 柱塞式液压缸**

在行程较长的液压机械中，通常采用柱塞式液压缸。柱塞式液压缸缸体内壁不需要精加工，只要精加工柱塞和与柱塞配合的局部缸体，因此结构简单，制造容易。柱塞式液压缸只能在液压油作用下作单方向运动，它的回程借助于运动体的自重或其他外力作

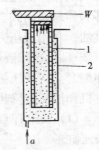

图 3-9　柱塞式液
压缸示意图

1—柱塞；2—缸体
$W$—重物；$a$—进、
出油口

用，因此柱塞式液压缸是一种单作用式液压缸。

图 3-9 所示为柱塞式液压缸的示意图。它由缸体 2、柱塞 1 和密封装置等组成。缸体上开有一个进、出油口 $a$，当液压油进入液压缸时，柱塞向上运动顶起重物 $W$；当需返回时，柱在重物作用下向下运动，油液从油口排出。

# （六）液压控制阀

液压阀是液压系统中的控制元件。按其功用，可分为方向控制阀、压力控制阀和流量控制阀三大类，分别用以控制液压系统油液的方向、压力和流量。所有液压阀，一般都由阀体、阀芯、弹簧和操纵机构等组成。在原理上，都是通过改变流通面积或流通方向来工作的。液压阀在系统中不做功，只对执行元件起控制作用。

**1. 方向控制阀**

控制油液流动方向的液压阀，称为方向控制阀。它主要有单向阀和换向阀两类。

（1）单向阀

允许油液单方向流动的液压阀，称为单向阀。它有普通单向阀和液控单向阀两种。

1）普通单向阀

它是液压系统中用途最广、结构最简单的一种液压阀。

图 3-10 是普通单向阀的结构图。它由阀体 1、阀芯 2 和弹簧 3 组成。其中，图 3-10（$a$）采用钢球作阀芯，图 3-10（$b$）和图 3-10（$c$）采用带锥面圆柱作阀芯（也称为滑阀芯）。图（$b$）是它的职能符号，现以图 3-10（$b$）为例说明它的工作原理。

当液压油从进油口（$P_1$）流入时，作用在阀芯上的作用力，克服弹簧力顶开阀芯，经阀芯上四个径向孔 I 及轴向孔 II 从出油口（$P_2$）流出。当油液反流时，在弹簧和油液压力作用下，阀芯紧压阀体的阀口，使油液流动截止。由于弹簧力只用于克服阀

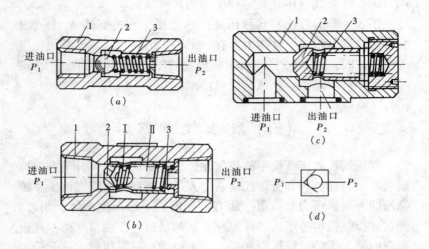

图 3-10　单向阀的结构
1—阀体；2—阀芯；3—弹簧
Ⅰ—径向孔；Ⅱ—轴向孔

芯和阀体间的摩擦力，故弹簧的弹性可以做得软些。一般普通单向阀的开启压力为 0.035—0.05MPa。

普通单向阀的安装连接有管式和板式连接两种。

2）液控单向阀

液控单向阀是用液压油（控制油路）来控制的单向阀，它的作用和普通单向阀相同。图 3-11 是液控单向阀的结构图。它由阀体 5、阀芯 3、弹簧 4、顶杆 2 和活塞 1 等组成。阀体上开有进油口和出油口以及液控口 $K$。当液控口不接通液腔油时，它和普通单向阀一样，允许油液自进油口（$P_1$）流向出油口（$P_2$），而不允许由出油口（$P_2$）流向进油口（$P_1$）。当液控口接通液控油时，在液控油压作用下，活塞带动顶杆向右运动顶开阀芯，从而打开阀口，此时油液可以自进油口（$P_1$）流向出油口（$P_2$），也可以自出油口（$P_2$）流向进油口（$P_1$），达到进油口、出油口互通的目的。

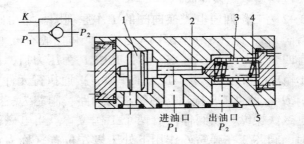

图 3-11 液控单向阀结构

1—活塞；2—顶杆；3—阀芯；4—弹簧；5—阀体

液控单向阀的图形符号如 3-11 左上角所示。

（2）换向阀

换向阀是利用阀芯（滑阀）在阀体内位置的不同来改变换向阀体上诸油口的通断关系和流动方向以实现液压系统工作机构运动方向变换、顺序动作和卸荷等功能的阀类。换向阀的应用非常广泛，种类也很多。

换向阀按阀芯在阀体的工作位置数（简称为位）分，常用的有二位和三位换向阀；按阀体与系统油路连通的油口数（简称为通）分，有二通、三通、四通和五通换向阀等；按操纵阀芯在阀体内作相对运动的方式分，有电磁、液动、电液动、手动和机动换向阀等。因此，换向阀的全称应包括以上三个主要内容，如二位二通电磁换向阀，二位三通液动换向阀、三位四通手动换向阀、二位五通机动换向阀等。

1）电磁换向阀

电磁换向阀是利用电磁铁来操纵阀芯动作，实现油液方向变换的一种换向阀。电磁铁按使用的电源性质，可分为交流（D型）和直流（E型）两种电磁铁。电磁铁代号用"YA"表示，不通电时不产生电磁吸力，称为电磁铁失电，用"YA-"表示；通电时产生电磁吸力，称为电磁铁得电，用"YA+"表示。各种电磁换向阀的工作原理都基本相同。

①二位四通电磁换向阀

图 3-12 为二位四通电磁换向阀的工作原理图。它由阀体 7、阀芯（滑阀）3、弹簧 6 和电磁铁 4 组成。阀体内腔有五个环槽，对外开有四个通口（$O$、$A$、$P$、$B$）其中 $P$ 为压力口，接通自液压泵 1 输出的液压油；$A$、$B$ 为工作口，接通执行元件（如液压缸 9）；$O$ 为回油口，接通回油箱 2 的油路。阀芯为三节状滑阀，由电磁铁操纵，在阀体内有两个工作位置。当电磁铁失电（YA-）时，阀芯 3 在弹簧 6 作用下处于极左位置（称为常态位置，如图（a））。液压油自 $P$ 口流入阀体，经阀芯台肩与阀体内腔环槽间的通道，从 $B$ 口流入液压缸 9 左腔，推动活塞 8 向右运动。液压缸右腔的油液，自 $A$ 口流入阀体，经阀心台肩与阀体内腔环槽间的通道，从 $O$ 口流回油箱 2；当电磁铁得电（YA＋）时电磁铁 4 吸衔铁 5，推动阀心 3 压缩弹簧 6，使阀心处于极右位置（图 b）。液压油自 $P$ 口流入，经阀体通道从 $A$ 口流入液压缸右腔，推动活塞向左运动。液压缸左腔的油液经 $B$ 口和 $O$ 口流回油箱。由于阀芯的换位，改变油液流动方向，从而变换活塞运动的方向。

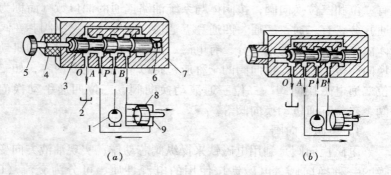

（a）　　　　　　　　　　　（b）

图 3-12　二位四通电磁换向阀工作原理
（a）电磁铁失电（YA-）；（b）电磁铁得电（YA＋）
1—液压泵；2—油箱；3—阀芯；4—电磁铁；5—衔铁；
6—弹簧；7—阀体；8—活塞；9—液压缸
$P$—压力口；$O$—回油口；$A$、$B$—工作口

②三位四通电磁换向阀

图 3-13 为三位四通电磁换向
阀的工作原理图。和二位四通电
磁换向阀相比，仅在阀体两端各
增加了一根弹簧和一只电磁铁。
因此，该阀在常态下，阀芯 2 由
弹簧 1 作用，被平衡在中间位置
（即常态位置）。当左边电磁铁得
电，右边电磁铁失电，于是左边
电磁铁吸衔铁推阀芯压缩右边弹

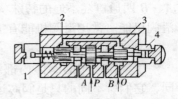

图 3-13　三位四通电磁阀
的工作原理
1—弹簧；2—滑阀；3—阀
体；4—电磁铁

簧，迫使阀芯处于极右位置（称为左位）。此时该阀内部通路情
况是 $P→A$；$B→O$。当右边磁铁得电，左边磁铁失电，则阀芯
处于极左位置（称为右位），此时该阀内部通路情况是 $P→B$；$A
→O$。如果左、右两边电磁铁失电，则阀芯恢复于中间位置（称
为中位），此时 $P$、$O$、$A$、$B$ 四通口都被阀芯柱面或台肩堵塞，
使油液无法流动。

图 3-14 为三位四通电磁换向阀的结构图。图中右上角为该
阀的图形符号。由图形符号可知其不同位置下的油路通断情况。

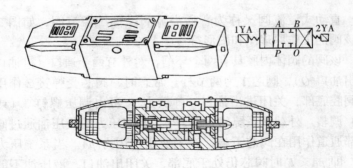

图 3-14　三位四通电磁换向阀结构

以上三位中，左右两位用来实现油路换向，而中位 $P$、$O$、

$A$、$B$ 四通口互不通的特殊状态是三位换向阀的特殊机能，称为滑阀机能。常用滑阀机能有 $O$、$P$、$H$、$Y$、$M$ 等。

2）手动换向阀

手动换向阀的阀体内部结构、原理与电磁换向阀的完全相同，它们所不同的只是阀芯运动的动力来源于操作者的手力使阀芯运动而处于不同位置。手动换向阀一般有二位二通、二位四通和三位四通等多种形式。而养路机械上使用的方向阀大部分是手动三位四通换向阀。

**2. 压力控制阀**

在液压系统中，由于工作负载不同，各分支系统油液的工作压力也不同，因此需要根据各分支系统负载来调节其工作压力。用以控制系统压力的阀称为压力控制阀。常用的压力控制阀有溢流阀、减压阀、顺序阀和压力继电器等。它们都是利用油压的作用力和弹簧力相平衡的原理，实现压力控制的。

（1）溢流阀

溢流阀一般安装在液压泵的出口处，并联在系统中使用，使系统中多余的油液溢流回油箱，保持系统压力稳定，当系统过载时，起安全保护作用。按其结构形式有直动式和先导式溢流阀两种。

直动式溢流阀又称为普通溢流阀或低压溢流阀，如图 3-15 为该阀的工作原理图和图形符号。

该阀的阀体内腔具有两个环槽，对外有两个通口（进油口 $P$ 和出油口 $O$），阀芯 1 为两节杆。常态时，阀芯受弹簧 2 作用处于阀腔底部，关闭进出油口。弹簧力 $F$ 可由调压螺钉 3（或螺母）调整。外载使系统建立压力 $p$，具有压力的液压油通过阀体内部通道作用在阀芯下端，产生液压作用力 $pA$。当系统压力较小，即 $pA < F$ 时阀芯仍处于底部，关闭出油口，液压油不能从出油口流回油箱。当系统压力增大到 $pA > F$ 时，阀芯克服弹簧力上移，打开出油口，系统部分液压油经开口 $h$ 从出油口溢回油箱，限制系统压力增大。直至系统压力 $pA = F$ 时，阀芯被平

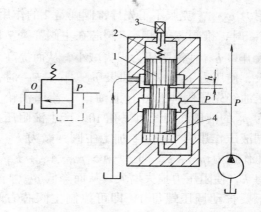

图 3-15　直动式溢流阀的工作原理
1—阀芯；2—弹簧；3—调压螺钉

衡在某一位置上，开口 $h$ 的大小也被固定，因此系统压力（不计阀芯自重和摩擦）为 $p = F/A$。因为阀芯面积由结构确定为定值，所以只要拧动调整螺钉调整弹簧力，就可以控制系统的压力。这种直动式溢流阀一般用于低压系统。压力较高时应采用先导式溢流阀。

（2）减压阀

减压阀串联在支路系统中使用，用以使支路系统获得比主系统压力低而稳定的液压油。

图 3-16 为减压阀的结构原理图。这种减压阀降压的原理是利用油液通过缝隙时的液阻来降压的。来自主系统压力为 $p_1$ 的液压油，从进油口进入主阀内腔 $a$ 以后，经过狭窄的开口 $h$ 到达内腔 $b$。具有压力的液压油流过狭窄的开口缝隙时，会产生液阻压力损失，因此使到达 $b$ 腔液压油压力降为 $p_2$，自出油口输出至支路系统。压力为 $p_2$ 的液压油在 $b$ 腔中又分为两路：一路经主阀芯 8 的中心孔 9 及阻尼孔 10，分别作用在主阀芯左、右两端；另一路由右端的液压油又经先导阀油孔 5、4 作用在先导锥阀芯 3 上。当支路系统外载较小，使压力 $p_2$ 较低时，锥阀芯上

的液压作用力 $p_2 \cdot A_锥$ 克服不了先导锥阀弹簧 2 的作用力 $F_锥$，即 $p_2 \cdot A_锥 < F_锥$ 时，锥阀芯关闭、主阀芯在主阀弹簧 7 作用下向左移动，增大开口 $h$，使液阻压力损失减小，从而提高 $p_2$。当支系统外载过大，使压力 $p_2$ 增高，如果 $p_2 \cdot A_锥 > F_锥$ 时，锥阀芯被打开，液压油经先导阀体孔 6 自泄油口 $L$ 流回油箱。此时增高后的压力为 $p_2$ 的液压油流经阻尼孔 10，产生液阻压力损失，使主阀芯右端液压作用力 $p_右 \cdot A_主$ 加上主阀弹簧力 $F_主$，小于主阀芯左端液压作用力 $p_2 \cdot A_主$，即 $p_2 \cdot A > p_右 \cdot A_主 + F_主$。主阀芯右移减小开口 $h$，使阻压力损失增大，从而降低 $p_2$。与先导式溢流阀相似，只要拧动调压螺母 1，即可控制主阀芯右端压力 $p_右$，从而控制支路系统压力 $p_2$。

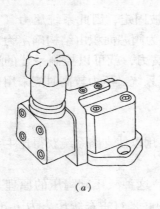
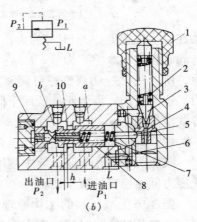

图 3-16　减压阀

($a$) 减压阀外形图；($b$) 减压阀工作原理图

1—调压螺母；2—先导阀弹簧；3—锥阀芯；4、5、6—先导阀油孔；

7—主阀弹簧；8—主阀芯；9—中心孔；10—阻尼孔

$a$—主阀进油腔；$b$—主阀出油腔

对比减压阀与溢流阀，其主要不同之处是：

①减压阀控制主阀芯动作是利用出油口压力，而溢流阀是利

用进油口压力。

②常态时，减压阀的开口 A 是常开的，而溢流阀是常闭的。

③减压阀的开口随出油口压力升高而减小，而溢流阀的开口随进油口压力升高而增大。

④减压阀中先导阀的泄油必须单独接通回油箱，而溢流阀则是通过阀体内部通道从出口泄油回油箱。

**3. 流量控制阀**

流量控制阀是靠改变通流截面或流道的长度来控制系统的工作流量，以改变执行机构运动速度的液压元件。一般来说通流面积越小流道越长则液阻越大，通过的流量也就越小。流量控制阀有节流阀、调速阀、温度补偿调速阀、溢流节流阀等多种。其中节流阀是最基本的流量控制阀。它一般串联在需要控制执行元件运动速度的系统中，并必须与溢流阀联合使用。普通节流阀结构见图 3-17。

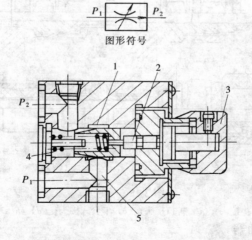

图 3-17 普通节流阀

1—阀芯；2—推杆；3—调节手柄；4—弹簧；

a—进油孔；b—出油孔

# （七）液 压 辅 件

## 1. 油箱
油箱用来储油、散热、分离油流中的空气和杂质。

## 2. 油管和管接头
（1）油管

在液压机械中常用的油管有钢管、铜管、尼龙管、橡胶软管和塑料管等。

（2）管接头

管接头的形式很多，在液压机械中，油管和液压元件的联接大多数采用螺纹联接，图3-18为几种常用的管接头。

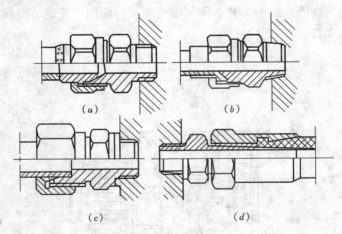

图 3-18　管接头

（a）焊接接头；（b）扩口接头；（c）卡套式接头；（d）高压软管接头

## 3. 滤油器
滤油器是使液压系统的工作油液得以过滤，防止固体杂质进入系统，使液压元件正常工作和提高使用寿命，避免产生故障的一种保护性元件。

滤油器一般安装在油泵的吸油口、出油口或其他需要过滤的地方。常用的滤油器有网式、线隙式、烧结式、纸心式滤油器。

## （八）使用与维护及其常见故障的排除方法

### 1. 液压系统的使用与维护

正确地使用和维护液压机械，是保持机械正常工作必要条件，在使用中应注意以下问题：

（1）油液的使用

1）油液要定期检查更换，以保持清洁。一般0.5～1年换一次或按说明书进行。在高温、高湿、高粉尘环境下连续运转的机械，要缩短换油期。换油前应清洗油箱，并用滤网过滤新油。

2）在室外高温潮湿地方工作，应防止油箱外露处的凝结水进入油箱。

（2）随时排除系统中的气体，以防系统爬行和引起油液变质

1）回油管要插入油面以下，防止带气体进入油内。

2）及时清洗液压泵入口滤油器，防止吸油阻力增大而把溶解在油中的空气分离出来。

3）油箱的油面应高于油标刻线，吸油侧与回油侧用隔板隔开，用以拦污去泡。

4）管路和液压缸的最高处，均要有排气装置，启动后应放掉系统中积留的空气。

（3）系统油温要保持适当

一般液压机械在35～60℃合适。如果系统的油温上升异常，可能有以下问题：

1）系统效率太低，较长时间的空运转。

2）油箱散热不好。

3）油的黏度太大。

4）油度变坏，油的黏度增加、阻力增大。

5）冷却器性能不良。

（4）其他注意事项

1）液压泵初次启动时应向泵里灌满油，以防止损坏液压泵。

2）低温启动时，可将泵开开停停，进行数次，逐渐升温。

3）控制手柄的操纵要平稳，忌用力过猛，否则会严重损坏密封件或缓冲装置。

**2. 液压系统常见故障及其排除方法**

液压系统的故障是多种多样的，故障的产生又是许多因素综合影响的结果。因此，在研究排除故障时，必须对引起故障的因素逐一分析，找出产生故障的主要原因，采取相应措施将故障排除。

现将液压系统常见故障及其排除方法（表3-1）说明如下。

液压系统常见故障与排除　　　　　　　　　表3-1

| 故障 | | 产生原因 | 排除方法 |
|---|---|---|---|
| 系统压力不足或无压力 | 液压泵转向不对 | 电动机接错相位 | 调整电动机相位 |
| | 液压泵过度发热油温太高 | 液压泵磨损或损坏<br>油的黏度过高<br>冷却不足或冷却中断 | 修理或更换<br>使用推荐液压油<br>改进或调整冷却系统 |
| | 液压泵转速过低或功率太小 | 胶带打滑，联轴节和原动机有故障 | 排除故障 |
| | 压力油从高压腔向低压腔泄漏 | 压力调整的错误<br>安全阀关不死，存在污物或阀座磨损<br>换向阀阀芯与阀套严重拉伤<br>液压缸内壁拉伤<br>活塞杆或活塞密封圈损坏<br>密封圈材料和液压油不相适应或密封装置不合理 | 重新调整<br>清洗及疏通阻尼孔，修理或更换<br>修理或更换<br>修理<br>更换密封圈<br>更换密封圈材料，改进密封装置 |
| | 液压泵吸油不足 | 滤油器堵塞 | 清洗滤油器 |
| 系统产生噪声和杂音 | 液压泵吸空 | 液压泵进油口管路漏气<br>吸油管径过小，管道过长<br>液压泵吸油高度太高<br>滤油器堵塞或通流截面积小<br>油箱不透空气<br>油液黏度过大 | 用灌油法或涂黄油法找到漏气处，并予排除<br>更换管道<br>一般泵的吸油高度应小于0.5m<br>清洗滤油器<br>油箱应与大气自由相通<br>调换黏度合适的油液 |

| 故　障 | | 产　生　原　因 | 排　除　方　法 |
|---|---|---|---|
| 系统产生噪声和杂音 | 液压泵故障 | 齿轮泵的齿形精度低<br>泵的轴向间隙磨损大，输油量不足<br>叶片泵困油<br>泵的型号不对转速过高 | 两齿对研，达到精度要求<br>修磨轴向间隙<br>修正配流盘三角槽，至消除困油为止<br>检查更正 |
| | 溢流阀动作失灵 | 油液脏物堵塞阻尼小孔<br>弹簧变形、卡死、损坏<br>阀座损坏、配合间隙不合适 | 清洗换油、疏通阻尼孔<br>检查更换弹簧<br>检查主阀芯是否卡死，修研阀座 |
| | 机械振动 | 油管互相撞击<br>油管振动<br>液压泵与电动机安装不同心 | 较长油管彼此分开<br>适当加设支承管夹<br>重新安装联轴节，同轴度应小于0.1mm |
| | 系统进入空气 | 停车一段时间，空气渗入系统 | 利用排气装置排气<br>开车后全行程往返数次快速排气 |
| 系统爬行 | 空气进入系统，引起系统低速爬行 | 液压泵吸空造成系统进气<br>活塞杆处密封圈太松 | 见前<br>调紧螺母 |
| | 油液不干净 | 系统没清洗干净或罐油操作时造成灰尘、棉纱、金属末、橡皮粒进入油箱，堵塞过油小孔<br>油箱设计不合理，不按时换油 | 保持系统清洁<br>改进油箱结构，及时换油 |
| | 液压元件故障 | 节流阀性能不好<br>板式阀体内部串腔<br>液压缸拉毛 | 最小流量不稳定，可更换节流阀<br>检查排除<br>修磨液压缸 |
| | 液压系统的问题 | 回油无背压 | 回油增加背压，可大大减小爬行 |

### 3. 常用液压系统图图形符号

常用液压系统图图形符号，详见《机械设计手册》。

## 思 考 题

1. 液压泵正常工作必备的条件有哪些？

2. 液压系统压力的大小取决于什么？

3. 溢流阀在液压系统中的作用有哪些？

4. 液压传动能量转换的实现靠的是什么？

5. 选择液压油的主要指标是什么？

6. 什么是液压马达？其在液压传动系统中的作用是什么？

7. 何谓沿程损失？影响沿程损失的因素有哪些？

8. 何谓流量？

9. 国标规定的液压元件图形符号表示什么？

10. 容积泵输油量的大小取决于什么？

11. 齿轮泵和柱塞泵分别用于哪些系统？

12. 液压系统中减压阀的作用是什么？

13. 简述液压传动的特点有哪些？

14. 说出液压泵、液压缸、液压马达、压力继电器、油箱在液压传动系统中的作用。

15. 什么是单作用叶片泵和双作用叶片泵？

16. 柱塞泵的特点有哪些？

17. 要实现工作台往复运动速度不一致，推力一致，可分别采用哪种液压缸？

18. 顺序阀、溢流阀、调速阀、三位四通阀分别属于哪种控制阀？

# 四、常用附件

## (一) 沥青输送泵

沥青输送泵是用来输送大流量、低压力，高、低温黏度差异大和稀薄的液体。装有保温套，加热介质可以是导热油、蒸汽。下面就内齿保温沥青泵和齿轮保温沥青泵分别进行介绍。

### 1. 齿轮泵

国内现多选择压力为 0.5 ~ 1.0MPa，转速在 500r/min 以下的齿轮泵和螺杆泵。

(1) LBN 型内齿保温沥青泵简介

该泵是专为输送沥青、重油、煤焦油、原油、肥皂液体和其他重物难以用时间控制的黏稠液体而设计的。

LBN 泵的正排量转子（泵轮）和封闭轮组合体中泵轮推动封闭轮转动，有较好的缓冲作用，能达到低压切变无脉冲的液体输送。

内齿泵的齿型为圆弧悬臂齿。内齿泵腔的"通进容积"是由月牙型壁面和两个液体封闭面的齿轮表面围成的，在齿轮的不断旋转中产生压力液体，达到输送的目的。

内齿泵具有"强制锁定"功能，可将转子和轴精确定位，降低磨损，延长使用寿命。泵设有安全阀，可保护系统不受超压的损坏，自动溢流。泵反转时，应将安全阀反向安装，安全阀螺母须朝向吸油口。

为便于进口和出口的连接，泵壳体能够在支架上旋转 8 个安装位置。

（2）LBN 型系列内齿保温沥青泵外形安装尺寸，可参考具体购置的泵的安装说明书。

（3）LBN 系列内齿保温沥青泵编号说明

LBN　×××/#

LBN：内齿保温沥青泵；×××：泵流量（L/min）；#：泵出口压力（MPa）

（4）LBN 泵的安装、操作及维修保养注意事项

1）泵的安装

通常采用水泥混凝土基础，要求地基平整并有足够的强度。运转前应对泵的传动轴与电机轴的同轴度进行测验。测验方法是用直尺，测两个联轴器的外缘，同轴度不大于 0.1mm。

2）泵的进出口方向

见上一章有关章节。

在安装中也可根据需要进行特殊位置安装，如图 4-1 所示。

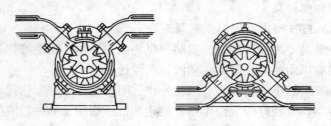

图 4-1　特殊位置安装

注：如泵往返使用时应在管道上另加安全阀。

3）安全阀安装方向

泵的进口为低压区，泵的排除口为高压区。安全阀的螺母端为低压区，安全阀的进口端为高压区。安装时泵的高压区与阀的高压区相接。

4）加热（保温）部位的安装

泵体上设有三个加热管道接口，安装时可选择其中两个接口

联接，将另一个接口用密封法兰盘封闭。轴封部位加热接口在支承座两侧，各有一个 1G 管螺纹接口安装时使用 1 吋管连接即可。泵体加热接口与轴封部位可采用并联，也可采用串联。

5）管道安装

泵的吸油管端应设置过滤器，滤网 30～80 目，有效过滤面积应大于吸入口两倍，输送液脏时可增至 8 倍。

安装管道时应使泵容易拆卸。管道的重力、紧固法兰及泵座螺栓产生的力不应作用在泵上，以避免影响泵轴与电机轴的同轴度。

当液体黏稠度高时应适当增加管道直径，并适当增大轴向间隙。此外，当被输送液体温度较高时，应注意管道热膨胀对泵产生的不利因素。

泵的出口管道应装有隔膜压力表，校正安全阀的压力。

6）泵的启动

①泵启动前的准备

泵正式运转前应先通入加热介质。所有管道及泵内应无金属屑、砂子等杂物。吸入管不应有漏入空气的缝隙，有条件可采用 5 个大气压力空气检漏试验。

泵启动前各部位添加润滑脂，减速器使用 20 号机油加至油塞位置。泵只有输送液体的情况下才能长期运转，否则只许短期试车。

②启动操作

打开泵的吸入及排出管道上的有关阀门。启动后观察泵运转有无异常。调节安全阀的限制弹簧，可使工作压力在零与最高限压内变化。

发现泵有泄漏情况，应调节填料压盖的压紧程度。同时注意不使填料压得过紧而产生填料箱发热的现象。更换盘根时不许使用整根盘根螺旋填入，而应切成多圈，每个圈的切口交叉180°。

③故障类型与排除方法（见表 4-1）

| 表　现 | 原　因 | 故障排除方法 |
|---|---|---|
| 泵无液体输出<br><br>液体流量过小 | 泵的旋转方向不对<br>油温过低<br>吸入管故障<br>泵轮间隙量过大 | 改变泵的转向<br>检查油温情况<br>检查吸入管及过滤器<br>调整泵轮的间隙量 |
| 泵运转时消耗功率过大 | 填料箱发热<br><br>液体黏稠度过高或过低<br><br>排油阀开度小<br>泵的轴向间隙过大 | 调节填料压紧程度并检查轴承是否损坏<br>检查液体黏稠度调整加热温度<br>开大排油阀门<br>调整泵的间隙量 |
| 泵的运转噪声过大 | 螺栓松动<br>联轴器不同轴<br>泵产生吸空现象 | 紧固松动螺栓<br>调整联轴器的同轴度<br>检查原因调整液体黏度，增大油温 |

# （二）胶　体　磨

胶体磨是制造胶体产品最重要的机械分散设备。它主要是通过定子、转子之间由于高速运转所产生的剪切力而起到研磨、分散作用。转子和定子之间的配合一般是锥形。沥青加工设备用的比较多的是卧式胶体磨。其主要用于改性沥青和乳化沥青加工中，另外还用于食品加工、化工生产、胶体制造等行业。

## 1. 工作原理

（1）改性沥青或乳化沥青通过磨的定子和转子转动实现剪切。

（2）其研磨区分为若干级，逐级研磨。

（3）定子和转子带齿，定子和转子之间沿着径向延伸，并且深度不同。

（4）每一级流体的方向和瞬间速度不断改变，导致流体在受刀齿剪切的同时分子间剧烈地摩擦、挤压和揉搓，使分子链断裂，同时使改性剂分子与沥青分子很好地结合甚至重新构建新的分子链。

（5）为提高均匀化效果，在转子的外边部线速度最大流速也得到增大。

**2. 设备组成**

基本以卧式安放为主，由机座、驱动电动机、壳体、轴承、密封轴套、定子、转子、磨盘（磨盘的内部构造，不同企业有较大不同）、主轴、蜗轮、蜗杆、调节手轮、微电机自动调节装置等组成。

**3. 结构特点**

（1）由壳体、机盖、转子、密封轴套构成工作腔，即研磨腔，由主轴带动转子在壳体内旋转，与固定的定子对 SBS 改性沥青混合料进行研磨，定子与转子之间的工作间隙由蜗轮、蜗杆组成的装置来调节或手动调节。

（2）SBS 与沥青在导热油加热与保温的控制下，可以防止 SBS 混合料粘在腔内及磨盘上。

（3）磨盘均选用耐酸碱腐蚀的特种钢材等制作而成，且具有极高的硬度。

（4）轴向的密封材料选用金属石墨材料。

**4. 驱动及配套产量**

一般情况下驱动功率有 37kW、55kW、90 kW、110kW 等，其配套的产量可达 4t/h、8 t/h、12 t/h、20 t/h。

# （三）风 机

通风系统中常见的风机有离心式和轴流式两种。而沥青行业主要用于除尘，其大都采用离心式通风机。因此本节只简要介绍离心式通风机。

**1. 离心式通风机的构造与工作原理**

离心式通风机的构造如图 4-2 所示。它的主要部件是机壳、叶轮、机轴、吸气口和排气口。此外还有轴承、底座等部件。通风机的轴通过联轴器或皮带轮与电机轴相联，叶轮在旋转时产生离心力将空气从叶轮中甩出，空气从叶轮中甩出后汇集在机壳中，由于速度变慢，压力增高，空气便从通风机出口排出流入管道，当叶轮中的空气被排出后，就形成了负压，吸气口外面的空气在大气压力作用下又被压入叶轮中。因此，叶轮不断旋转，空气就在通风机的作用下，在管道中不断地流动。

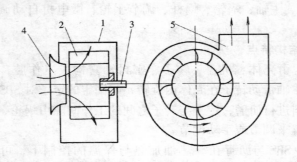

图 4-2　离心式通风机原理

1—机壳；2—叶轮；3—机轴；4—吸气口；5—排气口

通风机的各部件中，叶轮是最关键性的部件，特别是叶轮上叶片的形式很多，但基本上可分为前向式、径向式和后向式三种。如图 4-3 中的图（a）、图（b）、图（c）所示。

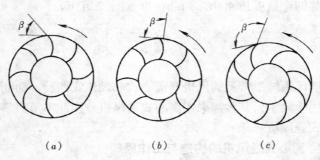

（a）　　　　　　　　（b）　　　　　　　　（c）

图 4-3　叶片形式

（a）前向式叶片；（b）径向式叶片；（c）后向式叶片

这三种不同形式的叶片是以叶片出口角来区分的。所谓叶片出口角就是叶片的出口方向（出口端的切线方向）和叶轮的圆周方向（在叶片出口端的圆周切线方向）之间的夹角。这三种叶片形式各有其特点。

后向式叶片的弯曲度较小，且符合气体在离心力作用下的运动方向，空气与叶片之间的撞击小，因此能量损失和噪声较小，效率较高。但后向式叶片只能使空气以较低的流速从叶轮中甩出，空气所获得的动压较低。因而空气从风机排出时所获得静压也较低。

前向式叶片形状与空气在离心力作用下的运动方向完全相反，空气与叶片之间撞击剧烈。因此能量损失和噪声都较大，效率较低。但前向式叶片能使空气以较高的流速从叶轮中甩出，从而使空气在风出口处获得较大的静压。

径向式叶片的特点介于后向式和前向式之间。机壳一般呈螺旋形，它的作用是收集从叶轮中甩出的空气，并通过气流断面的渐扩作用，将空气的动压头转化为静压头。

离心式通风机所产生的压强一般小于 $1500mmH_2O$。压强小于 $100mmH_2O$ 的称为低压风机，一般用于空气调节系统。压强小于 $300mmH_2O$ 的称为中压风机，一般用于除尘通风系统。压强大于 $300mmH_2O$ 的为高压风机，一般用于气压输送系统。

**2. 离心式通风机的性能参数**

（1）风量

每单位时间内所排送的空气体积，称为风量，又称送风量或流量，其单位为米$^3$/秒或米$^3$/时。

风机所产生的风量与风机叶轮直径、转速、叶片形式等有关，其三者之间的相互关系可用下式表示：

$$Q = \overline{Q} \cdot \frac{\pi}{4} D_2^2 \cdot u \qquad m^3/s$$

式中　　$Q$——通风机的风量，$m^3/s$；

$D_2$——通风机叶轮的外径，m；

$u$——叶轮的外周的圆周速度，$u = \dfrac{\pi D_2 \cdot n}{60} \mathrm{m}^3/\mathrm{s}$；

$n$——通风机的转数，$\mathrm{r/min}$；

$\overline{Q}$——流量系数，与风机型号有关。

风机的风量一般用实验方法测得。风量的大小与通风机的尺寸和转速成正比。在管道系统中，风量可以通过闸门或改变通风机的转速来调节。但通风机的最大转数不可超过性能选用表上规定的最高转速。

（2）风压

通风机的出口气流全压与进口气流全压之差称为风机的风压（$P$），单位为 $\mathrm{Pa}$。

风机所产生的风压与风机的叶轮直径，转速，空气密度及叶片形式等有关，其关系可用下式表示：

$$P = \rho_1 u_2^2 \cdot \varphi / K_\mathrm{p} \qquad (\mathrm{Pa})$$

式中　$P$——通风机的全压，$\mathrm{Pa}$；

$\rho_1$——进气的密度，$\mathrm{kg/m}^3$；

$\varphi$——全压系数；

$u_2$——叶轮外周的圆周速度，$\mathrm{m/s}$；

$K_\mathrm{p}$——全压压缩性系数。

风压与转速的平方成正比，适当提高转速能增大风压。在管道系统中，风压也可用调节闸门来改变。

（3）功率

风机单位时间内所消耗的能量称为功率（$N$），单位用千瓦表示。通风机每单位时间内传递给空气的能量称为通风机的有效功率（$\mathrm{kW}$），即：

$$N_\mathrm{in} = \frac{\pi D_2^2}{4000} \rho_1 v_2^2 \cdot \lambda \qquad (\mathrm{kW})$$

式中　$\lambda$——内功率系数；

$\rho_1$——进入密度（$\mathrm{kg/m}^3$）；

$v_2$——叶轮叶片外缘线速度（$\mathrm{m/s}$）。

实际上，消耗在通风机轴上的功率（轴功率）要大于有效功率，这是因为通风机在运转过程中轴承内部有摩擦损失和空气在通风机中流动也有能量损失的缘故。

当通风机的转速一定时，它的轴功率随着风量的改变而改变，一般离心机式通风机的轴功率随着风量的效率增加而增加。

（4）效率

通风机的有效功率与轴功率之比称为通风机的效率 $\eta$，即：

$$\eta = \frac{N_{in}}{N_{re}} \times 100\%$$

式中　$N_{re}$——所需功率，kW。

它反映了通风机工作的经济性。

同一台风机在一定的转速下，当风量和风压改变时，其效率也随之变化，但其中必有一最高效率点，最高效率时的风量和风压称为最佳工况。通风机在管道系统中工作时，应尽可能等于或接近最佳工况时的风量和风压，应注意使其实际运转效率不低于 $0.9\eta$。

（5）通风机的性能

通风机制造厂对所生产的通风机都根据实验预先作出其特性曲线。以供选择通风机时参考。但是有的风机样本中不列出特性曲线图，而只列出选择风机的数字表格，性能表中每一种转数按流量、风压等分为 8 个性能点。

（6）转速

通风机的转速（$n$）可用转速表直接测得，其数值用"转/分"来表示。小型风机的转速一般较高，往往与电动机直接相连。大型风机的转速较低，一般用皮带传动与电动机相连。改变皮带轮的直径即可调节风机的转速。

当转速改变时，风机的特性曲线也随之改变，风机在每一转速下都有其相应的特性曲线。

（7）噪声

通风机的噪声（分贝）可以用声压计测量。噪声的大小主要与风机的叶轮圆周速度有关，即转速和叶轮直径的大小有关。转速增加，或叶轮增大，噪声也随之增加。另外，风机的叶轮的叶片形式，风机各部件的加工精度和安装的质量对噪声的影响也很大。

必须指出，通风机的性能参数都不是固定不变的，它们之间都有一定的内在联系。当通风机在管网中工作时，这些参数又受到管网特性的影响。所以要选择好，使用好一台通风机，不但要熟悉通风机的性能，还要了解管网特点以及它们之间的关系。

### 3. 离心式通风机在管道系统中的运转

通风机是整个管道系统的主要组成部分。如果管道配合得不好，一台好的通风机也得不到好的效果。为了了解通风机和管道之间的相互关系，必须了解管道和通风机本身内在联系规律。为此，首先要分别了解通风管道的特性和通风机特性。

（1）通风管道的特性

通风管道的特性是指空气流过管道时风量与压力损失之间的关系。通风管道压力损失包括摩擦损失和局部损失两部分，其计算公式可写为：

$$H = KQ^2$$

式中　$H$——管道总压损（Pa）；

　　　$Q$——管道风量，（$m^3/s$）；

　　　$K$——总阻力系数，其数值与空气性质、管道材料、长度、断面尺寸、管道部件结构、流动状态等因素有关。

（2）通风机在管道中的工作特性

在同一转速下，风机可以在不同的风量和风压下工作。当通风机安装在通风管道中工作时，它的实际风量应该等于通风管道中的实际风量；而它的实际风压应该等于通风管道中流过这些风量所产生的压力损失。

例如：当管道上的闸门关小，或因管道上增添设备而管道阻力系数增大时，风机的风量减小，风压、轴功率、效率也随之变化，当风量为零时，轴功率最小。因此离心式通风机启动时，最好将管道的闸门关闭以使启动轴功率最小，这样有利于限制电动机的启动电流，从而保护了电动机。

在一般除尘系统中，风机均设在除尘器后，除尘器前的空气含尘，当含尘浓度降低时，管道阻力系数减小，风量将增大，反之风量将减小。

**4. 离心式通风机的选择**

通风机不但要满足管道系统在工作时所必须的风量与风压，而且要使通风机在这样的风量与风压下工作时，效率为最高或在它的经济使用范围之内。目前通风除尘所常用的一些通风机国内都有生产，可直接从产品样本中找到，为了用户选择方便，样本上载有各种形式风机的性能表和选择曲线，并对不同形式和机号的风机用一定的符号和参数进行了编制。因此在进行风机选择前，必须熟悉产品样本。现将有关这方面的知识介绍如下：

（1）离心式通风机型号的编制方法

离心式通风机的完全标志包括：名称、型号（由全压系数、比转数、进风口形式、设计顺序号四个数组成）、机号、传动方式、旋转方向和出风口位置。

1）名称：按其作用原理称为离心式通风机。在名称之前冠以用途字样，一般也省略不写。当在名称前必须冠以用途字样时，可按表 4-2 中规定采用汉字，或用汉语拼音字首简写。

<table>
<tr><td colspan="4" align="center">风 机 代 号              表 4-2</td></tr>
<tr><td rowspan="2" align="center">用 途</td><td colspan="3" align="center">代 号</td></tr>
<tr><td align="center">汉字</td><td align="center">汉语拼音</td><td align="center">简写</td></tr>
<tr><td align="center">排尘通风</td><td align="center">排尘</td><td align="center">CHEN</td><td align="center">C</td></tr>
<tr><td align="center">输送煤粉</td><td align="center">煤粉</td><td align="center">MEI</td><td align="center">M</td></tr>
</table>

| 用　　途 | 代　　号 | | |
| --- | --- | --- | --- |
| | 汉字 | 汉语拼音 | 简写 |
| 防腐蚀 | 防蚀 | FU | F |
| 工业炉吹风 | 工业炉 | LU | L |
| 耐高温 | 耐温 | WEN | W |
| 防爆炸 | 防爆 | BAO | B |
| 矿井通风 | 矿井 | KUANG | K |
| 电站锅炉引风 | 引风 | YIN | Y |
| 电站锅炉通风 | 锅炉 | GUO | G |
| 冷却塔通风 | 冷却 | LENG | LE |
| 一般通风换气 | 通风 | TONG | T |

2）型号：由基本型号和变型（或派生）型号组成，共分三组，每级用阿拉伯数字表示，中间用横线隔开，表示内容如下：

$$\boxed{第一组}\text{———}\boxed{第二组}\text{———}\boxed{第三组}$$

第一组　表示通风机的压力系数乘 10 后化整数。

第二组　表示通风机的比转数。

第三组　表示通风机进风形式（见表 4-3）和设计顺序号。

**风机进风形式**　　　　表 4-3

| 代号 | 0 | 1 | 2 |
| --- | --- | --- | --- |
| 通风机进风口形式 | 双侧吸入 | 单侧吸入 | 二级串联吸入 |

通风机的压力系数是指风机在最高效率点时的 $\overline{H}$ 值。

通风机的比转数是指在最高效率下，风量、风压与转数的关系，亦即标准风机在最佳情况下产生风压为 1MPa，风量 $1m^3/s$ 时的转数。比转数是通风机的一个基本参数。当风机转数不变时：比转数大的风机类型，其风压较小、风量较大；比转数较小风机类型，其风量较小、风压较大。

3）机号　用通风机叶轮外径的分米数前面冠以符号 NO. 表

示。例如 N0.6（6号）风机的叶轮外径是 6dm，即 600mm。

4）传动方式　共有6种，用（a）、（b）、（c）、（d）、（e）、（f）表示。

5）旋转方向　指叶轮的旋转方向，用"右"或"左"表示。从电动机或皮带轮一端正视，如叶轮按顺时针方向旋转，称为右转风机，反之称左转风机，但以右转作为基本旋转方向。

6）出风口位置　用角度表示。

（2）常用离心式通风机的性能

目前常用离心式通风机的性能参数，见有关手册。

**5. 离心式通风机的安装与使用**

（1）离心式通风机的安装

离心式通风机是一种比较精密的运转机械。安装的质量好坏会影响风机的性能，使用寿命及经济效果等一系列问题。

1）安装前，必须对风机各部分机件进行检查，特别对叶轮、主轴和轴承主要部件更应细致检验。如发现损坏或部件不符合标准，应予以修理和调整。

2）风机的基础（或基座）。一般小型风机的重量不大，所需动力较小，基座比较简单，可采用钢结构或木结构的基座。大、中型离心风机一般要求在地面上有永久性的混凝土基础。其必须有足够的重量，有适当的比例尺寸，使总垂直力（包括风机和基础的总重量）与风机运转后产生的任何斜向力两者所形成的合力线，必须落在基础的底座线以内，否则基础将会发生滑动或局部倾斜而发生危险。此外还要考虑风机运转产生的振动和噪声等问题。

3）安装风机必须保证机轴的水平位置。采用联轴器传动的风机，风机主轴与电动机轴的不同心度误差应小于 0.05mm，联轴器端面不平行度误差应小于 0.1mm，否则在运转过程中产生剧烈振动，轴承易烧坏。

4）风机进风口与叶轮之间的间隙对风机出风量影响很大，安装时应按图纸进行校正。

5）安装风机时，进风口管道可直接利用进风口本身的螺栓进行连接，但输气系统的管道重量不应加在机壳上，应另加支撑。

6）风机安装完毕后，需用手或杠杆拨动转子，检查是否有过紧、过松或碰撞现象，如无，方可进行试运转。

(2) 离心式通风机的使用

风机安装后，只有在它的设备完全正常的情况下方可启动运转。此外还需注意以下一些问题。

1）为安全起见，应在风机进口或出口加装阀门，在启动电机时将其关闭，以减少启动电流，防止电机烧坏。当风机达到一定转速后，将阀门慢慢开启，达到规定工作状态为止。并注意电机电流是否超过额定值。

2）在风机启动、停车或运转过程中，如发现不正常现象，应立即进行检查。

3）定期清除风机及管道内部的粉尘、污垢及水等杂质，并防止锈蚀。

4）除每次拆修后应更换润滑油外，还应定期更换润滑油。

(3) 离心式通风机的调整

风机安装后，正式运转时可能发生风量过大或风量不足现象，这就需要分析原因，并对整个通风系统进行必要的调整。

通风除尘系统风量调整基本上是通过调整风机特性和改变管道系统阻力两个途径来实现的。其方法主要有：

1）用调节阀门来调整管道系统阻力来达到调整风量的目的。

2）改善管道系统的阻力，减小阻力值，增大阻力值，增大风量。

3）调整风机转速。

(4) 离心式通风机的主要故障及其产生原因

风机在运行过程中常会发生某些故障，对于这些故障应及时分析原因，加以排除。表 4-4 列出了风机的主要故障及其产生原因。

| 故障名称 | 产　生　原　因 |
|---|---|
| 轴承箱振动剧烈 | 1. 风机轴与电动机油轴不同，联轴器装歪<br>2. 机壳与进风口与叶轮摩擦<br>3. 基础的刚度不够或不牢固<br>4. 叶轮铆钉松动或轮盘变形<br>5. 叶轮轮盘与轴松动，联轴器螺柱活动<br>6. 机壳与支架，轴承箱与支架，轴承箱盖与座等联接螺栓松动<br>7. 风机进出气管道的安装不良，产生振动<br>8. 转子不平衡 |
| 轴承温升过高 | 1. 轴承箱振动剧烈<br>2. 润滑脂质量不良，变质，填充过多或含有粉尘粘砂，污垢等杂质<br>3. 轴承箱盖座联接螺栓的紧力过大或过小<br>4. 轴与滚动轴承安装歪斜，前后两轴承不同心<br>5. 滚动轴承损坏 |
| 电动机电流过大或温升过高 | 1. 开车时空气管道内阀门未关严<br>2. 流量超过规定值，或风管漏气<br>3. 由于风机输送的气体密度过大而导致风压过大<br>4. 电动机输入电压过低或电源单相断电<br>5. 联轴器连接不正，皮圈过紧或间隙不匀<br>6. 受轴承箱振动剧烈的影响<br>7. 受并联风机工作情况恶化或发生故障的影响 |
| 皮带滑下 | 两皮带位置不在一中心线上，使皮带从小皮带轮上滑下 |
| 皮带跳动 | 两皮带轮距离较近或皮带过长 |

# （四）空　压　机

空气压缩机的种类繁多，按驱动方式分有电动机和内燃机驱动两类；按移动方式分有移动式、半移动式和固定式三类；按排量大小分有大排量（60～100m³/min 以上）、中排量（10～60m³/min）和小排量（10m³/min 以下）三类；按空气压缩机级数分有一级和多级；按工作原理分有往复式、螺杆式和转子叶片式；按结构形式及气缸排列分有 L 型、V 型、W 型、立式和卧式等类型。

### 1. 往复式空气压缩机

#### (1) 工作原理及构造

往复式空气压缩机原理：当活塞向右移动时，吸气阀被打开，空气被吸入缸内，当活塞返行时，被吸入的空气被压缩到相当于排气管内压力，当活塞继续返行时即把气阀打开，经压缩后的空气被排入气管内，即完成了一个工作循环。

构造特点：往复式空气压缩机由压缩、传动、润滑、冷却、自动控制和保护等构成。

#### (2) 主要技术性能

L3.5-20/8 型空气压缩机，见表 4-5。

**L3.5-20/8 型空气压缩机**　　　　　　　　　　表 4-5

| 项　目 | 性　能 | 项　目 | 性　能 |
|---|---|---|---|
| 排气量（m³/min） | 20 | 轴功率（kW） | ≤120 |
| 排气压力（kPa） | 一级 200～300；二级 800 | 进气温度（℃） | ≤40 |
| 行程（mm） | 120 | 排气温度（℃） | ≤160 |
| 转速（r/min） | 975 | 冷却水排入温度（℃） | ≤30 |
| 气缸直径（mm） | 一级 380；二级 220 | 冷却水排除温度（℃） | ≤40 |
| 气缸润滑方式 | 柱塞泵注油 | 电动机　型号 | JR125-6 |
| 传动机构润滑方式 | 油泵循环 | 电动机　功率（kW） | 130 |
| 油压（kPa） | 150-300 | 电动机　转速（r/min） | 975 |
| 润滑油耗量（g/h） | ≤105 | 电动机　电压（V） | 380/220 |
| 传动方式 | 直接传动 | 电动机　重量（kg） | 1300 |
| 外形尺寸（mm）　长 | 1840 | 贮气罐　容积（m³） | 2.5 |
| 外形尺寸（mm）　宽 | 850 | 贮气罐　直径×高度（mm） | 1100×3500 |
| 外形尺寸（mm）　高 | 1420 | 贮气罐　工作压力（kPa） | 800 |
| 重量（kg） | 1800 | 贮气罐　重量（kg） | 630 |

### 2. 螺杆式空气压缩机

螺杆式空气压缩机由一个扁圆形缸体和两个旋转螺杆组成，

而工作循环为吸气→压缩→排气三个过程（图4-4）。

（1）吸气过程

当螺杆由原动机带动旋转时，主、从动螺杆吸气端的齿由相互啮合而逐渐脱离。齿间空隙逐渐增大，并与机身吸气口相通，

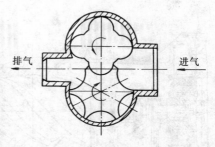

图4-4　螺杆式空气压缩机工作原理

外界空气被吸入随着螺杆转动，螺杆齿沟与气缸壁间形成一个闭合空间而完成吸气过程。

（2）压缩过程

由于螺杆的啮合旋转，螺杆齿沟与气缸壁间所形成的闭合空间逐渐缩小，继续向前转动，则完成空气的压缩过程。

（3）排气过程

螺杆继续旋转，该闭合空间进一步缩小，当空气压缩至额定压缩比时。从排气口排出，从而完成排气过程。

螺杆式空气压缩机（图4-5）构造特点是没有往复式空气压缩机的曲轴、连杆和活塞等机构，而靠一对在扁圆形机身内精确啮合的螺杆旋转所产生的齿间容积变化来实现空气的吸入和压缩，空气沿轴向移动，从排气口排入油箱和油水分离器，从而以较纯净的压缩空气排出。机身壳体内的一对螺杆支撑在高精度球轴承和滚柱轴承上，螺杆与气缸内镜面间有极小的间隙（约0.05～0.1mm），空气内压缩区有若干小孔喷出润滑油，因而两根螺杆在工作时磨损极微。

此外还有单转子滑片式空气压缩机等，这里不作一一介绍。

**3. 空气压缩机的操作技术**

空气压缩机的操作一般分准备、启动、看管和停车四个阶段。

（1）准备

准备工作的目的是为了保证机器处于空载启动的良好状态。

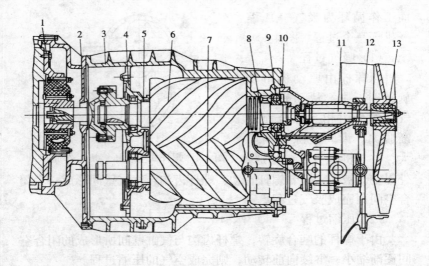

图 4-5  螺杆式空气压缩机构造

1—联轴器；2、10、12—密封圈；3—机身；4—从动端盖；5—主动端盖；
6—阴转子；7—阳转子；8、9—轴承；11—风扇墙；13—风扇弹性接头

其工作内容有：

1）检查机器原始记录

接班时，应检查机器运转情况和上一班运行记录。安装和检修后开车，应检查安装和检修的全部记录，确认机器完好方可开车，且应按试车规程进行。

2）检查油位

机身油位应在油标尺的刻度中间。然后摇动循环系统的手摇泵，或启动辅助液压泵向油路及运动机构各个润滑点注油，并注意各部分出油情况。手摇泵油压应在 0.1MPa 以上，保证各摩擦部分都能得到必要的油量。

注油器油位应处在中间刻度附近。摇动注油手柄，使注油器压油，并检查注油器的工作情况、油滴大小和滴数。打开油管上的检验开关，将油管中的空气排除。对新安装的机器，可直接向油管灌油，待油管中有空气时，关闭检验开关，继续摇手柄 20

转，向气缸、填料函注油。

3）检查空气滤清器及其油位（油浴式滤清器）

空气滤清器应干净。油位最高和最低刻度线应以空气进入滤清器后，能得到充分的油浴为准，但不能使油进入吸气管；加油后，应使油面处在规定的范围内。

4）打开冷却水开关并调节水量

如果是循环用水，还应检查水池水位及水泵运转情况。水压应在 0.1~0.3MPa 范围内。

5）检查气路的开关情况

检查气路的各开关情况，并使机器处于空载启动状态。为此，I、II级气缸的调节装置应全部开启。再压开吸气阀，打开各级放空阀，使各气缸排出空气的压力等于大气压。油水阀全部打开。

6）检查各仪表

检查各种仪表、安全阀、继电器等保护装置应处于完好状态。

7）检查机身和气缸

检查地脚螺栓有无松动现象。机身、电动机、地沟、地面和平台上应无多余物件。地面无油渍。保护装置及防护罩、灭火器等齐全，并放在指定位置。

8）盘车

盘车 1~2 圈。转动时，各运动机构应轻巧无阻。曲轴颈转到启动力矩最小的位置，例如，两侧对称平衡式压缩机，应将曲轴按规定回转，转到最高点附近，此时启动力矩最小，决不可放在止点位置。靠击溅润滑的部位，如长期停车后启动，应预先在摩擦面上加油。总之，要保证机器启动时摩擦面上有油膜。

9）检查供电电压

电压应在规定的范围内。大型电动机的供电电压不超过额定电压的 ±10% 时，方可启动。

（2）启动

1) 完成开车前准备工作后，方可开车。

2) 开车由值班长主持。启动前通知所有在场人员及助手准备开车。此时在场人员必须站在安全的位置上。

3) 启动时，首先要注意机器的转向。如果发生反转，则润滑油泵的出油路也随之发生改变，使油无法输到运动机构，有烧毁轴瓦的危险。同时，反方向转动将使受力情况改变，运动机构也有松动的危险，有可能酿成重大事故。

4) 如果空气压缩机转向无误，就要注意观察油压的变化。启动时，一般油压波动较大，但应在 0.1MPa 以上波动。

5) 注意倾听机器运转声。空车时的响声应该轻巧平稳，振动小。

6) 机器空载运转 1～2min 后，注意机器的运转状态，观察油压、轴功率、响声和振动有无异常。若一切正常，即可将机器带负荷运转。

7) 将调节器转入工作状态，即关闭一、二级气缸放空阀，泄去吸气阀压开装置的压力，关闭后冷却器的放空阀。注意观察每一步骤的可靠性。贮气罐压力达 0.1MPa 时，可关闭贮气罐各放油水阀。

8) 用气量小于排气量时，在定容的输气管道内，压力不断升高。此过程中，应加强监视、检查。正常运转时，要求排气量、压缩比、轴功率、油压和温度等运转参数符合使用说明书的规定。

（3）看管

1) 油水排放

机器工作期间，除中间冷却器的自动放油水装置外，贮气罐及后冷却器的油水应每小时排放一次。厂区供气主干管道上的各油水分离器，每隔 4h 排放一次。阴天应勤放，以防压缩空气中含油水过多。

2) 调整注油量

即调整油滴数和油滴大小，以使耗油量保持在最小值。调整方法是：机器运转一段时间，卸下气阀检查，如气阀的阀片及气缸镜面上附有一层薄薄的油，说明注油量适中；如无油，说明油量太小，应调大；如气阀结垢，说明注油量太大，应调小。机器运转时，应使各个润滑面均布有一薄油层，此时注油量为最合适。合适的注油量不是一次调成的，需反复试调。

3）机身运动机构的耗油量

机身不应在运转时加油。如连续运转的机器，最好找出加油规律，定期、定量加油。油位太低，油滤网则要吸进空气，甚至不上油；油位太高，则运动机构击油太甚，刮油环无法正常工作。油位波动大，油温就要升高，运动机构的油压应调整在 0.1 ~ 0.5MPa 范围内。

4）监听机器响声

注意机器各部位的响声是否正常。如电动机的运转声、吸气管的吸气声、气门启闭声、空气流动声、运动机构的撞击声、润滑油泵声和调节装置的响声等。

5）维持最佳供气压力满足用户要求

6）记录机器运转数据

定期巡视机器各部运转数据是否在正常范围内。做好记录，不能超出极限值并正确判断任一阶段、状态下，机器运转是否正常。

7）紧急事故处理

发现下列情况时，必须紧急停车。机器停下后，应按正常停车顺序补作没有进行的操作：

①任意级排气压力超过允许值，并继续升高。

②空气压缩机的轴功率超过额定值，并继续升高。

③突然停水、断油、电动机某相断电或部分断电。如因断水而停车，应待机器自然冷却后再送水，不允许马上向热气缸送冷水，否则会使气缸因收缩不均而炸裂。

④有严重的不正常响声，或者发现机身或气缸内有折断、裂纹等异常情况。

⑤发现电动机有严重的火花、火球现象。

⑥空气压缩机某部位冒烟、着火或机器任一部位温度不断升高。

⑦危及机器安全或人身安全时。

机器运转中，应始终保持机器、地面清洁，厂房通风良好，仪表指示正确，记录清楚等。

(4) 停车

停车顺序和开车相反：

1) 减负荷直至不排气（即一、二级调节装置全部开启），如压开吸气阀、打开余隙阀等。

2) 打开后冷却器放空阀，使二级气缸排气压力降为大气压；打开一级气缸放空阀，使一级气缸排气压力也降为大气压；打开三级气缸放空阀，使二级气缸通大气；打开所有油水阀。

3) 切断电源，停止空气压缩机运转。

4) 待机器冷却后，关闭冷却水。如长期停用或寒冷天气置于室外的机器，应放掉气缸、中间冷却器和后冷却器中的冷却水，以免结冰冻裂。

5) 打扫卫生，擦净机器，写好交接班记录。

## 思 考 题

1. 简述螺杆泵工作原理。

3. 简述空压机工作原理。

4. 空压机的操作分为哪几个阶段？

5. 风机有哪几种形式？其工作原理是什么？

6. 风机的选用原则是什么？

7. 胶体磨的工作原理是什么？

8. 胶体磨一般用在哪些设备上？其作用是什么？

9. 简述 LBN 输送泵工作原理及其输送优势。

# 五、电工常识

## (一) 一般知识

**导体**　具有大量能够在外电场作用下自由移动的带电粒子（自由电子或正、负离子），因而能很好地传导电流的物体。如各种金属、碳及电解液等都是导体。

**半导体**　导电性能介于导体和绝缘体之间的物体。一般为固体，呈晶体结构。例如：锗、硅以及金属的氧化物、硫化物等。它与导体（如金属）的情况不同，半导体中杂质的含量和外界条件的改变（如温度变化、受光照射等），都会使其导电性能发生显著变化。纯净的半导体，在极低温度下几乎不能导电，但随着温度升高，半导体的电阻却迅速减小。制作半导体器件常采用含有微量特定杂质的半导体，可分为 N 型半导体和 P 型半导体两大类。利用半导体的独特性能，可制成半导体二极管、半导体三极管、半导体整流元件、光敏电阻、热敏电阻、半导体光电池、半导体温差发电器和置冷器等半导体器件。

**绝缘体**　亦称"非导体"，具有良好的电绝缘或热绝缘性能的物体。如空气、木材、棉、毛、玻璃、电木、橡胶、石蜡、塑料等都是绝缘体。

**电阻**　电路中某两点间在一定电压作用下决定电流强度的物理量称为电阻，其定义公式为 $R = \dfrac{U}{I}$，$R$ 为电阻，$U$ 为电压，$I$ 为电流。电阻可理解为物体对电流通过所呈现的阻力。在相同温度下，长度和截面积都相同时，不同物质的电阻差别很大。金属的电阻较小，但随温度的升高而增大。绝缘体的电阻很大。半导体电阻的大小介于导体和绝缘体之间，并随温度的升高而显著减小。电阻的实用单位是欧姆，Ω，简称欧。

## （二）定　义

**电流**　电荷的有规则的流动称为电流。例如金属中自由电子的定向流动，液体或气体中正、负离子在相反方向上的流动。电流的周围存在着磁场（电流的磁效应），电流通过电路时使电路发热（电流的热效应），通过电解质时引起电解（电流的化学效应）等，这些都可以反映出电流的存在。电流有时也作为"电流强度"的简称，用符号 $I$ 表示，单位是安培，A。

**电压**　在电路中，由于电源中电动势的作用，使电源的一端聚集正电荷，另一端聚集负电荷，形成电源的正极和负极。人们规定，正极电位高，负极电位低，在正、负极间接上负载，构成闭合回路后，电流就会从高电位的正极经负载流向低电位的负极。电源正极和负极之间的电位差，叫做电压，用符号 $U$ 表示，单位是伏特，V。

**电源**　把其他形式的能量转变为电能的装置称为电源。如发电机、电池等。发电机将机械能转变为电能；干电池、蓄电池将化学能转变为电能；光电池将光能转变为电能。在电子和电工设备中，有时也把变换电能形式（如交流电变换为直流电）的装置，如整流器等，作为电源。

**电动势**　在电源内部具有一种非静电作用（例如电池内部存在化学反应），它能推动正电荷不断地从低电位（负极）运动到高电位（正极），因而能持续保持正极电位比负极高，就能形成整个电路中连续不断的电流。电源内部这种能把正电荷从低电位推动到高电位的本领，称为电动势，用符号 $U$ 表示。电动势 $U$ 的大小等于单位电荷在电源内部非静电力的作用下通过电源时所获得的能量，单位为伏特。电源的电动势在数值上等于在外电路断开时电源两极间的电位差。

**电压与电动势的区别**　电动势的大小等于单位电荷在电源内部非静电力的作用下通过电源时所获得的能量。电动势的方向是指从负极到正极的方向，即电位升高的方向。而电压则是指电路中任意两点间的电位高低之差，它的方向是从正极指向负极，即电位降低的方向。

## （三）交流电的一般知识

**正弦交流电**　大小和方向随时间作有规律变化的电压和电流称为交流电，正弦交流电是随时间按照正弦函数规律变化的电压和电流。如图 5-1 所示。

由于交流电的大小和方向都是随时间不断变化的，也就是说，每一瞬间电压、电动势和电流的数值都不相同，所以在分析和计算交流电路时，必须标明它的正方向。

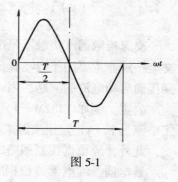

图 5-1

**周期**　正弦交流电变化一周所需的时间即为交流电的周期，通常用 $T$ 表示，它的单位为秒。

**频率**　1 秒钟内交流电变化的周期数称为频率，通常用 $f$ 表示。它的单位为周/秒或赫兹，简称赫，用 Hz 表示。

频率和周期互为倒数，即 $f = \dfrac{1}{T}$ 或 $T = \dfrac{1}{f}$。

**瞬时值**　正弦交流电每时每刻都在变化，交流电在某一瞬间的值称交流电的瞬时值。

当电流随时间作正弦变化时，可表达为 $i = I_\mathrm{m}\sin\omega t$，其中 $i$ 为电流的瞬时值，$I_\mathrm{m}$ 是电流的振幅，$\omega$ 是角频率。正弦交流电的峰值就是它的振幅。

**有效值**　有效值是一种用以计量正弦交流电大小的值。若交流电通过一个电阻，在一周期中所发生的热量与直流电通过同一电阻在同一时间发生的热量相同，则这直流电的量值称为交流电的有效值（亦称均方根值）。电流的有效值为

$$I = 1/\sqrt{2}I_\text{m} = 0.707I_\text{m}$$

正弦电压、正弦电动势的有效值也可照上式表达。

**平均值**　正弦交流电的平均值，一般采取从 $t_1 = 0$ 到，$t_2 = \pi/\omega$ 作为时间间隔。

$$I_\text{p} = 2/\pi I_\text{m} = 0.637I_\text{m}$$

正弦电压、正弦电动势的平均值也可比照上式表达。

# （四）电工常用元器件介绍

**交流接触器**　接触器是电力拖动中最主要的控制电器之一。交流接触器主要用于启动异步电动机，在设计它的触头时已考虑到接通启动电流的问题，因此，接触器只需根据电动机的额定电流来确定。例如 Y132M—4 三相异步电动机，额定功率 4kW。额定电流为 8.4A，选用主触头额定电流为 10A 的交流接触器即可。

此外，应根据控制回路的电压选择接触器吸引线圈的电压。

**继电器**　继电器是根据一定的信号，如电压、电流、时间、速度和压力等，来接通和分断小电流电路和电器的控制元件。

（1）中间继电器：中间继电器也是电压继电器，它用于集中多路触点控制信号去发出一共同的控制命令或用于扩大控制触点数量。

（2）时间继电器：在电气控制电路中不仅需要动作迅速的继电器，还需要一种线圈得电或断电以后，它的触点经过一定延时后再动作的继电器，即时间继电器。常用的有电磁式（JT3 型）、空气阻尼式（JS7-A 型）、电动式（JS11 型）时间继电器等。

（3）热继电器：热继电器是利用电流热效应原理来工作的电器。它主要用来保护电动机或其他负载免于过载以及作为三相异

步电动机的断相保护。双金属片是由两种具有不同线膨胀系数的金属用机械辗压而成的。双金属片被加热后向膨胀系数小的金属一边弯曲。它的主双金属片和加热元件接入电动机主电路，当电动机过载时，主双金属片受热弯曲，推动导板，并通过温度补偿双金属片和推杆，将动触点和静触点分断，切断电动机控制电路，从而达到保护电动机的目的。整定电流调节是通过凸轮实现的，热继电器动作后，经过一段时间冷却，可以自动或手动复位，手动复位需按按钮，为下一次保护动作作好准备。

**熔断器** 熔断器是电动机或电路中一种最简单的保护装置，熔断器内装有一个低熔点的熔体，它串接在电路中使电器设备或线路免受短路电流的损害。正常工作时流过熔体的电流小于或等于它的额定电流，由于熔体发热温度低于熔体熔点而不会熔断，电路保持接通。当电路发生短路或过载时，由于电流过大，熔体被加热到熔点而熔断，电路即随之自动断开，从而起到了保护线路和设备的作用。

**自动开关（塑壳断路器）**

**塑壳断路器** 塑壳断路器按其主要用途一般分为两类：一类以配电保护为主；第二类为电动机保护断路器。两者主要区别是：电动机保护断路器特性必须在面板上可调，其性能除符合断路器标准外，需同时符合启动器有关标准。

电动机保护断路器目前生产的产品主要有 DZ5—20、M611、3VEl、DZ35—25。M611 和 3VEl 是 20 世纪 80 年代引进国外技术制造的，性能指标比 DZ5—20 提高了一步，并具有多种附件，但分断能力不高。

塑壳断路器具有过载、短路及欠电压保护功能，也可用于线路的不频繁转换。

**漏电保护器**

多功能新型漏电保护器的应用，为实施分级保护提供技术支持。合理配置漏电保护器，是防止人身电击伤亡事故和由漏电引起的电气火灾及电器设备损坏事故的技术措施，也是提高供电的可靠性的重要手段。

（1）漏电断路器的工作原理：漏电断路器由零序电流互感器、漏电脱扣器、低压断路器、试验按钮、试验电阻和塑料外壳等组成。正常情况下，三相电流平衡（或基本平衡），相量和为零（或近似为零），零序电流互感器二次侧无电流（或有微弱的不平衡电流），脱扣器不动作。当外壳接地的电动机发生碰壳故障或人体触及不接地的电动机带电外壳时，就有一电流 $I_0$ 通过电动机外壳的接地线或人体入地，并经变压器低压侧中性点的接地线流回变压器中性点。当电动机未接地而 $I_0$ 通过人体入地时，一次侧零序电流 $I_0$ 的出现，将在零序电流互感器的二次侧感应出相应的电流 $I'_0$ 来。当这个二次电流 $I'_0$，大于脱扣器的整定动作电流（如 6、10、30mA 等）时，脱扣器便动作，使低压断路器 Q 跳闸而切断电动机的电源。漏电断路器的工作原理见图5-2。

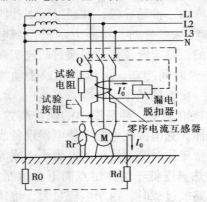

图 5-2　漏电断路器的工作原理

（2）漏电断路器的分级　漏电断路器的额定漏电动作电流有 15、30、50、75 和 100mA 5 种。但用于中小型电动机作为末级漏电保护时，只能用 30mA。

（3）漏电断路器的试验　漏电断路器的试验电阻和试验按钮配合使用，其作用是：平时对漏电断路器进行检查试验，以检验是否正确动作。

（4）漏电断路器的安装　漏电末级保护器应装置在进户线的电源侧，先接刀闸后接漏电保护器。用于家用电器、固定安装电器、移动式电器、携带式电器及临时用电设备的漏电保护器，是直接防止人身触电的保护设备，其额定漏电动作电流值不应大于

30mA，动作时间应≤0.1s。

# （五）安 全 用 电

## 1. 如何区分高压、低压、安全电压

从安全技术方面考虑，通常将电器设备分为高压和低压两种：凡对地电压在250V以上者为高压，对地电压在250V及以下者为低压。而36V及以下的电压则称为安全电压（在一般情况下对人体无危害）。

在潮湿环境和特别危险的局部照明和携带式电动工具等，如无特殊安全装置和安全措施，均应采用36V的安全电压。凡工作场所潮湿或在金属容器内，隧道内、矿井内的手提电动用具或照明灯，均应采用12V安全电压。

## 2. 人体的电阻值

一般情况下，人体电阻可按1000～2000Ω考虑。

影响人体电阻的因素很多，除皮肤厚薄外，皮肤潮湿、多汗、有损伤、带有导电性粉尘等都会降低人体电阻。另外与通过人体电流大小、通电流时间长短、接触面积大小、接触压力大小等因素有关。

## 3. 发现有人触电，应如何急救

发现有人触电应立即抢救。抢救的要点，首先应使触电者脱离电源，然后根据触电情况实施紧急救护。

脱离电源的方法如下：

（1）断开与触电者有关的电源开关；

（2）用相适应的绝缘物使触电者脱离电源，现场可采用短路法使断路器掉闸或用绝缘杆挑开导线等。

脱离电源时需防止触电者摔伤。

急救方法如下：

触电者呼吸停止，心脏不跳动，如果没有其他致命的外伤，只能认为是假死，必须立即进行抢救，争取时间是关键，在请医

生前和送医院的过程中不许间断抢救。抢救以人工呼吸法和心脏按摩法为主。

## 思 考 题

1. 直流电路中电压、电流、电阻之间的相互关系如何?
2. 高压、低压、安全电压等级的有关规定是什么?
3. 发现有人触电时应如何急救?

# 六、供电系统与电动机

## （一）供电系统

电力系统、电力网　电源、电力网以及用户组成的整体，称为电力系统。电力网是电力系统的一部分。它包括所有的变、配电所的电气设备以及各种不同电压等级的线路组成的统一整体。

它的作用是将电能转送和分配给各用电单位。

一次设备和一次接线图　表示电力系统中各个电气装置（发电机、高低压开关、母线、变压器、电动机、低压电器、继电保护装置、电缆等）及其相互间联接关系的图纸，就是电气接线图。接线图按其在电力系统中的作用，分为一次接线图和二次接线图。

一次接线图又称为主接线图，它用来表示电力输送与分配路线，图上表明各个电气装置和主要元件的联接顺序。

一次设备　一次设备是指一次接线图中直接进行电气联接的设备，故又称为一次元件。

根据一次接线图的要求，在工厂高压供电系统中常用高压隔离开关、高压断路器、高压负荷开关、高压熔断器、高压开关板，必要时加装电压互感器、电流互感器、避雷器等。

低压供电系统中常用的一次设备有：刀开关、自动空气断路器、低压熔断器、低压开关板等。高、低压开关板是按一定的接线方案，将有关设备或低压电器组合而成的高、低压成套配电装置。开关板中装设了规定的电器元件，可以按一次接线图确定规格与数量。

供电系统的一次设备还有电线电缆、母线、绝缘瓷瓶及电力电容器等。

除上述基本设备外，还有附属设备，如各种操纵机构、充电设备及蓄电池等。

# （二）三相异步电动机

### 1. 三相异步电动机的工作原理

当异步电动机定子三相绕组中通入对称的三相交流电时，在定子和转子的气隙中便产生一个旋转磁场，该磁场切割转子导体，在转子导体中产生感应电势。由于转子导体两端被金属环短接而形成闭合回路，因此，在导体中就出现感应电流。若认为转子是一个纯电阻电路，则转子导体中的电流方向与感应电势方向一致。感应电势和感应电流的方向按发电机右手定则确定。当转子导体在 N 极范围内时，感应电势和感应电流的方向是由外向里进入纸面，而当转子导体在 S 极范围内时，感应电势和感应电流的方向是由里向外流出纸面。

由于旋转磁场和转子感应电流间的相互作用，产生电磁力

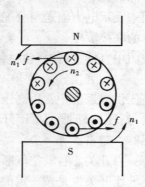

在旋转磁场作用下，转子导体产生感应电势和感应电流

图 6-1　异步电动机的工作原理

$f$，受力方向按电动机左手定则确定，因此在 N 极范围内导体受力方向是向左，S 极范围内导体受力的方向则向右，这一对电磁力对转轴形成一个与旋转磁场同方向的电磁转矩，转子在电磁转矩的作用下，沿磁场旋转方向而转动。

这时如果电动机轴上加上机械负载，则电动机将输出机械能，因此电动机由定子绕组输入电能，通过电磁感应将电能传递给转子转换为机械能输出，这就是异步电动机的工作原理。原理图见图 6-1。

### 2. 三相异步电动机的转速

三相异步电动机定子绕组中流过对称的三相交流电时，在电动机定子和转子的空气隙中就产生旋转磁场。我们一般把旋转磁场每分钟的转速 $n_1$ 叫做同步转速。

在具有一对磁极的旋转磁场中，电流每变化一个周期，旋转磁场在空间就旋转一周。$n_1 = 60f$，$f$ 为电源频率，即旋转磁场的转速与电源频率成正比。由于一般使用工频为 $f = 50$ 赫的电源（即每秒钟电流正负交变 50 周），则一分钟内旋转磁场的转数是 $50 \times 60 = 3000$ 转。

当旋转磁场具有 2 对磁极时，电流每变化一个周期，磁场在空间只旋转半周，因此可以把 $p$ 对磁极的旋转磁场的转速表示为：

$$n_1 = 60f/p$$

式中　$n_1$——旋转磁场转速（r/min）；

　　　$f$——定子电源频率（Hz）；

　　　$p$——电动机的极对数。

当电源频率固定不变时，旋转磁场的极对数愈多，它的转速越低。由于极对数 $p$ 是整数，因此旋转磁场的转速是成倍地变化的。

## （三）电动机的启动

### 1. 三相异步电动机的几种启动方法

（1）直接启动：即全压启动。这种方法的启动电流较大。一般容量在 10kW 以下的鼠笼电动机采用这种方法。如果变压器的容量足够大，经过计算（电动机启动电流不超过变压器额定电流的 20%～30%）较大容量的电动机也可以直接启动。

（2）降压启动：将电源通过一定的专用设备，使其电压降低后再加在电动机上，以减小电动机的启动电流。当电动机达到或接近额定转速时，再将电动机换接到额定电压下，运用降压启动虽可减小启动电流，但启动转矩也因此减小（因为电动机的转矩与电压的平方成正比），所以降压启动多用于鼠笼式电动机的空载或轻载启动。

不同的降压启动方法的启动电压、电流、转矩不同。

**2. 电动机机械部分故障对电动机启动的影响**

电动机机械部分故障，对电动机启动会造成严重的影响，如电动机启动困难，启动转速下降，有嗡嗡声等。对于小容量电动机，由于机械部分不灵活或卡住，也同样会使电动机启动困难。此外，还可能因机械部分被其他杂物卡住，轴承损坏或定子和转子相碰，固定螺丝松动等原因，使电动机无法启动。因此，必须根据情况重新更换轴承，排除杂物，校正定子和转子气隙，以排除机械故障，使电动机恢复正常运行。

## （四）电动机的运行

**1. 三相异步电动机维护工作有哪些项目**

（1）应经常保持清洁。不允许有水滴、油污和飞尘落入电动机内部；

（2）电动机的负载电流，不允许超过额定数值；

（3）经常检查油环润滑的轴承。一般在更换润滑油脂前，将轴承及轴承盖先用煤油清洗，再用汽油洗干净。润滑脂的容量不应超过轴承内容积的 70%；

（4）电动机各部分的声响及振动是否正常，如发现不正常，应及时检查；

（5）电动机各部分的温度是否合乎规定；

（6）若电动机的冷却空气由室外引入，应注意空气管路是否通畅；各连接是否紧密，管路中的阀门位置是否正确；

（7）对绕线型异步电动机应检查电刷有无打火现象，如发现有火花时，应清理滑环表面，用零号砂布磨平滑环，校正电刷弹簧压力。对绕线型电动机，并应检查电刷与滑环间接触与磨损情况；

（8）检查机壳接地或接零是否良好。

**2. 电动机过负荷运行，产生的后果如何**

电动机过负荷，会使电动机启动困难，达不到额定转速。

过负荷运行使电动机电流增大，当超过电动机允许额定电流时，会超过允许温升，损坏电机绝缘，严重时还会烧坏电动机。因此，电动机长时间过负荷是不允许的。

**3. 电动机在什么情况下，应立即断开电源**

电动机在发生以下情况时，应立即断开电源进行检查和处理：

（1）运行中发生人身事故；

（2）电动机启动器内冒烟或有火花时；

（3）电动机发生剧烈振动威胁电动机安全运行时；

（4）轴承温度超过允许温度值时；

（5）电动机温度超过允许值，而且转速下降；

（6）发生两相运行时；

（7）电动机所带动的机械发生故障；

（8）电动机传送装置失灵或损坏；

（9）电动机内部发生冲击或扫膛；

（10）电动机起火冒烟。

切断电源后，应仔细检查原因，故障排除后，方可合闸送电。

## 思 考 题

1. 简述三相异步电动机的构造。

2. 电动机过负荷运行可能产生的后果如何？

3. 电动机在什么情况下应立即断开电源？

# 七、传 感 器

## (一) 常用温度测量传感器

热电阻测温　利用电阻与温度呈一定函数关系的金属导体或半导体材料制成的感温元件，当温度变化时，电阻值随温度变化而变化，从而达到测温的目的。

热电偶测温　在两种不同的导体 A 和 B 两端接合成回路，当 A 和 B 焊接端（通称测量端处于被测介质中）与另一端（通称参比端）处于恒定温度中存在温差时，回路中就产生热电势。当热电偶的参比端温度为 0℃时，其热电势与测量端的温度关系是单直函数。

热电偶的温度补偿　热电偶的热电势大小与热电极材料及两接点的温度有关，热电偶分度表都以热电偶参比端等于零为条件，如果参比端不处于零，一般可采用补偿导线将热电偶参比端延长到零度或温度恒定的场所再与显示仪表连接。

非接触式　感温元件与被测对象互不接触，利用物体的热辐射原理和电磁性质来实现测温，其主要特点可测运动体，小目标及热容量小或温度变化迅速对象的表面温度，也可测温度场的温度分布。

常用的辐射测温法系指亮度法、全辐射法和比色法三种。

温度测量中应注意的要点：

（1）用接触法测温时的注意事项

1）感温元件与被测对象必须有良好的热接触；

2）感温元件的热容量要尽量小；

3）测量变化温度时应选用滞后时间小的感温元件；

4）感温元件应在被测介质中有一定的插入深度，在气体介质中保护管插入深度应为保护管直径的 10～20 倍。

5）感温元件应有较好的化学稳定性，不易为介质所腐蚀。

（2）用光学高温计和全辐射温度计测温时，只有被测介质是黑体的情况下，温度计才能得到正确读数。在非黑体的场合，需根据被测介质的发射率和温度计的读数进行计算，求得真实温度。此外还须注意辐射通道上的吸收将会减小温度计的指示数值。

## （二）计量传感器的原理

（1）测力与称重传感器　测力与称重传感器是一种将所受力或重量转换成电压信号的部件。测力与称重传感器包括两部分：一是有能根据所受力大小而线性变形的金属部件；二是可根据金属部件的变形大小而改变其电阻值的应变片。

（2）传感器的连接方法

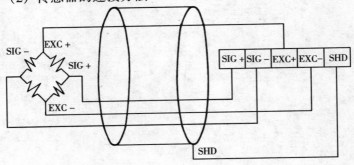

图 7-1　传感器接线图

EXC＋：激励电压＋

EXC－：激励电压－

SIG＋：信号输入电压＋

SIG－：信号输入电压－

SHD：屏蔽

传感器接线图，见图 7-1。

用接触法进行温度测量时，应注意哪些问题？

# 八、电工仪表和测量

## （一）分类和误差

电工仪表误差的分类和表达方式

任何一种仪表测量时都会有误差，它说明仪表指示值和被测量的实际值之间存在差异。平时所指的仪表准确度是说明指示值和被测量实际值相符合的程度。误差越小，准确度就越高。

按照仪表误差发生的原因，可分为两类：

（1）基本误差。指仪表在规定的正常条件下，进行测量所造成的误差。它是由于仪表本身结构上和制作上的局限性所导致的。

（2）附加误差。当仪表在非正常条件下测量，除基本误差之外所出现的误差，称为"附加误差"。

误差的表达形式有三种：

1）绝对误差。测量值与被测量之间的差值称为测量的绝对误差。

2）相对误差。相对误差是指绝对误差和被测量实际值之比的百分数值。

3）引用误差。这是一种能表示仪器本身性能优劣的误差表示法，定义为绝对误差与仪器测量上限比值的百分数。

（3）电工仪表的分类

常用电工测量指示仪表，按照测量原理和用途可分为：

磁电系仪表、整流系仪表、电磁系仪表、电动系仪表和感应系仪表等。

磁电系仪表是利用永久磁铁的磁场与载流线圈（即通有电流

的线圈）相互作用的原理而制成的，结构特点是具有固定的永久磁铁和活动的线圈。这种仪表使用十分广泛，可用来测定直流电压、电流，加装适当整流器和变换装置也可以测量交流及非电量。

整流系仪表，如万用表是利用磁电系测量机构（表头）配合测量电路的一种多用途电表，是工矿电工最常用的仪表，它的特点是多用途、多量程。

电磁系仪表是利用动铁片与通有电流的固定线圈之间或与被此线圈磁化的静铁片之间的作用力而制成的仪表。这种仪表结构简单，可以直接测量交流电量，从而在电工测量中得到广泛应用。

电动系仪表是利用通有电流的固定线圈代替磁电式仪表中的永久磁铁。由于固定线圈可以通过直流，也可以通过交流，所以它可以做成交直流两用表。

感应系仪表，如交流电度表是一种"功率积算表"，它既不是简单地反映电压、电流，也不是指示瞬时功率，而是要反映电能随时间增长积累的总和。因此，在结构上采取所谓"感应式"特殊结构。它将负荷电功率的大小变成表内转盘的随时间转动快慢的转数，再通过计数装置将转数累积，指示出用电量。

## （二）电流和电压的测量

电流表和电压表测量机构完全相同，只是测量线路上有着根本区别。

（1）电压表是并联在被测线路两端，要分流掉一部分电流，为了减小测量误差，希望分流的电流占被测电流的比例尽可能小。因此，采用将表头串联一个大电阻的形式构成电压表。电压表接线图，见图 8-1。

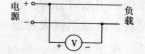

图 8-1　电压表接线图

（2）电流表是串联在被测电路中。

由于表头允许流过的电流较小，而被测电路的电流可能超出表头量程，所以常采取在表头两端并联分流器（即小电阻）的形式。电流表接线图，见图8-2。

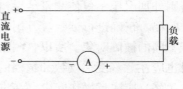

图 8-2  电流表接线图

使用电流表和电压表时要注意被测量的数值必须在表的量程范围内。同时绝对避免电流表并接在被测线路两端，否则，将会有很大的电流流过表头而将其烧毁。

## （三）使用万用表应注意的问题

万用表具有多用途的特点，在电工测量中十分方便，然而也往往因使用不当或疏忽大意造成测量错误或损坏事故。因此，必须学会正确使用万用表。

一般应注意下列几点：

（1）插孔（或接线柱）选择要正确。一般红笔插在表上标有"＋"号的插孔内，黑笔插在"－"插孔内。测量时注意极性。

（2）种类选择要正确。如测量电压时应将转换开关放在相应的电压档，测量电流应放在相应的电流档等。尤其在作几种不同的测量时要特别细心，稍一不慎有可能造成严重后果。例如误用电流档去测电压，轻则表针损坏，重则烧毁。

（3）量程选择要适合。例如：测量的电压是交流220V，量程开关应置于交流250V档或500V档。测量电流时，最好借助于换档开关，使指针在刻度1/2到2/3的位置上，读数才能较为准确。

（4）使用欧姆档量测时，应注意倍率档选择，并不要忘记进行调整，测量中应尽量使指针指在刻度较稀的部分，其指针越接近中心位置，读数越准。应特别注意，欧姆档次不能带电测量，否则外加电压不仅使测量结果错误，而且可能烧坏表头。

（5）正确进行读数。万用表上有多条刻度线，它们分别适用于不同的被测对象。所以，测量时应在对应的刻度尺上读数，同时也应注意刻度尺读数和量档的配合，避免出错。

（6）应注意操作安全。在进行较高电压测量或测量点附近有高电压时，千万注意人身、仪表和被测设备的安全。在做较高电压及大电流测量时，不能带电切换量程开关，否则有可能使开关烧坏。万用表用完以后，最好将量程开关置于交流电压最高档，此档对表最安全，以防下次测量时疏忽而损坏万用表。

## （四）电能的测量

电度表是用测量和记录电能的，它分为单相电度表和三相电度表两类。在三相电度表中又分为两元件（每套电压和电流线圈为一个元件）和三元件两种，它们分别用于三相三线系统和三相四线系统测量和记录电能。

电度表按其功用不同又分为测量和记录有功电能的有功电度表（如 DD28、DSI 型等），测量和记录无功电能的无功电度表（如 DXl 型等）。

不论电度表的种类如何，一般在其铭牌上均注有型号、额定电压、额定电流、频率、齿轮比以及电度表常数等技术数据。

单相电度表的额定电压一般为 220V 和 380V，它们分别用于单相 220V 和单相 380V 系统。三相电度表的额定电压一般分为380V、380/220V 和 100V 三种。其中 380V 的一般用于三相三线制系统，380/220V 的用于三相四线制系统，而 100V 的则接于电压互感器二次侧使用，用来测量高压送、配电系统的电能。

电度表的额定电流有不同等级。有些电度表的额定电流后面写有一个括弧，内有数字。这表示其额定电流可扩大至括弧内的数值。例如：2（4）A，表示此电度表可做额定电流为 4A 的表使用，其误差仍不超过规定。

# 思　考　题

使用万用表应注意哪些问题?

# 九、沥青混合料的组成材料

## （一）沥　　青

### 1. 石油沥青

石油沥青是石油原油经蒸馏、吹氧、调合等工艺加工得到的产品，它是由化学组成极其复杂的多种烃类以及这些烃类的非金属元素（氧、硫、氮）的衍生物所组成的混合料，几乎完全能溶于二硫化碳，四氯化碳，三氯乙烯等有机溶剂，外观为黑色，常温呈液态、半固态或固态，具有黏塑性或黏弹性的力学性质。

（1）石油沥青的分类

按加工工艺的不同可分为直馏沥青、氧化沥青、裂化沥青、溶剂脱沥青、调合沥青、沥青经过进一步加工还可制成轻制沥青、乳化沥青、改性沥青等，按用途不同又可分为建筑沥青、道路沥青、水工沥青及很多种特殊用途的沥青。

（2）石油沥青的化学元素组成，化学组分及胶体结构

1）化学元素组成

石油沥青主要化学元素是碳约占 $80\% \sim 87\%$，氢约占 $10\% \sim 15\%$，其次含有少量非金属元素氧、硫、氮。从沥青的元素组成结果不能得到沥青元素含量与沥青性能的相互关系，但从碳和氢的比例在一定程度上能说明组成沥青结构单元中烃类基含量的大致比例，如果沥青中环状结构物含量高，特别是芳香环结构物含量越多则碳氢比越高，此类沥青大多数是由环烷基原油提炼生产的，如果使用石蜡基原油生产的沥青，则比环烷基原油生产的沥青的碳氢比低得多，环烷基原油生产的沥青含重质组分较多沥青质量好。

2）石油沥青的化学组分

沥青材料是由多种化合物组成的混合物质，由于化学组成结构的复杂，仅从化学元素含量难以找出它与技术性质的直接关系，要将沥青中各种化合物的单体分别分离出来，目前从分析技术还难以办到，因此只能利用沥青对不同有机溶剂的选择性溶解和对不同吸附剂的选择性吸附的特性把化学性质和胶体结构相近似的化合物分别分离出来称为"组分"而这些"组分"的含量和性能与沥青的黏滞性、温度敏感度和塑性等路用性能有联系，沥青的组分分析方法有许多种，目前我国广泛使用四组分分析方法，这四种组分是饱和分，芳香分，胶质，沥青质它们在沥青中的特性是：

①饱和分在沥青中约占 5% ~ 20%，是一种非极性无色稠状油类物质，温度敏感性较强，在沥青中起到增塑作用。

②芳香分在沥青中占 20% ~ 50%，是黄色至深棕色黏稠状液体，是胶溶沥青质的分散介质，芳香分和饱和分在沥青中都作为油分，起润滑和软化作用，其含量越多沥青黏度降低，针入度变大，软化点降低。

③胶质在沥青中含量 30% ~ 60%，是褐色至黑色的黏稠状物质，它具有很强的极性，和很好的粘结力能使沥青增加可塑性，流动性和粘结性，对提高沥青的延性，粘结力有很好的作用。

④沥青质在沥青中含量为 5% ~ 25%，是黑色无定形固态物质，沥青质对沥青中的油分呈憎液性，而对胶质呈亲液性，沥青是由胶质包裹沥青质形成胶团悬浮在油分中形成胶体体系，沥青质含量多少对沥青性能有很大影响，沥青质含量增加使沥青的黏度和粘结力增加，温度稳定性提高，优质沥青必须含有一定数量的沥青质。

⑤蜡分　蜡溶解在沥青的油分中在常温下呈白色结晶状会使沥青黏度增大，而当接近蜡的融化温度 45 ~ 50℃时，反而使沥青黏度降低，含蜡量高的沥青能使沥青的胶体结构受到破坏，高

温时使沥青的流动性增加，低温石蜡出现结晶使沥青脆性增加，沥青中含蜡还会降低沥青与石料的粘附性和降低路面摩阻性，会造成雨季行车安全事故增加。蜡是沥青中的有害成分，重交通道路沥青标准中规定含蜡量不得超过3%。

3）石油沥青的胶体结构及胶体结构划分

由于沥青中各个组分在沥青中可以形成不同的胶体结构，因此沥青的组分不能全面反映沥青的性质，往往沥青组分近似而技术性能差别很大。沥青的性质与其胶体结构有密切关系，按胶体学说固态超细微粒的沥青质是分散相，液态的油分是分散介质，沥青质在油分中是憎液性，是不能溶解的，而对树脂是亲液性，树脂在油分中也是亲液性的，树脂在沥青的胶体结构中是包裹在沥青质表面，实际上是以沥青质为核心在胶质中膨胀胶溶分散在油分中，这样胶体结构单元即为胶团。在胶团结构中，从沥青质核心到油分是均匀的无明显分界线。根据沥青中各组分的数量及树脂芳香化程度通常将沥青划分为溶胶，溶凝胶和凝胶三种类型。

①溶胶型

溶胶型沥青的特点是在胶体结构中沥青质含量很少，由于树脂的作用，由沥青质所形成的胶团被油分隔开，胶团间吸引力极小，其流变性能剪应力与剪变率呈直线关系，弹性效应可忽视，这种类型沥青当树脂含量较多时，则具有良好的粘结性，塑性，流动性和开裂后的自愈能力，但温度敏感性强，常温下呈流动状态，凝固点以下又表现为脆性，液体沥青多属于溶胶型沥青。

②溶凝胶型

沥青质含量适当，并有较多的树脂作为保护物质，沥青质胶团间靠得较近，胶团在油分中具有较低的流动性，常温下具有弹性效应，这种结构介于溶胶和凝胶之间的胶体结构，称为溶凝胶型结构，这种结构的沥青，由沥青质所形成的胶团能很好地分散在树脂和油分的组分中，使沥青的粘结性和感温性较好，多数的优质路用沥青都属于这类胶体结构。

③凝胶型

沥青中沥青质含量较多,由沥青质所形成的胶团浓度增加,胶团间距离缩小,互相吸引力增加,形成不规则的空间网络结构,油分分散在网络空间,这类沥青的特点是高温热稳定和弹性较好,但粘结性和低温变形能力差,开裂后自愈能力差,一般氧化沥青多属于凝胶型沥青。

④沥青胶体结构的划分

一般常采用针入度指数判别沥青胶体结构类型。

针入度指数 $PI$ 值是衡量沥青温度敏感性的一项指标,是由沥青的针入度和软化点试验结果,按下式求得。

$$PI = \frac{30}{1 + 50\left(\dfrac{\log800 - \log P25℃}{TR - 25}\right)} - 10$$

式中    $PI$——针入度指数;

   $P25$——为沥青 25℃时针入度值;

   $TR$——为沥青软化点值;

   800——相当沥青软化点时的针入度。

规定当针入度指数 $PI$ 值小于 $-2$ 时为溶胶型结构,$PI$ 值介于 $+2 \sim -2$ 之间为溶凝胶结构,$PI$ 值大于 2 为凝胶型结构,优质道路沥青 $PI$ 值介于 $+1 \sim -1$ 之间。

(3)沥青的路用性能

沥青材料是一种复杂的多项体系,其性能变化受温度,荷载大小及荷载作用时间的影响。沥青路面的低温裂缝和抗疲劳性能以及在高温条件下的车辙、推挤、拥包等永久变形以及耐久性都与沥青的路用性质有很大关系。

1)沥青材料的黏度

黏度是指沥青材料在外力的作用下,沥青粒子产生相互位移时抵抗剪切变形的能力。

通常表示黏度单位是用绝对黏度也称动力黏度,其单位是(帕·秒,Pa·s)也可用运动黏度表示。运动黏度为动力黏度除以密度所得的商，法定计量单位为厘托用 $mm^2/s$ 表示。

测定沥青黏度的方法很多，对于低黏度的沥青用毛细管黏度计，液体和半固体沥青用布洛克菲尔德旋转黏度计，固体沥青用扭转剪力测定仪等，但测定绝对黏度的方法均比较复杂，我国在实际工程应用中多采用条件黏度来表示，液体沥青用标准黏度计，黏稠沥青用针入度仪。

**标准黏度**　是把沥青放在规定的黏度仪中，在规定的温度及一定的压力作用下，以通过规定的孔径，流出一定量的体积沥青所需要的时间（秒）来表示沥青黏度，我国液体沥青的等级标准是按标准黏度来划分，其表示方式为 $C_{t.d}$，d 表示流出口直径，t 表示温度。试验温度及流孔直径按材料的黏度不同而异，选择时按国家标准中相应等级套用，只有在相同的条件下，才能相互对比。沥青流出时间愈长，表示黏度愈大。

**沥青针入度试验**　是用来测定黏稠沥青条件黏度的方法，它是沥青试样在规定温度规定荷载的标准针，经历规定的时间贯入试样中的深度，以 1/10mm 为单位表示。国家标准中黏稠沥青的等级即按针入度划分。

最常采用的试验条件为温度 25℃，荷载 100g，时间 5s，有时为衡量沥青低温和高温的粘结性也常选用以下试验条件：

| 温度（℃） | 荷载（g） | 时间（s） |
| --- | --- | --- |
| 0 或 4 | 200 | 60 |
| 46.1 | 50 | 5 |

沥青黏度是评价沥青路用性能的主要指标，黏度的大小反映沥青抵抗流动的能力，黏度大，粘结力强，所拌制的混合料强度高，热稳定性好，路面抗车辙的能力强。但沥青黏度过大，会使沥青低温性能变差、塑性降低，引起路面冬季开裂。为了兼顾沥青的高温和低温性能，同时考虑沥青的泵送和混合料的拌合，必须选择适合当地气候和工程结构要求的沥青黏度。

2）沥青的温度敏感性

沥青的温度敏感性是指在不同的温度条件下沥青黏度的变化，它是决定沥青使用时的工作性能，以及应用于工程使用后效果的重要指标。沥青是无定形的非结晶高分子化合物，它的力学性质显著的受温度变化的影响，没有明显的熔点，从固态转变为液态有很大的温度间隔，因此人为的规定沥青从其黏塑状态达到一定流动状态时的温度称为软化点，当沥青随着温度降低由黏塑态转变为固态，产生脆裂时的温度称脆点。软化点和脆点都是一种人为规定的条件温度。它是衡量温度稳定性的主要指标。

软化点试验，我国目前采用的方法是用环球仪进行测定。即将沥青熔化注入做软化点试验专用的铜环内，在 15～30℃室温下冷却 30min，用热刀刮去高出环面试样使与环齐平，然后放入 5℃±0.5℃水中，（软化点 80℃以上的沥青放入 32℃±1℃甘油中保持 15min），然后把规定重量的钢球放入在金属环内的沥青试样上，从 5℃开始（软化点 80℃以上的沥青从 32℃开始），以每分钟上升 5℃的速度加热，直至沥青试样软化下垂到规定距离时的温度称为软化点。

脆点试验是将一定数量沥青匀布在标准金属片上，将此片置于脆点仪夹钳上，然后，将弯曲器置于具有降温装置的试管内，使降温速度为 1℃/min，每降温 1℃均匀摇动弯曲仪的手柄以每秒一圈旋转，在 10～13s 内使夹钳间距由 40mm 缩短到 36.5mm，然后再以同样速度使夹钳恢复到原来的位置，直到薄片弯曲时，薄片上的沥青出现裂缝时的温度为脆点。

沥青的感温性能受沥青化学组分及胶体结构的影响，评价沥青结合料耐高温性能，通常使用沥青软化点值或 60℃黏度值来表征。两种沥青在同样针入度的情况下软化点高或 60℃黏度大者则表明高温稳定性好，所以世界各国对每种规格的沥青都规定了软化点或沥青黏度的技术指标要求。沥青的低温性质对路面的低温抗裂性能有重要影响。沥青的低温性包括沥青脆点，温度收缩系数和低温延度。脆点低，温度收缩系数小，低温延度大则沥青路面低温开裂温度降低。

软化点可看作沥青由可塑性状态转变成液态时的温度，而脆点可看作沥青由可塑性状态转变成脆性状态的温度，软化点与脆点间的温度范围越大，则说明沥青可塑性的温度范围大，可适合在较大的温度范围使用。

3）沥青的塑性

沥青在外力作用下，产生变形而不破坏的能力，称为塑性。

沥青的塑性随沥青的组分比例和组分结构不同而异，且与温度有关。一般随温度的升高而增加，沥青塑性以条件指标延伸度表示，即把沥青试样制成 8 字形标准试件（最小断面为 $1cm^2$）在规定的温度和速度下拉断时的长度（以厘米表示），最常用的延伸度试验标准条件为温度 $t = 15℃$，拉伸速度 $V = 5cm/min$，延伸度越大，塑性越好。为了研究沥青不同温度下的塑性，常在不同温度，不同拉伸速度下，试验沥青的延度，特别是在低温下，沥青塑性大小对路面冬季产生裂缝具有重要影响。使用延度大的沥青修筑的路面冬季抗开裂的性能均较好。

沥青的延伸度由沥青的胶体结构和流变性质决定，具有相同针入度和软化点的两种沥青，可能具有不同的延伸度，主要由沥青流动度决定，流动度小的沥青当受到拉伸时，随着应力增加黏度降低，应力集中于黏度低的地方，材料产生缩颈，当拉应力超过沥青粘结强度时即产生断裂，而当流动性好的沥青在受到拉伸时，能够产生流动变形，呈细丝状，受拉试样的横断面普遍减小，随着拉应力的增加能诱使材料产生更大的流动，使沥青延伸为很长的细丝，使拉应力不超过沥青本身粘结强度。

4）沥青的粘附性

沥青的粘附性是指沥青与矿料相互作用所产生物理性吸附和化学性吸附的能力。粘附性的优劣，受沥青中所含的表面活性物质（沥青酸酐）含量的多少的影响，同时还与石料的化学成分酸碱性质有关系。当沥青与酸性石料（花岗岩，砂岩，石英岩，片麻岩等）接触时，沥青中的酸性物质不能与石料表面酸性物质发生化学反应，只能产生分子间物理吸附，粘附力不强；当与碱性石料（石灰岩，玄武岩，白云岩，辉绿岩等）接触时，则沥青与石料表面离子发生化学反应，产生一种不溶于水的化合物，形成化学吸附，吸附力远远超过物理吸附力。评价沥青与矿料吸附性通常采用水煮法，或浸水试验方法。沥青对石料的粘附性好坏，对沥青混合料的强度，水稳定性以及耐久性都有很大影响，粘附性是沥青重要路用性质之一。

　　5）沥青的耐久性

　　沥青在储存，拌合加工及铺筑在路面的使用过程中，经受温度，光照等气候条件以及交通荷载等各种因素的作用，使沥青发生一系列物理性、化学性变化，如轻质组分蒸发、氧化、脱氢、缩合等情况使沥青的化学组成和胶体结构发生变化，物理力学性质也随着时间的延长塑性降低，逐渐脆硬。性能下降通常称为老化，也就是沥青耐久性。

　　引起沥青老化的因素很多，其中沥青发生氧化是主要原因。氧化快慢与温度有直接关系，温度越高，沥青氧化剧烈，在沥青混合料拌合过程中石料与沥青都处于 150～170℃ 高温并且沥青在薄膜状态下与石料接触，沥青老化剧烈；经过一次拌合后沥青针入度可降低到原样沥青的 60%～70%，相当于沥青路面使用 8～10 年自然老化的损失；另外沥青吸氧量还与沥青的组成有关，芳香分含量高的沥青吸氧量大、老化快。饱和分含量多的沥青较稳定，吸氧量少不易老化。在自然界，阳光照射也是沥青老化的重要因素，当沥青暴露在太阳光的辐射作用下，沥青各组分都吸收氧，其氧化速度比在暗处要快得多，而芳香分氧化的速度更快，光氧化是沥青路面变硬的主要原因，考察沥青的耐老化性能，通常是采用薄膜烘箱或旋转薄膜烘箱试验方法，它是把沥青试样在室内进行加速热老化，再根据老化后试样的性质变化对照相关标准的要求评定耐老化性能。在石油沥青技术要求中规定，普通道路沥青采用经过 163℃，5h 加热损失试验评定沥青耐久性，这种方法的主要缺点是，沥青试样与空气接触面积小（称样皿直径 55mm，试样层厚度约 30mm）所测定的重量损失和试验前后的针入度比的数值相差不明显，对沥青耐久性的评价效果较差。

目前多数已采用"薄膜烘箱试验"，该法是将 50g 沥青试样放入内径为 139.7mm，深 9.5mm 的金属皿中，沥青层厚度约为 3mm，在 163℃的专用烘箱中加热 5h，以加热前后的 60℃黏度比和 25℃延度值作为评价指标。目前我国采用针入度比，软化点升高和加热后延度等作为评价指标。这个方法增加了与空气的接触面积，加速了热老化的效果，这种方法模拟沥青混合料拌合时所引起沥青性能的显著改变。两者有很好的相关性。

（4）沥青的技术要求

我国道路石油沥青标准分为中、轻交通道路石油沥青质量要求、重交通道路石油沥青质量要求，道路用液体石油沥青质量要求，以及道路用乳化石油沥青质量要求，这里主要摘录用量最大最广泛的重交通道路石油沥青质量要求，见表 9-1。其他种类道路石油沥青的质量要求见沥青路面施工及验收规范 GB 50092—96。

表 9-1

**重交通道路石油沥青技术要求**

| 标号<br>试验项目 | AH-130 | AH-110 | AH-90 | AH-70 | AH-50 |
|---|---|---|---|---|---|
| 针入度（25℃，100g，5s）0.1mm | 120～140 | 100～120 | 80～100 | 60～80 | 40～60 |
| 延度（15℃，5cm/min）不小于 | 100 | 100 | 100 | 100 | 100 |
| 软化点（环球法）（℃） | 40～50 | 41～51 | 42～52 | 44～54 | 45～55 |
| 闪电（coc）不小于（℃） | 230 | | | | |
| 含蜡量（蒸馏法）不大于（%） | 3 | | | | |
| 密度（15℃） | 实 测 记 录 | | | | |
| 溶解度（三氯乙烯）不小于（%） | 99 | | | | |
| 薄膜加热试验 163℃，5h 质量损失不大于（%） | 1.3 | 1.2 | 1.0 | 0.8 | 0.6 |
| 薄膜加热试验 163℃，5h 针入度比不小于（%） | 45 | 48 | 50 | 55 | 58 |
| 薄膜加热试验 163℃，5h 延度（25℃）不小于 | 75 | 75 | 75 | 50 | 40 |
| 薄膜加热试验 163℃，5h 延度（15℃）（cm） | 实 测 记 录 | | | | |

(5) 沥青的应用

1) 高速公路、一级公路、城市快速路和主干道铺筑沥青路面时应采用重交通道路石油沥青。

2) 其他等级公路可采用中、轻交通道路石油沥青。

3) 沥青面层所用沥青标号可根据地区气候条件，施工季节温度，路面类型，施工方法按表9-2选用。

**沥青标号的选择**　　　　　　　　　　　表 9-2

| 气候区分 | 沥青种类 | 沥青路面类型 | | | |
|---|---|---|---|---|---|
| | | 沥青表面处治 | 沥青贯入式 | 沥青碎石 | 沥青混凝土 |
| 寒区 | 石油沥青 | A-140 | A-140 | AH-90　AH-110 | AH-90　AH-110 |
| | | A-180 | A-180 | AH-130 | AH-130 |
| | | A-200 | A-200 | A-100　A-140 | A-100　A-140 |
| | 煤沥青 | T-5　T-6 | T-6　T-7 | T-6　T-7 | T-7　T-8 |
| 温区 | 石油沥青 | A-100 | A-100 | AH-90　AH-110 | AH-70　AH-90 |
| | | A-140 | A-140 | | |
| | | A-180 | A-180 | A-100　A-140 | A-60　A-100 |
| | 煤沥青 | T-6　T-7 | T-6　T-7 | T-7　T-8 | T-7　T-8 |
| 热区 | 石油沥青 | A-60 | A-60 | AH-50　AH-70 | |
| | | A-100 | A-100 | AH-90 | AH-50　AH-70 |
| | | A-140 | A-140 | A-100　A-60 | A-60　A-100 |
| | 煤沥青 | T-6　T-7 | T-7 | T-7　T-8 | T-7　T-8　T-9 |

4) 不同来源，不同标号的沥青应分开储存不得掺混，沥青在使用时储油罐储存温度应根据沥青标号确定，通常黏稠石油沥青不宜低于120℃且不得高于170℃，在停止施工期间沥青应在低温下存放，长时间存放的沥青使用前应抽样检验，不符合要求不得使用。

5) 沥青生产使用时加热温度不应超过表9-3的规定。

6) 沥青使用过程应严格地进行质量管理控制，按规定对进厂沥青进行技术性质检验，对不符合标号要求的沥青可以采取两种标号沥青相配合的方法，但要经过试配试验，得到满意结果方可使用，并且每日按批量进行生产过程中沥青质量检查。

**沥青材料的加热温度** 表 9-3

| 沥青种类 | | 沥青标号 | 加热温度（℃） | 沥青标号 | 加热温度（℃） |
|---|---|---|---|---|---|
| 石油沥青 | 液体沥青 | AL(M,S)-1 | 30~50 | AL(M,S)-2 | 40~60 |
| | | AL(M,S)-3 | 60~80 | AL(M,S)-4 | 60~80 |
| | | AL(M,S)-5 | 80~100 | AL(M,S)-6 | 100~120 |
| | 道路沥青 | A-200 | 130~150 | AH-120AH-160 | 140~160 |
| | | A-140A-180 | 140~160 | AH-50AH-70 | 150~170 |
| | | A-60A-100 | 150~170 | AH-90 | 150~170 |
| 煤沥青 | | T-1 | 25~50 | T-2 | 40~70 |
| | | T-3 T-4 | 70~100 | T-5 | 80~100 |
| | | T-6 | 100~120 | T-7 | 100~120 |
| | | T-8 | 110~130 | T-9 | 110~130 |

### 2. 煤沥青

（1）煤沥青简要生产过程

煤沥青是由煤干馏所得的气态产品经冷却所得煤焦油，再经过蒸馏加工而获得的产品，根据煤干馏的温度不同分为高温煤焦油700℃以上和低温煤焦油（450~700℃）两类。道路用煤沥青主要是由煤焦化或制造煤气得到的高温焦油加工而成的，使用高温焦油比使用低温焦油所获得的沥青质量稳定，且数量较多。

（2）煤沥青的技术性质与石油沥青的差异

1）煤沥青的温度稳定性较差，煤沥青是较粗的分散系，同时树脂的可溶性较高，所以热稳定性较差。

2）煤沥青与矿料的粘结性较好，煤沥青的组成中含有较多数量的极性物质，它使煤沥青具有高的表面活性和好的粘附性。

3）煤沥青的气候稳定性较差：煤沥青的组成中具有未饱和的芳香烃化合物，这些物质在周围介质（空气中的氧、阳光的温度和紫外线）作用下，老化过程比石油沥青激烈。

（3）煤沥青检验项目、目的和意义

1）相对密度　煤沥青中含有较多的不饱和的碳氢化合物，这些物质容易氧化，聚合成为较高分子量的烃，随着高分子烃类（游离碳等）含量增加，相对密度加大。通过测定煤沥青的相对密度可间接了解其化学组成结构概况。沥青相对密度通常用比重瓶法测定，其数值在 1.10～1.25 之间。

2）黏滞度　黏滞度表示煤沥青的稠度，取决于液相和固相在组成中的比例，当组分中油分含量较小，固态树脂及自由碳含量增加时，则黏滞度增加，由于煤沥青的热稳定性和气候稳定性比较差，当温度变化或老化后其黏滞度发生显著变化，煤沥青的黏滞度测定方法同液态石油沥青，也是用道路用标准黏滞度计测定。

3）分馏试验及分馏残渣性质　煤沥青的最初黏滞度并不能完全表达其在使用过程中的特征，为了预防煤沥青在路面使用过程中的性质变化，在测沥青初始黏滞度的同时，还有必要测定在各温度阶段中所含馏分含量及其蒸馏后残留物的性质。

根据其化学组成特征将物理化学性质较接近的化合物分为：170℃以前蒸馏出的物质称为轻油，270℃以前馏出的物质称为中油，300℃以前馏出的物质称为重油三部分，300℃以后的馏出物主要为蒽油，是煤沥青中最有用的油质部分，经过 300℃蒸馏试验后的残渣测定，其软化点等结果代表沥青的使用性质。

4）游离碳含量　游离碳能增加煤沥青的黏度和热稳定性，但含量增加会带来低温脆性增加，为了保证低温塑性和兼顾高温稳定性对游离碳的含量加以限制，其含量可用溶解度方法测定。

5）酚含量　酚能溶解于水，导致路面强度降低，同时酚有毒，所以对酚含量必须加以限制，酚主要存在煤沥青的中油中，测定酚含量时是取蒸馏试验所得的中油馏分与氢氧化钠溶液作用，使其形成水溶性酚钠，根据酚钠体积求算酚含量。

6）萘含量　萘在煤沥青中低温时易结晶析出，使煤沥青产生假黏度而失去塑性，同时在常温下易升华，促使老化加速，降

**道路用煤沥青质量要求**

表9.4

| 试验项目 | | T-1 | T-2 | T-3 | T-4 | T-5 | T-6 | T-7 | T-8 | T-9 |
|---|---|---|---|---|---|---|---|---|---|---|
| 黏度 (s) | $C_{30,5}$ | 5~25 | 26~70 | | | | | | | |
| | $C_{30,10}$ | | | 5~20 | | | | | | |
| | $C_{50,10}$ | | | | 21~50 | 51~120 | 121~200 | | | |
| | $C_{60,10}$ | | | | | | | 10~75 | 76~200 | 35~65 |
| 蒸馏试验 馏出量 (%) | 170℃前 不大于 | 3 | 3 | 3 | 2 | 1.5 | 1.5 | 1.0 | 1.0 | 1.0 |
| | 270℃前 不大于 | 20 | 20 | 20 | 15 | 15 | 15 | 10 | 10 | 10 |
| | 300℃前 不大于 | 15~35 | 15~35 | 30 | 30 | 25 | 25 | 20 | 20 | 15 |
| 300℃蒸馏残渣软化点 (环球法) (℃) | | 30~45 | 30~45 | 35~65 | 35~65 | 35~65 | 35~65 | 40~70 | 40~70 | 40~70 |
| 水分 不大于 (%) | | 1.0 | 1.0 | 1.0 | 1.0 | 1.0 | 0.5 | 0.5 | 0.5 | 0.5 |
| 甲苯不溶物 不大于 (%) | | 20 | 20 | 20 | 20 | 20 | 20 | 20 | 20 | 20 |
| 含萘量 不大于 (%) | | 5 | 5 | 5 | 4 | 4 | 3.5 | 3 | 2 | 2 |
| 焦油酸含量 不大于 (%) | | 4 | 4 | 3 | 3 | 2.5 | 2.5 | 1.5 | 1.5 | 1.5 |

注：黏度使用道路沥青黏度测定，C脚标第1个数字代表测试温度（℃），第二个数字代表黏度孔径（mm）。

低沥青的品质，另外萘也有毒性，所以萘含量应加以限制，萘含量的测定是取酚含量测定后的无酚中油，在低温使萘结晶，然后与油分分离而获得粗萘，以粗萘占沥青的重量（%）率表示。

（4）道路用煤沥青质量要求，见表9-4。

（5）不同品种沥青简单鉴定方法

1）从沥青加热后产生的烟气不同可鉴别出：石油沥青烟少，有矿物油味，煤沥青烟较大，味难闻呛嗓子，页岩沥青烟大，黄黑色有辣味呛人。

2）将沥青溶解在煤油或苯中，用玻璃棒粘上少些滴在滤纸上，如呈现棕色且均匀分散为石油沥青；如分内外两圈内圈有黑色斑点，外圈为黄棕色为煤沥青；页岩沥青也分为内外两圈，内圈稍有黑色斑点，外圈为棕色，没有煤沥青明显。

3）从在煤油中的溶解难易程度也比较容易区分，石油沥青溶解快，页岩沥青较慢，煤沥青难全部溶解。

4）固体石油沥青在敲击下有韧性，不易碎，煤沥青易被敲碎。

5）从测定沥青相对密度可判断出，石油沥青为1.0左右，页岩沥青为1.1左右，煤沥青大部分为1.2以上。

**3. 乳化沥青**

乳化沥青是将黏稠沥青加热至流动状态，与乳化剂水溶液一起，经高速离心搅拌剪切，研磨等机器作用，使沥青形成细小微粒，分散在乳化剂的水溶液中，由乳化剂和稳定剂的作用而形成均匀稳定的分散体系。

（1）乳化沥青的优越性

1）冷态施工，节约能源：现场不需要加热设备无能源消耗，扣除制备乳化沥青所消耗的能源后仍然可以节约大量的能源。

2）施工方便，节省沥青：乳化沥青与矿料有良好的粘附性而且可以与潮湿矿料粘附，乳化沥青黏度低，施工和易性好，易于拌合，用乳化沥青拌制混合料沥青膜较薄，可节约沥青10%左右。

3）保护环境，改善劳动条件：乳化沥青施工不需砌炉、支锅、盘灶、熬油等工作，不污染环境，同时避免操作人员烟熏、火烤及受沥青挥发物的毒害。

（2）乳化剂的分类及其性能

乳化剂按其能否在水中离解生成离子，可分为离子型和非离子型乳化剂两大类。离子型乳化剂按其解离后亲水端生成离子所带电荷不同又分为阴离子型，阳离子型和两性离子型乳化剂三类。

乳化剂的性能极大程度的影响乳化沥青的性能。乳化剂能使互不相溶的沥青和水形成沥青乳液，使沥青均匀分散于乳化剂水溶液中形成稳定的分散体系。

乳化剂分子一般是长链的线性分子，此分子由一端具有亲油基和另一端具有亲水基所组成，这两个基团具有使互不相溶的沥青与水连接起来的特殊功能，亲油基一般为烷基键，键的长度由沥青性质决定，一般为 16～18 烷基。烷基键太短，不能与沥青很好地相接（通常要十四烷基以上），烷基键太长（二十烷基以上）不溶于水。乳化剂性能差异除亲油基键的长短外更主要的是亲水基的性质。分为阴离子型，阳离子型和两性离子型及非离子型。

（3）乳化沥青形成机理

乳化沥青中，水是分散介质，沥青分散相，它们只有在表面能量比较接近时才能形成稳定的结构，而水的表面张力大于沥青的表面张力，并且相差较大，热沥青经过机械作用形成微粒分散在水中，但它是个不稳定体系，当液滴相互碰撞时，会自动聚结，液滴变大，使体系界面积减小，自由能随之降低，最后凝聚在一起与水分离，要使沥青乳液变得稳定，必须设法降低两相界面自由能；以符合能量最低原则。由于乳化剂多数是极性物质，为非对称分子的物质，分子一端有极性原子团趋向极性分散介质水，而另一端是非极性原子团趋向沥青颗粒，使其表面剩余能趋向平衡，降低了它们界面间的表面能力差。当沥青液滴周围吸附的表面活性剂分子达到饱和时，在沥青液滴表面形成了一定机械强度的坚固保护膜，它能阻止液滴相互碰撞时的聚凝，使沥青乳液稳定，而且当保护膜受损时，其余的表面活性分子也能自动弥补伤处。

为了增加乳化液的稳定性，在乳化介质中有时还可添加一些稳定剂，用来增加介质的黏度，以增加沥青微粒的运动阻力，降低运动速度，使沥青不易聚凝。

乳化剂包裹在沥青颗粒表面形成吸附膜，此膜具有一定电荷，在沥青颗粒表面的膜较紧密，向外则逐渐转为普通的分散介质，在吸附膜的外面是带相反电荷扩散离子层的水膜。乳化沥青能具有高度分散性与稳定性的原因是：

1）乳化剂在沥青和水的分界面上形成吸附隔离膜，降低界面能量，抵制颗粒的结合。

2）由于乳化剂的作用使每个沥青颗粒表面均带有相同的电荷，由于同性电荷互相排斥作用，起到颗粒分散作用。

3）由于乳化剂和稳定剂分散在水中，提高了分散介质水的黏稠性，增加沥青颗粒活动的阻力减少沥青聚集的机会。

（4）乳化沥青分解破乳和影响因素

要使沥青乳液在路面中起到结合料的作用，就要使沥青从水相中分离出来，这个过程叫乳液的分解破乳。

当阳离子沥青乳液与矿质骨料接触后沥青微粒所带正离子电荷与湿骨料表面所带负离子电荷发生相吸作用，另外阳离子乳液中都含有一定数量的游离酸，当使用碱性骨料时，游离酸与碱性骨料相互作用生成氯化钙和带负电荷的碳酸离子，它与乳液中沥青微粒外围的阳离子发生中和作用进一步使沥青微粒与骨料表面紧密相连，使许多微小的沥青颗粒相互聚结，形成牢固的沥青膜，同时乳液中的水分被骨料吸收或蒸发使沥青恢复原有性能。影响乳液破乳速度主要原因有：

1）乳化剂的种类和数量，乳化剂本身分为快裂，中裂，慢裂三种类型，选用不同类型的乳化剂分解破乳速度不同，另外随着乳化剂用量增加破乳速度减慢。

2）骨料的孔隙率，粗糙度与干湿程度等因素直接影响乳液水分吸收快慢。多孔隙，表面粗糙、表面含水分小的骨料，乳液中水分很快被骨料所吸收，会加快乳液的破乳速度与此相反则减缓破乳速度。

3）施工时气候条件是影响破乳速度重要因素，气温高、湿度小、风速大将加速破乳速度，反之则减慢破乳速度。

4）机械冲击和压力作用也加速乳液破乳速度。

5）骨料颗粒级配越细、表面积越大乳液的破乳速度越快，骨料的化学成分容易与阳离子乳液起化学反应则加速破乳。

（5）乳化沥青各项指标检验目的意义

1）沥青微粒离子电荷试验

通过此项试验鉴定是阳离子乳液，还是阴离子乳液。方法是在乳液中放入正负两块电极板，通入直流电，然后观察在那个电极板上吸附沥青微粒，从而确定阳离子还是阴离子乳化沥青。

2）筛上剩余量试验

通过此项试验检验沥青乳化质量，如果乳化沥青中含有乳化不完全的粗颗粒及结块，就会使乳液产生结皮或沉淀，影响乳液中的沥青含量，容易造成喷洒设备堵塞和与集料拌合不均匀等情况影响施工质量。

此项试验方法是把静置存放一定时间完全冷却的乳液，通过1.2mm 筛孔的筛子，求出筛上残留物占乳液重量的百分比。

3）蒸发残留物含量试验

此项试验是检验乳液中实际沥青含量，沥青含量高会使乳液黏度增加，储存稳定性不好，含量低会使乳液黏度变小，施工时容易流失。

试验方法是将一定量的乳液经过加热脱去水分后，求出蒸发后残留物占乳液的百分比。

4）乳液黏度试验

不同的路面结构，施工方法和施工季节对乳液都有不同的黏度要求，测定乳液黏度的方法目前我国普遍采用的是道路标准黏度计，确定测定温度为 25℃，流出孔直径为 3mm 流出 50ml 所需时间秒数为乳液黏度。

5）粘附性试验

本试验是针对阳离子沥青乳液与湿润的骨料表面具有粘附性特点而制定，试验是在室温与水温控制在 25℃左右，湿度在 45%～50%，周围无风的环境下进行。

做法是将干净的骨料在水中浸泡 1min，然后放入乳液中浸泡 1min，取出于空气中存放 20min，再在水中摇摆 3min，然后观察乳液与骨料表面粘附情况。

6）拌合试验

本试验是检验乳液与骨料拌合时的均匀性及乳液与骨料拌合时的分解破乳速度以确定乳液的破乳类型，同时也用于检验拌合施工的适用性。

试验方法是在室温 25℃左右、湿度 45%～50% 的环境下，按规定的级配取一定数量的骨料与规定数量的乳液拌合，按以下标准评定破乳速度，见表 9-5。

**乳液拌合性能评定**　　　　　　　　　　　表 9-5

| 乳液与骨料拌合后状态 | 乳液类型 |
| --- | --- |
| 混合料呈松散状态，沥青裹附不均匀，有的颗粒没有粘附沥青，有些粒料聚结成块 | 快裂 |
| 混合料呈松散状态，粒料上沥青裹附均匀，拌合时乳液已经破乳 | 中裂 |
| 乳液分布均匀，拌完的混合料呈糊状物，乳液未完全破乳 | 慢裂 |

试验方法中规定有粗级配拌合试验和密级配拌合试验两种级配，是针对施工所使用不同骨料而进行的试验，如通过试验能达到要求说明用此种乳液适用此项工程。如拌合效果不佳，需要采取更换乳化剂，调整骨料级配，增加骨料含水量，加快拌合速度等措施。

7）储存稳定性试验

将试样存放在室温，密闭静置 5 天以后观察乳液是否产生絮凝、沉淀、水和沥青分离，求出上层与下层乳液沥青含量百分差值表示乳液的稳定性。乳液稳定性，主要受沥青和乳化剂性能，含量以及乳化设备和生产工艺等因素影响。

8）水泥拌合试验

用沥青乳液加固稳定砂石土底基层时为了检验拌合均匀性，用普通硅酸盐水泥和乳液做水泥拌合试验。

此试验是在室温 20～25℃、湿度 45%～50% 环境下把经过按一定比例拌合的乳液和水泥的混合物，放入孔径 1.2mm 筛面上用蒸馏水反复冲洗，直到滤出洗液清洁，用筛上残留物占水泥和沥青总重量的百分比表示。

9）低温储存稳定性试验

检验乳液在低温发生冻融时质量是否发生变化。

试验方法是把乳液加温到 25℃，然后放在 -5℃ 环境下30min，经过两次冻融，然后通过筛孔 1.2mm 的筛，如果筛网上没有沥青块残留物，即冻融稳定性合格。

10）蒸发残留物试验

此项试验检验乳化后的沥青与原沥青性能变化。一般在改变乳化剂，稳定剂或其他外加剂时进行此项试验。

试验方法是把沥青乳液加热脱水，按沥青试验方法对蒸发残留物进行针入度，软化点，延伸度及溶解度试验。

（6）道路用乳化石油沥青技术要求，见表 9-6。

路用乳化石油沥青技术要求 表 9-6

| 种类\项目 | | PC-1 | PC-2 | PC-3 | BC-1 | BC-2 | BC-3 |
|---|---|---|---|---|---|---|---|
| | | PA-1 | PA-2 | PA-3 | BA-1 | BA-2 | BA-3 |
| 筛上剩余量不大于（%） | | 0.3 | | | | | |
| 破乳速度试验 | | 快裂 | 慢裂 | 快裂 | 中或慢裂 | | 慢裂 |
| 黏度 | 沥青标准黏度计 C25,3(S) | 12～45 | 8～20 | | 12～100 | | 40～100 |
| | 恩格拉度 E25 | 3～15 | 1～6 | | 3～40 | | 15～40 |

| 种类 \ 项目 | PC-1 PA-1 | PC-2 PA-2 | PC-3 PA-3 | BC-1 BA-1 | BC-2 BA-2 | BC-3 BA-3 |
|---|---|---|---|---|---|---|
| 蒸发残留物含量不小于（%） | 60 | 50 | | 55 | | 60 |
| 蒸发残留物性质 针入度（100g,25℃,5s）0.1mm | 80~200 | 80~300 | 60~160 | 60~200 | 60~300 | 80~200 |
| 蒸发残留物性质 残留延度比（25℃）不小于(%) | 80 | | | | | |
| 蒸发残留物性质 溶解度（三氯乙烯）不小于(%) | 97.5 | | | | | |
| 贮存稳定性 5d 不大于(%) | 5 | | | | | |
| 贮存稳定性 1d 不大于(%) | 1 | | | | | |
| 与矿料粘附性，裹覆面积不小于 | 2/3 | | | | | |
| 粗粒式集料拌合试验 | — | | | 均匀 | | — |
| 细粒式集料拌合试验 | — | | | | 均匀 | |
| 水泥拌合试验,1.18mm 筛上剩余量不小于(%) | — | | | | | 5 |
| 低温贮存稳定度（-5℃） | 无粗颗粒或结块 | | | | | |
| 用途 | 表面处治及贯入式洒布用 | 透层油用 | 粘层油用 | 拌制粗粒式沥青混合料 | 拌制中粒式及细粒式沥青混合料 | 拌制砂粒式沥青混合料及稀浆封层 |

（7）乳化沥青简要生产工艺

乳化沥青的生产工艺和生产设备对乳液的质量、产量和成本有重要作用，乳化工艺包括生产流程、配方、温度控制、油水比例控制、确定工艺时应特别重视以下几个方面问题：

1）乳化剂各种添加剂的用量比例对乳液的性能质量起决定作用，用量少了乳化效果不好，乳液中沥青微粒粗不均匀，储存稳定性差，用量多使乳液成本增加。

2）沥青和乳化剂水溶液温度控制是工艺中重要环节，温度低了流动性不好乳液颗粒粗，温度高了不仅消耗能源大，而且有时会使水汽化，产生大量气泡，降低乳液的质量和产量，特别是使用胶体磨生产乳液时，更应严格控制温度，通常生产出的乳液温度控制在 75~85℃的范围内。

3）沥青加热温度根据沥青种类和标号确定生产时要求沥青加热到能够有良好的流动性，通常温度控制在 120~140℃。

4）工艺过程的各阶段对水温控制是不同的，溶解乳化剂时水温要求高一些以加快溶解，温度控制在 70~85℃，进入乳化剂时，乳化剂水溶液温度控制在 50~70℃，实际生产时先在乳化剂配制槽内加入 1/2~1/3 的水，温度控制到 75~85℃此时加入乳化剂和添加剂，待全部溶解后再补足所需的全部水，并通过加热器控制调节水温达到要求。

**4．改性沥青**

改性沥青是指在沥青中掺加橡胶，树脂，高分子聚合物，磨细的橡胶粉或其他填料等改性剂，或采取对沥青轻度氧化等措施，使沥青或沥青混合料的性能得到改善这类沥青成为改性沥青，所掺加的外加物称改性剂。

（1）改性沥青分类

关于改性沥青的分类目前还没有统一的分类标准，从广义上划分根据不同的使用要求和加工工艺，可按如下分类方法：

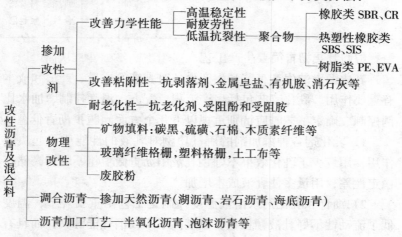

从狭义来说目前所说的道路改性沥青是指聚合物改性沥青，一般分为三类：

1）热塑性橡胶类：即热塑性弹性体，主要是指苯乙烯嵌段共聚物如苯乙烯–丁二烯–苯乙烯（SBS）、苯乙烯–异戊二烯–苯乙烯（SIS），它既具有橡胶性质又具有树脂性质和结构，由于这类改性剂具有良好的弹性是目前道路上普遍使用的改性剂品种。

2）橡胶类：橡胶的种类非常多，目前常用最多的是丁苯橡胶（SBR）尤其以它的胶乳形式使用越来越广泛。氯丁橡胶（CR）具有极性，经常用于煤沥青的改性剂。

3）树脂类：分为热塑性和热固性树脂两类，热塑性树脂主要有乙烯–醋酸乙烯酯（FVA）、聚乙烯（PE）、无规聚丙烯（APP）、聚氯乙烯（PVC）、聚苯乙烯（PS）、聚酰胺等等，热固性树脂也可做改性剂使用如环氧树脂（EP）等。经常用于道路沥青改性的有 PE 和 EVA，由于 EVA 中醋酸乙烯含量和熔融指数 MI 不同，分为很多牌号，使用不同牌号的 EVA 作出的改性沥青性能有很大的变化。

(2) 改性沥青主要改善沥青哪些性能

根据沥青的不同使用要求，沥青中加入不同性质的改性剂可以改善沥青以下几个方面的性质。

1）提高沥青的高温热稳定性：提高沥青的软化点，降低沥青高温时易流淌的倾向，降低沥青对温度的敏感性，从而可以防止沥青路面高温时拥包、车辙、流淌等现象。

2）提高沥青的低温抗裂能力：改性后的沥青可以增加沥青的低温延度，改善沥青的低温柔韧性，增加韧度减少沥青低温收缩，从而可以减少或防止路面低温开裂。

3）提高沥青路面的耐久性：沥青经过改性后可以提高对骨料的粘附性，改善耐磨耗性能，提高沥青耐老化性能，因此可以延长路面使用寿命。

4）提高沥青路面强度：沥青中掺加改性剂后可以提高沥青

混合料抗压及抗拉强度及弹性，提高耐断裂的性能，因此可以减少由于路面强度不足造成的损坏。

应该注意：在使用沥青改性剂材料时，由于材料的来源技术性能及所用基础沥青性质等差别，不是所有改性剂都适用的。在使用前应选择改性剂类型掺加工艺及不同掺加比例，进行改性效果试验，然后确定改性方案。

（3）改性沥青技术要求

我国改性沥青技术要求，是根据近几年施工实践并参考国外相关标准制订的。各国改性沥青标准都有一个共同特点，首先根据所用聚合物不同类型进行分类，然后每一种类型的聚合物改性沥青又分成几个等级，分别适用于不同的气候条件。我国目前使用的聚合物改性剂主要是 SBS、SBR、EVA 及 PE 三类，其他未列入的改性剂可以根据其性质，参照相应类别执行。我国《公路改性沥青路面施工技术规范》（JTJ 036—98）规定的聚合物改性沥青技术要求，见表 9-7。

（4）改性沥青的生产制造

除了有少数品种改性剂可以采用直接投入法加工生产改性沥青外，大部分改性剂与沥青相容不好，必须采取特殊加工方法，才能生产出好的改性沥青，归纳起来改性沥青加工可分为直接投入法和预混法两大类，见图 9-1。

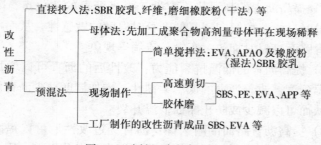

图 9-1　改性沥青的加工方法

1）直接投入法：是把改性剂直接投入沥青混合料拌合锅与

**聚合物改性沥青技术要求**

表 9-7

| 指标 | SBS（I 类） | | | | SBR（II 类） | | | EVA, PE（III 类） | | | |
|---|---|---|---|---|---|---|---|---|---|---|---|
| | I-A | I-B | I-C | I-D | II-A | II-B | II-C | III-A | III-B | III-C | III-D |
| 针入度 25℃100g5s（0.1mm）最小 | 100 | 80 | 60 | 40 | 100 | 80 | 60 | 80 | 60 | 40 | 30 |
| 针入度指数 PI 最小 | -0.1 | -0.6 | -0.2 | +0.2 | -0.1 | -0.8 | -0.6 | -0.1 | -0.8 | -0.6 | -0.4 |
| 延度 5℃5cm/min（cm）最小 | 50 | 40 | 30 | 20 | 60 | 50 | 40 | | | | |
| 软化点（℃）最小 | 45 | 50 | 55 | 60 | 45 | 48 | 50 | 48 | 52 | 56 | 60 |
| 运动黏度 135℃（Pa·s）最大 | | | | | | 3 | | | | | |
| 闪点（℃）最小 | | | | | | 230 | | | | | |
| 溶解度（%）最大 | | | 99 | | | | | | | | |
| 离析，软化点差℃最大 | | 2.5℃ | | | | — | | | 无改性剂明显析出，凝聚 | | |
| 弹性恢复 25℃（%）最小 | 55 | 60 | 65 | 70 | | 5 | | | — | | |
| 黏韧性（N·m）最小 | | | — | | | | | | | | |
| 韧性（N·m）最少 | | | | | | 2.5 | | | | | |
| RTFOT 后残留物 | | | | | | | | | | | |
| 质量损失（%）最大 | | | | | | 1.0 | | | | | |
| 针入度比 25℃（%）最小 | 50 | 55 | 60 | 65 | 50 | 55 | 60 | 50 | 55 | 58 | 60 |
| 延度 5℃（cm）最小 | 30 | 25 | 20 | 15 | 30 | 20 | 10 | | | | |

矿料和沥青拌制成改性沥青混合料的工艺，由于没有预先与沥青共混，没有经历制作改性沥青的阶段，目前直接投入法主要是丁苯胶乳，和加纤维类的沥青混合料。SBR 胶乳采用直接投入法施工时，是把胶乳倒入一个罐里，用压缩空气定量压入搅拌锅内，技术关键是计量，胶乳在输送过程中有时会发生少量破乳，使管线堵塞，这往往影响计量准确。纤维一般采用风送直接投入搅拌锅。

2）母体法：先采用一种适当的方法制备成高剂量的聚合物改性沥青母体；现场使用时把改性沥青母体与基质沥青掺兑成要求剂量的改性沥青，改性沥青母体可以采用溶剂法和混炼法制备。混炼法对于与沥青相容性不好的 SBS、PE、SBR 等聚合物改性剂可以采用高速剪切或胶体磨等工艺制成高浓度的改性沥青母体，如果母体中不掺加稳定剂，改性沥青母体在冷却、运输、存放加热与沥青稀释掺配加工过程中，改性剂必然会产生离析，在二次掺配时还必须进行强力搅拌使改性剂分散均匀，溶剂法目前主要用于 SBR，把固体的 SBR 切成薄片，用溶剂使 SBR 溶胀变成微粒成为液态与热沥青共混，然后再回收溶剂，制成高浓度 SBR 母体一般 SBR 含量 20%，母体中剩余溶剂含量 5% 以下。在工程上使用时按要求掺兑比例投入热沥青中，采用搅拌机或循环泵搅拌，溶剂法能使改性剂颗粒很细并且分布很均匀，缺点是熔剂损失大制作成本高，另外母体沥青与工程上所使用的沥青也存在配伍性问题。

3）机械搅拌法：一些改性剂如 EVA 中 VA 含量大 MI 较高的 EVA 产品，APAO 等改性剂可直接在 165℃ 的情况下通过搅拌法达到互混相溶。

4）胶体磨法和高速剪切法：利用胶体磨或高速剪切设备生产 SBS、PE 等改性沥青是目前国际上最先进的方法，除了把炼厂生产的改性沥青运到现场使用外，也可把改性沥青设备安装到使用现场，边生产边使用，这样可不需要掺加稳定剂可降低成本，但改性剂在沥青中分散后为了防止重新聚集必须边搅拌边使用。

使用胶体磨或高速剪切法加工改性沥青，一般都需要经过改性剂融胀、分散磨细、继续发育三个阶段，每一个阶段的工艺流程和时间随改性剂及加工设备的不同而不同。加工温度是个关键，只有改性剂经过融胀阶段，磨细分散才能做到又快又好，加工磨细后的改性沥青还需要在储存罐中不停的搅拌继续发育，SBS 一般需 30min 以上经过胶体磨研细的改性剂颗粒可达到小于 0.01mm 以下颗粒占 50%，小于 0.015mm 的颗粒占 95%。值得提出的是对不同改性剂和基质沥青，不能是一成不变的模式，每更换一种原料都必须进行试调，确定合理的融胀-分散-存放-发育的工艺流程，尤其分散（研磨）过程，胶体磨的间隙、温度、遍数、转速这些参数都影响改性沥青的产量和质量，而且应该注意研磨和剪切时间并不是越长越好，要经过试验确定。

## （二）矿　　料

生产沥青混合料的矿料包括粗集料、细集料和填料。粗集料是指粒径在 2.36mm 以上的碎石，细集料是指粒径在 2.36mm 以下的砂粒，填料是指粒径在 0.075mm 以下的粉粒（俗称矿粉）。

**1. 粗集料**

粗集料在沥青混合料中起着骨架作用，通过粗集料颗粒间相互的嵌挤锁结和内摩擦阻力提供稳定性抵抗位移。用于沥青混合料的粗集料包括碎石，破碎砾石，筛选砾石，矿渣等。

（1）沥青面层粗集料规格，见表 9-8。

（2）集料的技术性质

粗集料应洁净，干燥，无风化，无杂质并具有足够的强度和耐磨耗，耐冲击性能和粗糙表面近似立方体的颗粒形状，具体技术性质包括以下几个方面：

1）压碎值

集料的压碎值是衡量石料力学性质的指标，它表征集料在混

表 9-8

沥青面层用粗集料规格

| 规格 | 公称粒径 (mm) | 通过下列筛孔（方孔筛，mm）的质量百分率（%） | | | | | | | | | | | | |
|---|---|---|---|---|---|---|---|---|---|---|---|---|---|---|
| | | 106 | 75 | 63 | 53 | 37.5 | 31.5 | 26.5 | 19 | 13.2 | 9.5 | 4.75 | 2.36 | 0.6 |
| S1 | 40~75 | 100 | 90~100 | — | — | 0~15 | — | 0~5 | | | | | | |
| S2 | 40~60 | | 100 | 90~100 | — | 0~15 | — | 0~5 | | | | | | |
| S3 | 30~60 | | 100 | 90~100 | — | — | 0~15 | — | 0~5 | | | | | |
| S4 | 25~50 | | | 100 | 90~100 | — | — | 0~15 | — | 0~5 | | | | |
| S5 | 20~40 | | | | 100 | 90~100 | — | — | 0~15 | — | 0~5 | | | |
| S6 | 15~30 | | | | | 100 | 90~100 | — | — | 0~15 | — | 0~5 | | |
| S7 | 10~30 | | | | | 100 | 90~100 | — | — | — | 0~15 | 0~5 | | |
| S8 | 15~25 | | | | | | 100 | 95~100 | — | 0~15 | — | 0~5 | | |
| S9 | 10~20 | | | | | | | 100 | 95~100 | — | 0~15 | 0~5 | | |
| S10 | 10~15 | | | | | | | | 100 | 95~100 | 0~15 | 0~5 | | |
| S11 | 5~15 | | | | | | | | 100 | 95~100 | 40~70 | 0~15 | 0~5 | |
| S12 | 5~10 | | | | | | | | | 100 | 95~100 | 0~10 | 0~5 | |
| S13 | 3~10 | | | | | | | | | 100 | 95~100 | 40~70 | 0~10 | 0~5 |
| S14 | 3~5 | | | | | | | | | | 100 | 95~100 | 0~25 | 0~5 |

合料碾压过程中以及开放交通后抵抗压碎的能力。实践表明，集料压碎值大于25％的碎石在沥青混合料施工碾压过程中常出现较多颗粒被压碎现象，将会明显降低沥青路面的使用寿命。

2）洛杉矶磨耗值

洛杉矶磨耗值是衡量粗集料抵抗摩擦、撞击能力的指标在标准测定条件下以磨耗损失（％）表示。高等级路面要求粗集料磨耗值不大于30％。

3）视密度和毛体积密度

测定视密度和毛体积密度是衡量集料质量的一项重要内容也是配合比和材料用量计算的重要依据。试验方法：原状石料在空气中称其质量 $m_a$ 后，在将石料饱水后称其空气中质量为 $w_f$，在水中称量其质量 $m_w$ 按排水法计算其体积，此法是假定饱水后，水充满试件全部与外界连通的开口孔隙，所测得的矿质实体体积是包括闭口孔隙在内的体积，称表观体积，按表观体积计算的密度，在工程上称"表观密度"亦称视密度 $r_a$，试样体积中如果包括了与外界连通孔隙的体积称毛体积，所测的密度称毛体积密度 $r_b$ 计算式为

$$r_a = \frac{m_a}{m_a - m_w}$$

$$r_b = \frac{m_a}{m_f - m_w}$$

式中　$r_a$、$r_b$——分别为视密度和毛体积密度；

$m_a$、$m_f$、$m_w$——分别为集料的烘干质量、表干质量和水中质量（g）。

4）吸水率

石料吸水率是石料在温度 $20 \pm 5℃$ 和标准气压条件下石料饱和面干吸收水的质量占试样干燥质量的百分率。集料的吸水率是衡量集料孔隙率和质量的一个指标。生产沥青混凝土使用的集料要求密实和低孔隙率。使用吸水率过大的集料，混合料空隙率的控制就困难。在同样沥青用量的情况下孔隙率大的集料能吸收较

多的沥青，可使沥青混合料矿料油膜减薄降低粘聚力。为了补偿被集料孔隙吸收的沥青，需要较多的沥青。使用吸水率较大集料生产沥青混凝土时在矿料加热过程中难于使其所吸收的水分完全除去，残留的水分更容易使混合料产生沥青剥落现象。因此，高等级路面要求粗集料吸水率不大于 2%。

5) 与沥青的粘附性

众所周知，沥青与碱性石料有良好的粘附性，与酸性石料的粘附性较差，遇水后沥青容易剥落，使用寿命将会受到严重影响。因此，矿料与沥青的粘附性是选择矿料一个重要指标。目前，用矿料中 $SiO_2$ 的含量来划分碱性石料和酸性石料。$SiO_2$ 含量高于 65% 的矿料为酸性石料，石英岩、花岗岩等为酸性石料；$SiO_2$ 含量少于 52% 的矿料为碱性石料，石灰岩是最好的碱性石料；$SiO_2$ 含量介于 52%~65% 之间的属于中性石料，安山岩、辉绿岩等为中性石料；玄武岩处于碱性石料和中性石料之间。

研究表明沥青与矿料的粘附性不仅与矿料类型或酸碱性有关，而且与沥青的品种有关。当采用石油沥青时：石灰岩、安山岩、玄武岩等碱性石料或中性石料与沥青粘附性试验，用水煮法沥青剥落面积在 5%~35% 之间，粘附性等级属于 5~3 级；石英岩、花岗岩、片麻岩等酸性石料与沥青粘附性试验，剥落面积介于 20%~85% 之间，粘附性等级为 3~1 级。当必须采用酸性石料生产沥青混合料时，通常采取拌合混合料时用 2% 消石灰粉、或生石灰粉、或水泥代替等量的矿粉。或事先在沥青中掺加 0.3%~0.4% 的抗剥落剂等措施，使碎石与沥青的粘附性达到要求。

实践表明，提高沥青与酸性石料的粘附性用消石灰粉、生石灰粉或水泥代替部分矿粉措施效果较好，价格便宜，性能稳定，当采用沥青中掺加抗剥落剂的方法时由于有的抗剥落剂耐热性能差，所以要对掺加抗剥落剂的沥青进行薄膜烘箱老化试验后的沥青再做与石料的粘附性试验证明效果可靠方可使用。

6) 坚固性

坚固性是检验碎石或砾石经过饱和硫酸钠溶液多次浸泡与烘干循环承受硫酸钠结晶的膨胀而不发生显著破坏或强度降低的性能，实际上是测定石料经过水浸后耐冻融循环的性能硫酸钠坚固性试验，该方法是将石料放入饱和的硫酸钠水溶液中，使石料的空隙吸满硫酸钠溶液，然后置于 105～110℃烘箱中烘干，由于硫酸钠水分蒸发后结晶体积胀大，产生如水冻结相似的作用，使石料孔隙周围受到张应力。产生脱落掉渣然后再置于常温硫酸钠溶液中溶解，如此即为一个循环坚固性试验结果是以石料经受硫酸钠浸泡后质量损失百分率表示。

7）细长扁平颗粒含量

测定粗集料中细长扁平颗粒含量，目的是评价集料的形状和抗压碎的能力，评定集料在工程上的适用性。

8）石料磨光值

石料磨光值是利用加速磨光机磨光石料并以摆式摩擦系数测定仪测得磨光后石料的摩擦系数值，磨光值越大表示石料耐磨性能好用该石料铺筑面层可达到提高路面摩擦系数的目的。因此对路面表面层用的石料提出该项要求，对于用作中面层和低面层的石料不作此项要求。石料磨光是路表面功能衰减的主要原因，它主要取决于粗集料的品种。用石灰岩集料修建的路面其摩擦系数在通车半年到一年便可能下降很多，而是用磨光值大的石料其路面摩擦系数可以维持很长时间。高等级路面要求石料磨光值不小于 42。

9）石料冲击值

石料冲击值试验是测定路面石料抗冲击的性能；以冲击试验后小于 2.36mm 部分的质量百分率表示。

10）表面纹理

石料颗粒的表面纹理不仅决定沥青混合料的工作度及最终的强度，而且还决定路面的表面抗滑性能，具有粗糙的表面纹理可以阻止颗粒之间互相滑动，增加面层的强度，粗糙的表面比光滑的表面与沥青的粘附性好。

（3）粗集料质量技术要求

粗集料其质量应符合《沥青路面施工及验收规范》（GB 50092—96）对粗集料的质量要求，见表9-9。

沥青面层用粗集料质量要求    表9-9

| 指　　标 | 高速公路、一级公路、城市快速路，主干道 | 其他等级公路与城市道路 |
|---|---|---|
| 石料压碎值不大于（%） | 28 | 30 |
| 洛杉矶磨耗损失不大于（%） | 30 | 40 |
| 视密度不小于（t/m³） | 2.50 | 2.45 |
| 吸水率不大于（%） | 2.0 | 3.0 |
| 对沥青的粘附性不小于 | 4级 | 3级 |
| 坚固性不大于（%） | 12 | — |
| 细长扁平颗粒含量不大于（%） | 15 | 20 |
| 水洗法＜0.075mm颗粒含量不大于（%） | 1 | 1 |
| 软石含量不大于（%） | 5 | 5 |
| 石料磨光值不小于（BPN） | 42 | 实测 |
| 石料冲击值不大于（%） | 28 | 实测 |
| 破碎砾石的破碎面积不小于（%） | | |
| 拌合沥青混合料路面表面层 | 90 | 40 |
| 中下面层 | 50 | 40 |
| 贯入式路面 | — | 40 |

## 2. 细集料

沥青混合料中的细集料主要作用是填充粗集料间的孔隙，增加集料相互之间的摩擦阻力和增加与沥青结合料接触面积。从而增加混合料的粘结强度和稳定性。细集料的粗糙度对混合料的稳定度有重要作用。试验表明，混合料的稳定度随着细集料的粗糙度增加而增加。沥青混合料中的细集料应符合以下技术性能。

（1）细集料可采用天然砂其规格级配范围，见表9-10；机制砂和细石屑其规格级配范围，见表9-11；其进厂材料的规格级配还应满足配制沥青混合料总体级配的要求。

沥青面层用天然砂规格　　　　　　表 9-10

| 方孔筛<br>（mm） | 圆孔筛<br>（mm） | 通过各筛孔的质量百分率（%） | | |
|---|---|---|---|---|
| | | 粗砂 | 中砂 | 细砂 |
| 9.5 | 10 | 100 | 100 | 100 |
| 4.75 | 5 | 90～100 | 90～100 | 90～100 |
| 2.36 | 2.5 | 65～95 | 75～100 | 85～100 |
| 1.18 | 1.2 | 35～65 | 50～90 | 75～100 |
| 0.6 | | 15～29 | 30～59 | 60～84 |
| 0.3 | | 5～20 | 8～30 | 15～45 |
| 0.15 | | 0～10 | 0～10 | 0～10 |
| 0.075 | | 0～5 | 0～5 | 0～5 |
| 细度模数 $M_X$ | | 3.7～3.1 | 3.0～2.3 | 2.2～1.6 |

沥青面层用石屑规格　　　　　　表 9-11

| 规格 | 公称粒径<br>（mm） | 通过下列筛孔的质量百分比（%） | | | | |
|---|---|---|---|---|---|---|
| | | 方孔筛（mm）<br>圆孔筛（mm） | 9.5 | 4.75 | 2.36 | 0.6 | 0.075 |
| S15 | 0～5 | | 100 | 85～100 | 40～70 | — | 0～15 |
| S16 | 0～3 | | | 100 | 85～100 | 20～50 | 0～15 |

（2）细集料应洁净，无风化，无杂质并且视密度，坚固性，砂当量等技术指标均应满足《沥青路面施工及验收规范》（GB 50092—96）对细集料的质量要求，见表 9-12。

沥青面层用细集料质量要求　　　　　　表 9-12

| 指　　　标 | 高速公路、一级公路、<br>城市快速路、主干道 | 其他等级公路<br>与城市道路 |
|---|---|---|
| 视密度不小于（t/m³） | 2.50 | 2.45 |
| 坚固性（>0.3mm 部分）不大于（%） | 12 | — |
| 砂当量不小于（%） | 60 | 50 |

（3）细集料应与沥青有良好的粘结性能，与沥青粘结性能很差的天然砂及用花岗岩，石英岩等酸性石料破碎的机制砂，细石屑不适宜用于高等级沥青面层，当需要使用时应采取抗剥离措施。

**3. 填料**

填料在沥青混合料中的作用非常重要，混合料中的沥青吸附在矿粉表面形成薄膜，然后对粗细集料产生粘结使混合料增加强度，填料对混合料空隙率及流变性有很大影响，对填料的技术质量要求是：

（1）沥青混合料的填料应使用碱性石料，如石灰石、白云石磨细的粉料，粉磨前原料中的泥土杂质应除净。

（2）矿粉要求干燥、洁净、无团粒结块其质量标准应符合《沥青路面施工及验收规范》（GB 50092—96）对填料的质量要求，见表9-13。

沥青面层用矿粉质量要求　　　　　　　　表 9-13

| 指　　标 | 高速公路、一级公路、城市快速路、主干道 | 其他等级公路与城市道路 |
|---|---|---|
| 视密度不小于（t/m³） | 2.50 | 2.45 |
| 含水量不大于（%） | 1 | 1 |
| 粒度范围 < 0.6mm（%） | 100 | 100 |
| < 0.15mm（%） | 90～100 | 90～100 |
| < 0.075mm（%） | 75～100 | 70～100 |
| 外　　观 | 无团粒结块 | |
| 亲水系数 | < 1 | |

（3）为了提高沥青混合料水稳定性，可采用消石灰粉，或水泥代替部分矿粉作填料，其用量不宜超过矿粉总用量的2%。

（4）磨细的高钙粉煤灰可代替部分矿粉填料，但其烧失量应小于12%，塑性指数应小于4%，并经试验确认与沥青有良好的粘附性，沥青混合料水稳定性能满足要求，符合矿粉的质量要求，其用量不宜超过填料总用量的 50%，且沥青混凝土主干路的面层不宜采用。

（5）搅拌设备采用烘干法除尘，回收的粉尘可作为矿粉的一部分使用，掺有粉尘填料的塑性指数不得大于 4%，质量要求应与矿粉相同，回收粉尘的用量不得超过填料总量的 50%。

## 思 考 题

1. 沥青材料品种有哪些？它们的路用性质及技术要求是什么？

2. 乳化剂分为几类？乳化沥青各项指标检验目的、意义？阳离子乳化沥青技术要求是什么？

3. 聚合物改性沥青分为哪几类？每类改性沥青主要性能如何？

4. 粗级料、细级料和矿粉主要技术性质及技术要求是什么？

5. 原材料质量优劣对沥青混合料质量的影响？

# 十、沥青混合料

## (一) 基 础 知 识

### 1. 沥青混合料分类

沥青混合料是由矿料与沥青结合料拌合而制成的符合技术标准要求的各种型号沥青混合料的总称。按照加工和施工工艺、材料粒径、级配组成、压实后的密实度及技术特性和用途的不同可组成多种类型混合料。

(1) 按混合料拌合与摊铺温度分类

1) 热拌热铺沥青混合料

沥青与矿料在热态下拌合,热态下铺筑施工成型的混合料,是目前广泛使用的品种。

2) 常温沥青混合料

采用乳化沥青,稀释回配沥青与集料在常温状态下拌合,摊铺压实的混合料,这种混合料只适用于低交通量和小规模路面维修,目前很少使用。

3) 热拌冷铺沥青混合料

用黏度较低的沥青与集料在热态下拌合成混合料,在常温下储存,使用时在常温下摊铺压实,这种混合料可作为沥青路面维修材料。

(2) 按集料的最大粒径分类

我国习惯将热拌沥青混合料按使用集料的最大粒径将混合料分成砂粒式、细粒式、中粒式、粗粒式,特粗式沥青混合料,它们的最大粒径(方孔筛)分别为 4.75,9.5 或 13.2,16 或 19,

26.5 或 31.5，37.5mm。具体划分种类，见表 10-1。

**热拌沥青混合料种类**　　　　　　　表 10-1

| 混合料类别 | 方孔筛系列 | | | 对应的圆孔筛系列 | | |
|---|---|---|---|---|---|---|
| | 沥青混凝土 | 沥青碎石 | 最大集料粒径（mm） | 沥青混凝土 | 沥青碎石 | 最大集料粒径（mm） |
| 特粗式 | — | AM-40 | 37.5 | — | LS-50 | 50 |
| 粗粒式 | AC-30 | AM-30 | 31.5 | LH-40 或 LH-35 | LS-40 或 LS-35 | 40 35 |
| | AC-25 | AM-25 | 26.5 | LH-30 | LS-30 | 30 |
| 中粒式 | AC-20 | AM-20 | 19.0 | LH-25 | LS-25 | 25 |
| | AC-16 | AM-16 | 16.0 | LH-20 | LS-20 | 20 |
| 细粒式 | AC-13 | AM-13 | 13.2 | LH-15 | LS-15 | 15 |
| | AC-10 | AM-10 | 9.5 | LH-10 | LS-10 | 10 |
| 砂粒式 | AC-5 | AM-5 | 4.75 | LH-5 | LS-5 | 5 |
| 抗滑表层 | AK-13 | — | 13.2 | LK-15 | — | 15 |
| | AK-16 | — | 16.0 | LK-20 | — | 20 |

（3）按压实后混合料的密实度分类

采用连续颗粒级配，相互嵌挤密实的矿料，与沥青结合料拌合而成，压实后剩余空隙率小于 10%，称密级配沥青混合料；其中剩余空隙率 3%～6% 的，称为 ACI 型密实式沥青混合料；剩余空隙率 4%～10%，称为 ACII 型密实式沥青混合料；压实后剩余空隙率为 10%～15% 的混合料属于半开式沥青混合料，也可称为沥青碎石混合料，以 AM 表示。当矿料级配主要由粗集料组成，细集料很少，压实后空隙率大于 15% 为开式沥青混合料，又称多孔性沥青混合料。无论密实式或开式混合料都有粗、中、细粒式之分。

（4）按使用沥青结合料或用途不同分类

可分为防滑式、排水性、浇铸式、高强、改性沥青，彩色沥青，再生沥青等各种沥青混合料。

## 2. 沥青混合料组成结构及影响强度因素

(1) 沥青混合料组成结构

沥青混合料是由多种成分的材料组成的极其复杂的结构，它的结构特征取决于矿物骨架结构，沥青性质和沥青分布状况，矿物材料与沥青相互作用的特点及混合料密实度等因素。

矿物骨架结构是指矿料在混合料中分布情况，矿料骨架在沥青混合料中承受很大的内力，因此要求组成骨架的粗集料是坚固和密实的，沥青混合料强度在一定程度上取决于矿料间内摩阻力的大小，而内摩阻力又取决于矿料颗粒的大小和形状及表面特性。

沥青在沥青混合料结构中起着重要作用，沥青应在混合料中均匀分布，并完全包裹矿料颗粒，矿料颗粒表面上沥青膜的厚度及所吸附沥青的性质，及填充矿料间隙自由沥青的数量和性质，对混合料的结构产生影响，沥青在混合料中发挥作用的大小取决于沥青的性质，沥青与矿料的用量比例，以及沥青与矿料相互作用的特点。

归纳以上所述可以认为沥青混合料是由矿料骨架和沥青胶结物构成，它具有空间网络结构的多相分散体系。沥青混合料的力学强度，主要由矿料颗粒之间的内摩阻力和嵌挤力以及沥青胶结料本身及其与矿料之间粘结力所构成。

(2) 沥青混合料组成结构类型

按其强度形成原则不同，可分为按嵌挤原则和密级配原则构成两大类结构。

嵌挤原则构成的混合料其强度是以矿料颗粒间的嵌挤力和内摩擦力为主，沥青的粘结作用为辅而构成。这类混合料是以较粗的颗粒尺寸均匀的矿料构成骨架，沥青结合料把矿料粘结成一个整体，并填充其部分空隙，这类结构的混合料的强度受气温变化因素的影响较小。

密实级配原则构成的混合料其强度是以沥青与矿料之间的粘结力为主，矿料颗粒的嵌挤力和内摩擦阻力为辅构成，这类混合料的结构强度受温度的影响较大。

通常混合料按组成结构可分为以下三类：

1）密实悬浮结构　这种结构特点是采用连续性密级配的矿质混合料组成，其粗集料数量较少同一档较大颗粒都被较小一档的颗粒挤开，通常按最佳级配原理设计，由于粗骨料本身不能形成骨架，而悬浮在细集料和沥青与矿粉组成的胶浆之间，因此成为一种密实——悬浮结构，这种沥青混合料表现为密实度与强度较高，内摩擦角较小。受沥青材料性质和物理状态的影响较大，热稳定性较差。

2）骨架空隙结构　采用连续性开级配矿质混合料时，粗集料较多，粗集料彼此紧密相接形成骨架，细集料数量较少，不能充分填充空隙，混合料空隙率较大，这类混合料的强度受沥青性质和物理状态的影响较小，强度主要来自矿料的嵌挤锁结和内摩擦角，热稳定性较好。

3）骨架密实结构　采用连续或间断型密级配，粗集料数量较多，粗集料可以形成连续的空间骨架，同时细集料数量又能填满骨架的孔隙，这种混合料表现为密实度很大，同时具有较高的粘结力和内摩擦阻力，这类混合料目前被广泛使用。

（3）影响沥青混合料强度的因素

按照沥青混合料在路面上实际受力状态，要求沥青混合料在高温季节必须具有一定的抗剪强度和抵抗变形能力，而在低温季节具有一定的抗拉强度和能产生塑性变形能力。沥青混合料的强度主要来自沥青与矿料的物理、化学相互作用而产生的粘结力和矿质集料在沥青混合料中所产生的内摩阻力。影响沥青混合料强度大小的因素，分别说明如下：

1）沥青黏度对混合料强度的影响　沥青混凝土是各种矿质集料分散在沥青中的分散体系，它的强度与沥青的黏度有密切的关系，在其他因素固定的条件下，沥青混合料的粘结力是随着沥青的黏度的提高而增加的。同时混合料内摩阻力随着沥青黏度提高也稍有提高。

2）沥青与矿料的化学性质对混合料强度的影响　沥青与矿料相互作用不仅与沥青的化学性质有关，而且与矿料的性质有关。在不同性质的矿料表面形成不同组成结构和厚度的沥青吸附结构膜，在碱性石料表面形成较厚的结构膜，粘结力较强，而在酸性石料表面则形成较薄结构膜，粘结力较低。

如果矿料颗粒之间由结构沥青膜所联结，这样能促成沥青具有更高的黏度和更大的结构膜的接触面积，矿料颗粒之间可以获得更大的粘结力，如果颗粒之间接触处是由自由沥青所联结则粘结力较低。

3）矿料表面积对混合料强度的影响　由前面沥青与矿料相互作用的原理可知，结构沥青的形成主要是矿料与沥青的相互作用，而引起沥青组分在矿料表面的重新分布，所以在一定的沥青用量条件下，与沥青产生相互作用的矿料表面积愈大，形成的沥青膜愈薄，则沥青总量中结构沥青所占的比例就愈大，因而沥青混合料的粘结力也愈高。在工程上常以单位重量的集料所具有的总表面积来衡量表面积的大小，称比面积。1kg粗集料的表面积约为 $0.5 \sim 3m^2$，而矿粉的比面积则可达 $200m^2/kg$，沥青混合料中矿粉用量虽只占 3% ~ 8%，而其表面积占矿料总表面积 80%以上，所以矿粉的性质和用量对混合料的强度影响很大。在沥青混合料配料时必须掺加适量的矿粉，并且对矿粉细度有要求，小于 0.075mm 的颗粒重量通常大于 80% 以上，但小于 0.005mm 的部分也不宜过多，否则将吸附沥青过多，矿粉结成团块影响混合料质量。

4）沥青用量对混合料强度的影响　在矿料级配和品质不变的情况下，沥青用量是影响沥青混合料强度的重要因素。当沥青用量很少时，如上面强度理论所述，沥青在矿料表面形不成足够的结构薄膜来粘结矿料颗粒，随着沥青用量逐渐增加；结构沥青逐渐形成，使沥青与矿料间的粘附力随着沥青的增加逐渐增加；当沥青用量增加到形成结构薄膜最大时，沥青与矿料组成的胶浆具有最优的粘结力，此时的沥青用量成为最佳沥青用量。如果继续增加沥青则沥青膜加厚自由沥青增加，逐渐把矿料颗粒推开，沥青胶浆与矿料的粘结力反而逐渐降低。当沥青用量使混合料孔隙小于 2%～3% 时，沥青不仅起着粘结剂的作用，而且热季由于沥青膨胀还起着润滑剂的作用，降低了混合料的内摩擦力。

5）矿料的级配类型、粒度、形状，表面性质对沥青混合料强度的影响　沥青混合料中的不同的矿料级配组成，可以产生不同内摩擦角和粘结力。因此矿料级配类型是影响沥青混合料强度的因素。

另外，矿料的粒度大小、形状和表面粗糙度，在一定程度上决定着混合料压实后颗粒间的相互位置的特性和颗粒间接触面积大小，通常具有显著的面和棱角，近似立方体，具有明显细微的粗糙表面的矿料，在经过碾压后能相互嵌挤锁结而具有很大内摩擦阻力，这种矿料组成的混合料比圆形、表面平滑的颗粒具有较高的抗剪强度。试验证明，要获得具有较大内摩阻角的混合料应使用粒径较大、表面粗糙、有棱角的集料。

6）沥青混合料是一种粘弹性材料　它的强度和稳定性与温度和变形速率有密切关系，温度和变形速率对混合料内摩擦阻力影响较小，而对沥青胶浆的粘结力影响较显著，粘结力随着温度的升高或变形速率减慢显著降低，反之则显著增加。

### 3. 沥青混合料的路用性质

（1）高温热稳定性

1）沥青混凝土路面高温热稳定性不良的原因

沥青混凝土铺在路面上其强度和变形性能与温度变化有很大关系，夏季温度升高，由于沥青的黏度降低，矿料之间的粘结力随着减小，沥青混凝土强度降低，变形加大。其变形主要发生在十字路口、公共汽车停车站和行车速度改变的路段上，因为在这些地方路面承受很大的水平力（剪切力），可达 0.6～0.8MPa。当沥青混凝土路面抗剪强度不足时即会产生剪切变形，在重复载荷作用下便会产生变形的积累形成车辙、波浪、拥包，这种变形常在路面建成后的最初几年发生，要避免路面高温热稳定性不良，只有提高沥青混凝土夏季高温时的抗剪强度。

2）提高沥青混合料高温稳定性的措施

根据库仑公式沥青混凝土抗剪强度可用公式表示：

$$I = Ptg\varphi + c + \Sigma$$

式中　$I$——抗剪强度；

　　　$P$——剪切面上的垂直压力；

　　　$\varphi$——材料的内摩擦角；

　　　$\Sigma$——矿料颗粒的啮合力；

　　　$c$——沥青粘结力。

从上式可看出 $Ptg\varphi$ 是沥青混凝土矿料骨架结构所决定的抗剪强度，$c$ 是受沥青和矿粉所组成的胶结料性质所决定的抗剪强度。所以提高沥青混凝土抗剪强度可采取如下措施。

①使用热敏感性低的沥青，这种沥青在路面使用的温度范围内黏稠度和内聚力相对变化较小，这种沥青在相同针入度情况下具有较高的软化点。

②使用能够与沥青起化学吸附作用的石料，如石灰岩和碱性石料矿粉。

③降低沥青混凝土塑性，沥青混凝土塑性越大，抗剪强度越低，沥青混凝土的塑性取决于混凝土的种类和级配及沥青与矿料的比例，选用粗骨料用量多的级配避免使用过量沥青，减少自由沥青数量保持沥青混凝土有一定的空隙率。

3）检测高温热稳定性的方法

目前我国沥青混合料采用车辙动稳定度试验，作为评定高温稳定性的指标，该项试验结果与路面实际状况具有一定的相关性，同时试验设备和方法比较简单，被广泛采用。

（2）低温抗裂性

1）沥青混凝土路面低温开裂的原因

沥青混凝土路面在冬季急剧降温时由于体积收缩，在路面中发生拉应力，开始阶段在一定程度上可由混凝土的内部抗拉强度和塑性变形来补偿，当沥青混凝土在低温下强度达到极限或没有足够的塑性变形能力或塑性变形速度，赶不上急速降温时所发生的收缩速度，路面将产生开裂。

另外，沥青混凝土的低温抗裂能力还与沥青的低温收缩系数和混凝土的均匀性有关。

2）提高沥青混合料低温抗裂性能的措施

①选用温度稳定性好的沥青，即在正常温度下具有相同的黏度，而在负温度下沥青黏度相对增加的较慢，并且在低温条件下仍具有一定的延伸度，选用收缩系数比较小的沥青。

②合理选择沥青与矿粉的比例，沥青掺加矿粉后使混合料强度提高，塑性变形能力减小，通过试验矿粉与沥青比例选择在0.8～1.2时即可提高混合料强度同时对沥青的低温塑性也降低不多。

③沥青混凝土的结构均匀，能够减少局部应力集中，可以使路面产生均匀收缩，减少开裂。所谓均匀是指沥青混合料矿物材料是同一种岩石，沥青和矿物材料都拌合摊铺得很均匀，摊铺厚度均匀，碾压密实度均匀。

3）沥青混合料低温抗裂性能指标

沥青混合料低温抗裂性能指标还在研究阶段，目前比较常用的方法是测定混合料在低温时的小梁弯曲破坏应变和收缩系数。也有用低温劈裂抗拉强度（间接抗拉强度）和劈裂变形量的大小等来衡量混合料低温性能的。

（3）耐久性

1）沥青混凝土耐久性降低的原因

造成沥青混凝土耐久性降低的主要因素是由于长期或周期性潮湿及交替冻融和日光紫外线照射使沥青老化。

长期潮湿下，水渗入沥青混凝土的孔隙内，渗过沥青膜的缺陷部位达到矿料的表面，当沥青与矿料表面粘结不牢时，会加速沥青膜的剥离，尤其是水进入沥青混合料孔隙中或石料孔隙中，冻结水的破坏作用会很大，会产生水的劈分作用，使路面产生微细裂纹，这样反复的恶性循环，降低路面强度，加速沥青混凝土破坏过程。在交通荷载作用下的破坏，表现形式是从最初微细裂纹到表层沥青脱落露出矿料，然后矿料颗粒剥落，路面大量磨耗，使路面发生许多局部坑槽。综合上述影响沥青混合料耐久性的因素主要包括：沥青的化学性质、矿料的化学性质、矿料的矿物成分、沥青混合料的组成结构残留空隙率、沥青填隙率以及生产工艺拌合温度及施工碾压密度等因素影响。

2）提高沥青混合料的耐久性措施

①合理选择沥青混凝土的孔隙率：空隙率的大小与矿质骨料的级配，沥青材料的用量及压实程度有关，从耐久性出发希望孔隙率尽量减少，以防止水渗入及日光紫外线照射对沥青的老化作用，但为了确保沥青混合料的热稳定性还应根据当地气候和交通条件保留适量的孔隙。

②使用沥青与矿物材料能起化学吸附反应的碱性集料，如使用酸性石料不能保证沥青与矿料有良好的粘结性能时，则需要采取防剥落措施。

③沥青混合料在保证热稳定性的前提下尽量选择较多的沥青用量，当沥青用量较正常的沥青用量少时，则沥青膜变薄，混合料的延伸能力降低，脆性增加，空隙率增加，沥青薄膜暴露较多，加速老化作用，同时增加渗水率，加剧水对沥青的剥落作用，曾有资料介绍沥青用量比标准规定沥青用量少 0.5% 混合料耐久性约减少 1/2 以上。

④减少生产和施工过程对耐久性影响：严格控制沥青的加热温度和高温加热时间及拌合温度，防止沥青由于老化所带来的耐久性降低，矿料要充分烘干。尤其使用湿的石料时，由于石料的孔隙大，含水分多，在与沥青拌合时，沥青膜粘结不牢会降低混凝土抗水性和抗冻性，在施工时防止水分进入，碾压应达到规定的密实度。

3）评价沥青混合料耐久性的指标

现行规范采用浸水马歇尔试验或冻融劈裂试验，冻融劈裂试验比浸水马歇尔试验更严格。

（4）抗滑性

随着现代高速道路的发展，对沥青混合料的抗滑性提出了更高要求，目前在高等级沥青路面上，修建抗滑模耗层已较普遍。

1）影响沥青混凝土路面抗滑能力的三要素

路面的宏观构造、微观构造和路面污染性滑溜是影响路面抗滑的主要因素。

微观构造是指路面所用集料的微小构造及矿料的粗糙度，它既影响低速下的抗滑性能，也影响高速下的抗滑性能。它可用显微镜进行直接测定，也可用测定石料磨光值的方法进行间接测定，石料磨光值大，抗滑性能好，尤其对高速行车时的抗滑性能效果显著。

宏观构造是路面表面集料的空隙或排水能力，它主要影响路面潮湿状态下随车速提高而摩擦阻力下降的比率，在其他条件相同时，粗构造的路面，雨期摩擦阻力下降率较小，宏观构造深度大，高速行车抗滑性能好，通常用铺砂法测定宏观构造深度。

污染性滑溜是指黏土带入路面后，在车轮的搓揉作用下形成中间介质，潮湿时在轮胎与路面间形成润滑剂。使路面抗滑能力降低，即使原路面宏观和微观构造均较好，但受污染的滑溜地段也同样是引起交通事故多发地段。

2）提高沥青混凝土路面抗滑措施

选用抗滑性能好的石料，保证路面良好的微观构造，选用合理的矿料级配和生产施工工艺，严格控制油石比，使路面有良好的宏观构造，采取防止污染滑溜的措施，同时选择合适的外掺剂改善沥青与酸性石料的黏结力，保持抗滑面层的耐久性。

# （二）技 术 标 准

## 1. 沥青混合料矿料级配标准

决定沥青混合料矿料级配有理论法和经验法两种，由于由理论法计算的矿料级配范围很难适用于所有筛孔使用上有困难，另外实际使用时由于路面结构组成及混合料使用部位层次或路面等级等不同，用理论计算出的级配，不能适用于路面实际情况需要对级配作不同的调整，因此世界各国都结合本国实际情况，总结经验确定各自的级配范围体现在各国的规范中。我国现行的沥青混合料矿料级配是经过专题研究，大量工程实践，不断总结经验教训，几次修改后确定的，其不同规格品种的级配范围，见表10-2。

**2. 沥青混合料马歇尔技术标准**

我国沥青路面施工与验收规范将马歇尔试验方法和指标作为沥青混合料配合比设计和质量检验的技术标准。

马歇尔试验是目前世界上广泛采用的沥青混合料设计和评价方法，最早是由美国工程师提出，马歇尔试验适用于密实沥青混合料，集料最大粒径 25mm，按规定的击实方法制成直径为 101.6mm、高为 63.5mm 的试件，通过对试件测试可以得出，毛体积密度、空隙率、矿料空隙率、沥青饱和度、稳定度、流值、残留稳定度等试验结果用以评价沥青混合料的性能。

(1) 毛体积密度 rf　是通过称量马歇尔试块空气中质量、饱和面干质量、饱和面干质量在水中的质量，经计算得出，毛体积密度是测定混合料空隙率，确定混合料油石比，路面施工压实密度不可缺的数据。

(2) 空隙率 VV　通过实测试件毛体积密度和理论密度求得，空隙率是表征沥青混合料密实性的指标。

(3) 矿料空隙率 VMA　是指沥青混合料试件中，沥青所占的体积百分率 VA 与试件孔隙率 VV 之和，矿料空隙率是衡量混合料矿料级配组成是否符合要求的指标。

(4) 沥青饱和度 VFA　亦称沥青的填隙率，是指沥青体积占矿料空隙体积的百分率，饱和度小则沥青不能充分填充矿料空隙，影响混合料耐久性；饱和度过高，夏季高温时会因沥青热胀引起沥青路面泛油，产生车辙等现象。

(5) 稳定度 MS　测试试件时在 60℃水中最少保持 30min，

表 10-2

## 沥青混合料矿料级配及沥青用量范围（方孔筛）

| 级配类型 | | 通过下列筛孔（方孔筛，mm）的质量百分率（%） | | | | | | | | | | | | | | | 沥青用量（%） |
|---|---|---|---|---|---|---|---|---|---|---|---|---|---|---|---|---|---|
| | | 53 | 37.5 | 31.5 | 26.5 | 19.0 | 16.0 | 13.2 | 9.5 | 4.75 | 2.36 | 1.18 | 0.6 | 0.3 | 0.15 | 0.075 | |
| 粗粒 | AC-30 I | | 100 | 90~100 | 79~92 | 66~82 | 59~77 | 52~72 | 43~60 | 32~52 | 25~42 | 18~32 | 13~25 | 8~18 | 5~13 | 3~7 | 4.0~6.0 |
| | AC-30 II | | 100 | 90~100 | 65~85 | 50~70 | 45~65 | 38~58 | 30~50 | 18~38 | 12~28 | 8~20 | 4~14 | 3~11 | 2~7 | 1~5 | 3.0~5.0 |
| | AC-25 I | | | 100 | 95~100 | 75~90 | 62~80 | 53~73 | 43~63 | 32~52 | 25~42 | 18~32 | 13~25 | 8~18 | 5~13 | 3~7 | 4.0~6.0 |
| | AC-25 II | | | 100 | 90~100 | 65~85 | 52~70 | 42~62 | 32~52 | 20~40 | 13~30 | 9~23 | 6~16 | 4~12 | 3~8 | 2~5 | 3.0~5.0 |
| 中粒 | AC-20 I | | | | 100 | 95~100 | 75~90 | 62~80 | 52~72 | 38~58 | 28~46 | 20~34 | 15~27 | 10~20 | 6~14 | 4~8 | 4.0~6.0 |
| | AC-20 II | | | | 100 | 90~100 | 65~85 | 52~70 | 40~60 | 26~45 | 16~33 | 11~25 | 7~18 | 4~13 | 3~9 | 2~5 | 3.5~5.5 |
| | AC-16 I | | | | | 100 | 95~100 | 75~90 | 58~78 | 42~63 | 32~50 | 22~37 | 16~28 | 11~21 | 7~15 | 4~8 | 4.5~6.0 |
| | AC-16 II | | | | | 100 | 90~100 | 65~85 | 50~70 | 30~50 | 18~35 | 12~26 | 7~19 | 4~14 | 3~9 | 2~5 | 3.5~5.5 |
| 细粒 | AC-13 I | | | | | | 100 | 95~100 | 70~88 | 48~68 | 36~53 | 24~41 | 18~30 | 12~22 | 8~16 | 4~8 | 4.5~6.5 |
| | AC-13 II | | | | | | 100 | 90~100 | 60~80 | 34~52 | 22~38 | 14~28 | 8~20 | 5~14 | 3~10 | 2~6 | 4.0~6.0 |
| | AC-10 I | | | | | | | 100 | 95~100 | 55~75 | 38~58 | 26~43 | 17~33 | 10~24 | 6~16 | 4~9 | 5.0~7.0 |
| | AC-10 II | | | | | | | 100 | 90~100 | 40~60 | 24~42 | 15~30 | 9~22 | 6~15 | 4~10 | 2~6 | 4.5~6.5 |
| 砂粒 | AC-5 I | | | | | | | | 100 | 95~100 | 55~75 | 35~55 | 20~40 | 12~28 | 7~18 | 5~10 | 6.0~8.0 |

沥青混凝土

| 级配类型 | | 通过下列筛孔（方孔筛，mm）的质量百分率（%） | | | | | | | | | | | | | | | 沥青用量（%） |
|---|---|---|---|---|---|---|---|---|---|---|---|---|---|---|---|---|---|
| | | 53 | 37.5 | 31.5 | 26.5 | 19.0 | 16.0 | 13.2 | 9.5 | 4.75 | 2.36 | 1.18 | 0.6 | 0.3 | 0.15 | 0.075 | |
| 特粗 | AM-40 | 100 | 90~100 | 50~80 | 40~65 | 30~54 | 25~50 | 20~45 | 13~38 | 5~25 | 2~15 | 0~10 | 0~8 | 0~6 | 0~5 | 0~4 | 2.5~4.0 |
| 粗粒 | AM-30 | | 100 | 90~100 | 50~80 | 38~65 | 32~57 | 25~50 | 17~42 | 8~30 | 2~20 | 0~15 | 0~10 | 0~8 | 0~5 | 0~4 | 2.5~4.0 |
| | AM-25 | | | 100 | 90~100 | 50~80 | 43~73 | 38~65 | 25~55 | 10~32 | 2~20 | 0~14 | 0~10 | 0~8 | 0~6 | 0~5 | 3.5~4.5 |
| 中粒 | AM-20 | | | | 100 | 90~100 | 60~85 | 50~75 | 40~65 | 15~40 | 5~22 | 2~16 | 1~12 | 0~10 | 0~8 | 0~5 | 3.0~4.5 |
| | AM-16 | | | | | 100 | 90~100 | 60~85 | 45~68 | 18~42 | 6~25 | 3~18 | 1~14 | 0~10 | 0~8 | 0~5 | 3.5~4.5 |
| 细粒 | AM-13 | | | | | | 100 | 90~100 | 50~80 | 20~45 | 8~28 | 4~20 | 2~16 | 0~10 | 0~8 | 0~6 | 3.0~4.5 |
| | AM-10 | | | | | | | 100 | 85~100 | 35~65 | 10~35 | 5~22 | 2~16 | 0~12 | 0~9 | 0~6 | 3.0~4.5 |
| 抗滑表层 | AK-13A | | | | | | 100 | 90~100 | 60~80 | 30~53 | 20~40 | 15~30 | 10~23 | 7~18 | 5~12 | 4~8 | 3.5~5.5 |
| | AK-13B | | | | | | 100 | 85~100 | 50~70 | 18~40 | 10~30 | 8~22 | 5~15 | 3~12 | 3~9 | 2~6 | 3.5~5.5 |
| | AK-16 | | | | | 100 | 90~100 | 60~82 | 45~70 | 25~45 | 15~35 | 10~25 | 8~18 | 6~13 | 4~10 | 3~7 | 3.5~5.5 |

沥青碎石

将试件装入规定尺寸的压头中，放在马歇尔试验机上，以 50 ± 5mm/min 的变形速度加荷，试件破坏时的最大荷载（N）即为稳定度，它是评价沥青混凝土高温稳定性的指标。

（6）流值 FL　在测定稳定度的同时测定试件的流动变形，从初始加压到最大荷载的瞬间，其累积压缩变形量（以 1/100cm 为计量单位）即为流值，它表征沥青混凝土高温抗塑性变形的能力。

（7）残留稳定度　是马歇尔试块在 60℃ 水中 48h 和按常规试验的马歇尔稳定度试验结果的比值，残留稳定度是评价沥青混合料耐水浸性能指标，在一定程度上反映了材料的耐久性。

各类沥青混合料马歇尔试验技术标准，见表 10-3。

热拌沥青混合料马歇尔试验技术标准　　　　　　　表 10-3

| 试验项目 | 沥青混合料类型 | 高级公路、一级公路 | 其他等级公路 | 行人道路 |
|---|---|---|---|---|
| 击实次数（次） | 沥青混凝土<br>沥青碎石、抗滑表层 | 两面各 75 次<br>两面各 50 次 | 两面各 50 次<br>两面各 50 次 | 两面各 35 次<br>两面各 35 次 |
| 稳定度（kN） | Ⅰ型沥青混合料<br>Ⅱ型沥青混合料、抗滑表层 | >7.5<br>>5.0 | >5.0<br>>4.0 | >3.0 |
| 流值（0.1mm） | Ⅰ型沥青混合料<br>Ⅱ型沥青混合料、抗滑表层 | 20～40<br>20～40 | 20～45<br>20～45 | 20～50 |
| 空隙率（%） | Ⅰ型沥青混合料<br>Ⅱ型沥青混合料、抗滑表层、沥青碎石 | 3～6<br>4～10<br>>10 | 3～6<br>4～10<br>>10 | 2～5 |
| 沥青饱和度（%） | Ⅰ型沥青混合料<br>Ⅱ型沥青混合料、抗滑表层沥青碎石 | 70～85<br>60～75<br>40～60 | 70～85<br>60～75<br>40～60 | 75～90 |

| 试验项目 | 沥青混合料类型 | 高级公路、一级公路 | 其他等级公路 | 行人道路 |
|---|---|---|---|---|
| 残留稳定度（%） | Ⅰ型沥青混合料<br>Ⅱ型沥青混合料、抗滑表层 | >75<br>>70 | >75<br>>70 | >75 |

注：粗粒式沥青混凝土稳定度可降低 1kN；

Ⅰ型细粒式及砂粒式沥青混凝土的空隙率为 2% ~ 6%；

沥青混凝土混合料的矿料间隙率（VMA）宜符合下表要求：

| 最大集料粒径（mm）筛孔 | 37.5 | 31.5 | 26.5 | 19.0 | 16.0 | 13.2 | 9.5 | 4.75 |
|---|---|---|---|---|---|---|---|---|
| VMA 不小于（%） | 12 | 12.5 | 13 | 14 | 14.5 | 15 | 16 | 18 |

当沥青碎石混合料试件在 60℃ 水中浸泡即发生松散时，可不进行马歇尔试验，但应测定密度、空隙率、沥青饱和度等。

残留稳定度可根据需要采用浸水马歇尔试验或真空饱水后浸水马歇尔试验。

**3. 沥青混合料热稳定性标准**

我国沥青路面施工技术规范将车辙试验作为衡量沥青混合料高温性能的试验方法，并针对不同用途、不同类型的混合料规定了动稳定度标准。

车辙试验是模拟车轮荷载对沥青混合料试件进行反复的碾压，然后测量试件的变形来确定混合料的抗流动性能，该试验是将拌合好的沥青混合料放入净空为 30cm × 30cm × 5cm 的模具中经过标准压实成型，在空气中养护石油沥青混合料不少于 12h，改性沥青混合料不少于 48h。试验时试件在 60℃ ± 1℃ 的恒温室中保温不少于 5h，并在试验过程中始终保持 60℃ ± 0.5℃ 温度。将试件连同试模置于轮辙试验机的试验台上，调整试验轮处于试件中央位置，并调整加载装置使试验轮对试件的接触压强为 0.7MPa，开动车辙变形自动记录仪，然后启动试验机，使试验轮在混合料表面往返行走时间为 1h。试验时记录仪能自动记录变形量和绘制

时间 – 变形曲线结果用变形率 RD 和动稳定度 DS 表示。

（1）变形率（RD）即沥青混合料被碾压变形随时间的变化率，通常取从试验的第 45min（$t_1$）到 60min（$t_2$）之间 15min 的变形量计算。

$$RD = \frac{d_2 - d_1}{t_2 - t_1} = \frac{d_2 - d_1}{15}$$

式中　$d_1$——为第 45min 时沥青混合料的变形量；

　　　$d_2$——为第 60min 时沥青混合料的变形量。

（2）动稳定度（DS）是指试件产生 1mm 变形所需试验车轮通过的次数，也取第 45min（$t_1$）到第 60min（$t_2$）变形量。

$$DS = \frac{(t_2 - t_1)N}{d_2 - d_1}$$

式中　DS——沥青混合料动稳定度，次/mm；

　　$d_1$、$d_2$——对应时间 $t_1$、$t_2$ 的变形量，mm；

　　　$N$——试验轮往返碾压次数，通常为 42 次/min。

各类型路面动稳定度 DS 标准要求，见表 10-4。

沥青混合料动稳定度标准　　　　　　　　　　　表 10-4

| 道路类型 | 普通沥青混合料 | 改性沥青混合料 |
|---|---|---|
| 高速公路、城市快速路 | 800 次/mm | 1500 次/mm |
| 一级公路、城市主干路 | 600 次/mm | |

### 4. 沥青混合料技术标准说明

（1）沥青混凝土混合料的沥青用量应由试验确定，表 10-2 沥青用量范围比较宽，可作为配合比设计时初选的沥青用量。

（2）沥青碎石混合料的沥青用量应根据实践经验、交通量、气候、矿料品质及沥青标号经过试拌试铺确定。

（3）在进行马歇尔稳定度试件成型时大于 25mm（方孔）的粗颗粒，在进行配合比设计试验时应取下一级粒径的颗粒采取同等重量代替法，在进行产品的生产检验时可不用代替法，但要增加试块数量。

## （三）配合比设计

沥青混合料的配合比设计是指选择符合要求的材料，经过试验，确定矿料级配和沥青用量（油石比），使沥青混合料达到规范技术标准要求的过程。我国配合比设计以马歇尔试验为主，必要时进行水稳定性和高温抗车辙能力检验。

配合比设计应经过试验室目标配合比设计、生产配合比设计及试拌试铺配合比验证调整三个阶段。

### 1. 试验室目标配合比设计

试验室目标配合比设计步骤，见图 10-1。所示主要工作内容

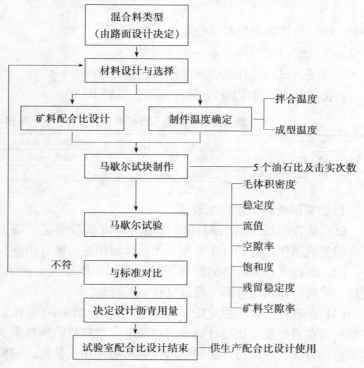

图 10-1 试验室目标配合比设计步骤

是材料设计与选择、混合料矿料配合比设计和最佳沥青用量（油石比）确定，三个重要环节，目标配合比设计是整个配合比设计的基础。

（1）材料设计与选择

根据所要求配制的混合料类别、型号按照沥青路面施工技术规范，选择符合规范要求的沥青、粗集料、细集料、矿粉，并按规范要求的内容对各项材料进行质量指标试验。试验目的一是鉴定材料是否确实达到质量要求，二是为配合比设计提供数据。

（2）矿料配合比设计

根据各组成材料的筛分试验资料采用试算法、图解法或电算法计算合成级配，通常情况下以规范级配范围的中值作为目标级配，但也可以根据需要将目标级配向上移或向下移以获得较细或较粗的混合料，就规范任何一个级配范围来说，按级配上限还是级配下限所配合出的混合料其性能有很大差别。对于交通量大，承载重的道路，为了防止道路出现车辙拥包，宜使设计级配偏向规范级配范围的下限，对中小交通量或人行道路宜使设计级配偏向规范规定级配范围的上限。混合料合成级配曲线应连续平滑或有合理的间断，不得有明显波动，当经过多次变更配合比例调整，仍有两个以上筛孔的通过量超出规范的级配范围时，则必须掺加另外材料或更换原材料，直到计算出符合级配范围要求的矿料用量比例。

（3）确定混合料的最佳沥青用量

沥青混合料的沥青用量，可通过各种计算方法求出来。但由于实际材料性质的差异，按公式计算得到的沥青用量仍然要通过试验方法修正，因计算法只能得到一个供试验参考的数据。沥青路面施工及验收规范规定采用马歇尔试验方法确定最佳沥青用量。其步骤如下：

1）试样准备

①根据试件数量按已经确定的混合料矿质配合比，计算称量各种矿质材料；

②根据沥青路面施工及验收规范所提供的沥青范围或实践经验,预估适宜的沥青用量。以预估沥青用量为中值,按 0.5% 的间隔上下变化拌合 5 组不同沥青用量的混合料,按规定击实方法制备马歇尔试件。

2)测定物理、力学指标

首先测定试件密度,然后按规定的试验温度及试验时间测定马歇尔稳定度和流值,同时计算空隙率、饱和度及矿料间隙率。

3)马歇尔试验结果分析

①绘制沥青用量与物理力学指标关系。以沥青用量为横坐标,以视密度、空隙率、饱和度、稳定度、流值为纵坐标,将试验结果绘制成沥青用量与各项性能指标的关系曲线,如图 10-2 所示。

②从关系曲线图中求取稳定度最大值时的相应沥青用量 $a_1$,密度最大值时的相应沥青用量 $a_2$,及规定空隙率范围中值的相应沥青用量 $a_3$,求取三者平均值作为最佳沥青用量的初始值 $OAC_1$。

$$OAC_1 = (a_1 + a_2 + a_3)/3$$

③从关系曲线图中求出各项指标均能符合沥青混合料技术标准要求的公共沥青用量范围 $OAC_{min} \sim OAC_{max}$,取其中值为 $OAC_2$,即

$$OAC_2 = (OAC_{min} + OAC_{max})/2$$

④根据 $OAC_1$ 和 $OAC_2$ 综合确定沥青最佳用量($OAC$),按最佳沥青用量的初始值 $OAC_1$ 在图求取相应的各项指标值,检查是否符合马歇尔实际规定的技术标准。同时检验 VMA 是否符合要求。如能符合时,取 $OAC_1$ 和 $OAC_2$ 的平均值作为最佳沥青用量 $OAC$;如不能符合,应调整级配,重新进行马歇尔配合比设计试验,直至各项指标均能符合要求为止。

⑤根据气候条件和交通特性调整最佳沥青用量,由 $OAC_1$ 和 $OAC_2$ 综合决定 $OAC$ 时,还应根据实践经验和道路等级、气候条

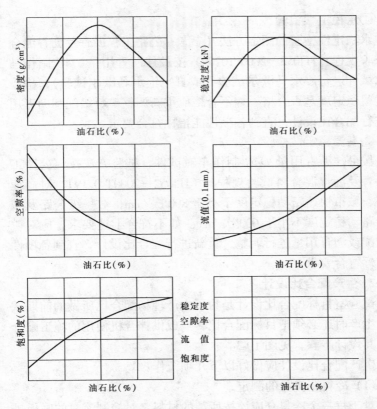

图 10-2　沥青用量与各项物理力学指标关系图

件考虑下列情况进行调整。

a. 对热区道路以及车辆渠化交通的高速公路、一级公路、城市快速路、主干路，预计有可能造成较大车辙的情况时，可以在中间值 $OAC_2$ 与下限值 $OAC_{min}$ 范围内决定，但一般不小于中间值 $OAC_2$ 的 0.5%。

b. 对寒区道路以及一般道路，最佳沥青用量可以在中限值 $OAC_2$ 与上限值 $OAC_{max}$ 范围内决定，但一般不大于中限值 $OAC_2$ 的 0.3%。

4）配合比检验

①水稳定性检验

水稳定性检验的测定方法（参考《公路工程沥青及沥青混合料试验规程》JTJ052—2000 T0709）按最佳沥青用量 $OAC$ 制作马歇尔试件进行浸水马歇尔试验（或真空饱水马歇尔试验），检验其残留稳定度是否合格。如不合格应重新调整矿料级配和沥青用量进行配合比设计，直到各项性能指标符合要求。

②高温稳定性检验

按最佳沥青用量 $OAC$ 制作车辙试件，试验方法按《公路工程沥青及沥青混合料试验规程》（JTJ052—2000T 0719），对高速公路、城市快速路动稳定度不小于 800 次/mm，对一级公路及城市干路动稳定度不小于 600 次/mm。如不符合上述要求，应对矿料级配或沥青用量进行调整，重新进行配合比设计，直到各项性能指标符合要求。

**2. 生产配合比设计**

试验室目标配合比设计是为了生产现场配合比所做的前期试验，生产时还必须把目标配合比转换成供拌合机使用的施工配合比。其设计步骤，见图10-3。

生产配合比设计应做好以下几项工作：

（1）冷料仓流量的测定

对于每一个冷料仓应该按所装的材料，对控制流料的闸板进行不同开放程度，和供料皮带进行不同转速的流量测定，一般将闸板开启度按 1/2、3/4、满开三档测定，用皮带机或装载机接料开动 5～20min 测定流出材料总量，绘制出各料仓系列的单位时间冷料流量图供生产上料时使用，只有冷料供料准确才有可能生产出稳定的产品。

生产时根据拌合机的生产能力及冷料设计配合比，计算出每种材料每小时上料量，然后按冷料流量图确定闸板开启程度和皮带机转速。

（2）热料仓配合比的确定

在冷料按配合比上料后，冷的砂石原材料经过烘干加热，提

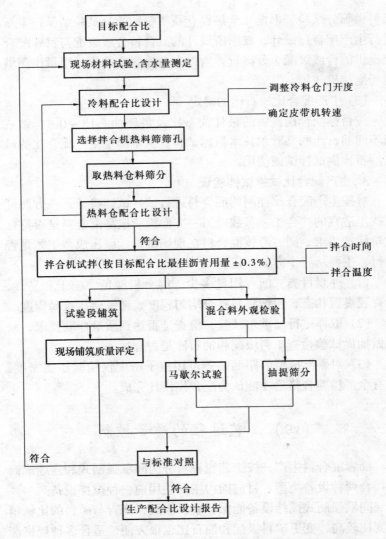

图 10-3 生产配合比设计步骤

升到拌合机的振动筛进行筛分，由于筛孔的大小及筛的振幅、频率及倾斜角度等因素的影响，进入热料仓的材料规格与筛子的名义孔径的分档有不小的差别，所以进行生产时还要取各热料仓的集料做筛分试验，根据几个热料仓及矿粉的筛分试验结果，重新进行生产配合比设计，要求所设计的混合料合成级配与目标配合比提供的合成级配十分接近，所得出各热料仓的集料用量比例供现场搅拌机使用。

（3）生产配合比油石比的确定

按目标配合比提供的最佳油石比及最佳油石比±0.3%做三组不同油石比的马歇尔技术指标试验，从中确定生产配合比的最佳油石比供试拌试铺使用。

**3. 生产配合比试拌试铺验证**

对按生产配合比拌制的混合料进行试拌试铺验证，一方面可以找出适宜的拌合工艺参数，另一方面检验成品混合料是否符合质量标准要求，同时考核混合料在现场试铺、碾压成型工艺是否可行，主要从三个方面评定。

（1）外观目测：沥青用量多少，混合料颜色，施工和易性，沥青膜裹覆状态，粗细集料拌合均匀程度，摊铺碾压难易程度。

（2）取样进行马歇尔试验，检查是否达到质量标准要求，同时做抽提试验检查矿料级配和油石比是否合适。

（3）对碾压成型的路面钻芯可用核子密度仪检验压实密度，只有全部检验合格后才能认为配合比设计完成。

# （四）工艺过程的质量控制

沥青混合料生产，按工艺流程可分为间歇强制式和连续滚筒式拌合两种设备类型，目前国内主要使用前一种搅拌设备。

间歇强制式搅拌设备能保证矿料级配，沥青与矿料的比例精确度比较高，变更矿料级配和油石比也很方便，适合多种规格产品生产，所拌制的沥青混合料质量高，可满足高等级沥青路面对混合料的要求，这种设备在国内沥青混合料生产中广泛使用，与连续式滚筒式拌合机相比，缺点是工艺流程长，设备庞杂，耗能多，建设投资大，移动搬迁困难，对除尘设备性能要求高。间歇

176

式强制拌和设备工艺流程图，见图 10-4。

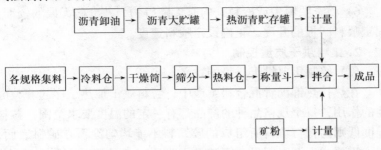

图 10-4　间歇式搅拌设备工艺流程

为保证产品质量达到要求每道工序都要进行质量控制。

**1. 冷集料上料质量控制**

（1）控制冷集料上料质量的意义

冷料上料均匀与准确是十分重要的，它不仅可以提高沥青混合料质量，而且是降低混合料生产成本，稳定设备生产能力，并获得最大生产效率的第一步。冷料上料设备有繁有简但都要求各种规格的粒料按规定比例均匀地进入拌合机，如果进料方法不适当，下料速度不匀，将会出现热料仓满串或个别热料仓缺料使拌合中断，混合料生产过程粒料烘干所占费用最高。如果供给烘干筒的粒料流量均衡，就有可能降低这道工序的费用，反之，会使烘干滚筒加工出来的粒料温度波动，同时也会使烘干滚筒，热提升机或热料筛分设备超负荷，造成设备损坏，浪费了燃料，增加了加工费用，并且造成生产出的混合料不均匀，影响路面质量。

（2）提高冷料上料质量的措施

1）经常检查上料设备的完好性与准确性。

2）随时观察原材料质量变化，发现有较大质量变化通知试验室取样检验，修正原料比例。

3）随时把粒料中的杂物清理检拾出来，避免进入下一道工序。

4）随时保持料仓内贮存充足原材料，保证上料均匀。

5）注意检查大堆存料有无离析和掺混，随时采取措施。

6）检查喂料中或冷料仓内有无障碍物，并准确无误的校准、固定喂料闸板的开度，正确设定喂料速度。

**2. 集料烘干质量控制**

（1）控制集料烘干质量的意义

在热拌热铺沥青混合料生产中，粒料烘干加热工序起着关键性的作用，每个规格品种的产品都有一定的温度要求范围，粒料温度低则沥青与填料所组成的胶结料不能均匀涂覆在矿料表面，往往需要增大沥青用量，既浪费了沥青又不能形成足够的强度，还会引起热稳定性问题；如果粒料加热温度超过要求，则使粒料表面形不成要求厚度的油膜也不能形成最大强度，使沥青用量减少，同时造成沥青老化，降低沥青混合料使用寿命，拌合厂产品质量出现的问题中有很大部分出现在粒料烘干设备上，最佳的烘干加热工艺应该是矿料加热温度达到规定要求，而制造成本和使用费用都比较低。由于影响烘干加热过程的因素很多，并且都是相互关联，一个因素改变，其他因素也将随之变化，欲使烘干设备性能达到最佳状态，关键是把有关的各个因素予以恰当的综合平衡，控制集料加热是一项较复杂的工作。

（2）提高粒料烘干的质量措施

1）按设备生产能力均匀上料。烘干设备的设计参数与产量的关系通常在其他因素不变的情况下，烘干滚筒对粒料的加热能力，随着滚筒截面积增加而成正比例增加（每平方米生产能力 $25 \sim 30t$），对于一个固定的烘干滚筒欲使其生产能力增加，只有增强燃烧器的效力，加大滚筒的空气流量，即增加烟气流速，据有关资料介绍烟气流速增加与产量增加的关系，见图10-5。

由图10-5可看到当烟气流速增加50%，而产量只提高30%，实际生产中有许多因素限制烘干筒的生产量的增长，例如滚筒内的烟气流速增加到一定程度时。烟气中所携带的烟尘就成为一个限制因素，见图10-6。另外，烟气流速增高烘干筒热负荷增加的情况下，燃烧室和烘干筒温度将会超过临界状态，在正常运转

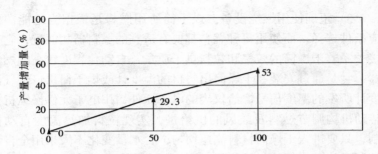

图 10-5 烟气流速增加量与产量增加的关系（%）

时，由于均匀受力并受到鼓风冷气流的冷却作用出现问题不明显，当出现一些紧急情况（如进料中断或发生卡料、突然停电、停机等故障）则设备即有损坏的危险。

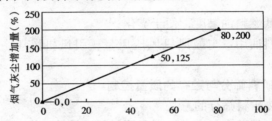

图 10-6 烟气流速增加量与烟尘增加量的关系（%）

2）根据粒料含水量调整烘干滚筒的产量

粒料的含水量对于烘干滚筒的生产量有很大影响，粒料每增加 1% 的水分每吨料即要多耗用 0.3～0.5kg 重油燃烧所能提供的热量，假设有一个烘干筒在燃料消耗量不变的情况下，当材料含水量由 4% 增加到 6% 时烘干筒的产量降低 25.3%。烘干粒料中含水分多少关键是粒料在烘干筒内停留时间的长短，为使烘干筒达到生产能力，并使粒料获得所需要的停留时间 2～4min，一般通过设计烘干筒直径、长度、翻料板结构形式、转速及烘干筒倾斜角度来控制，存留时间与烘干筒的体积成正比，在正常情况下烘干筒内载料量体积应不超过烘干筒体积的 16%，否则就容易出现不稳定的料流。

3）正确使用燃烧设备。烘干筒所用燃料是根据当地能源供应条件选择，而使用每种燃料都要有适宜的燃料器相匹配，它直接关系着干燥筒的效率和粒料烘干质量，自动化程度较高的燃烧器，它是通过安装在干燥筒出料口的温度计或烘干筒出口烟气温度计所发的温度信号，给仪表的电子元件，用电子元件操纵机械传动机构调节燃料及鼓风的供给量，实现粒料加热温度自动控制，只要进入干燥筒材料流速均匀，含水量变化不大采用全自动控制系统可以把粒料的加热温度控制在规定范围内，国内多数搅拌设备干燥滚筒使用液体燃料。

充分燃烧的条件：

①选择良好的燃烧器，操作人员熟悉燃烧器性能并掌握操作技能；

②降低燃料油黏度，便于雾化；

③燃料油用量与鼓风机风压风量，引风机风压，风量相匹配。

### 3．热矿料筛分与贮存的质量控制

（1）热矿料筛分的意义

由于沥青混合料生产过程各原材料质量波动以及料堆存料或取料方法不妥，均会使粒料产生离析，另外进料工序到拌合工序之间的原材料加工过程也会产生粒料离析，因此影响配合比的准确。所以要对粒料进行重新筛分分级，还有原料中有个别超粒径的材料也需要剔除，筛选的目的是为了减少混合料级配的差异。

（2）保证热矿料筛分与贮存的质量措施

1）选择筛片的筛孔尺寸

选择振动筛筛片的筛孔尺寸是保证产品质量的一项重要工作，通常按矿料级配中的关键。筛孔和产品规格的最大粒径及热贮料仓的数量确定筛孔尺寸，例如拌合机有四个热料贮仓要求适用多种规格产品生产，按标准筛选择 2.36mm、9.5mm 或 13.2mm、19mm 和 31.5mm 或 37.5mm 四种筛孔比较符合使用要求。因为 2.36mm 是控制细集料的关键，筛孔 9.5mm 或 13.2mm

是控制 AC-10 或 AC-13 产品规格的关键筛孔，如果面层以 AC-10 产品为主则筛孔选 9.5mm，如果以 AC-13 为主则筛孔选 13.2mm，筛孔 19mm 是为控制 AC-16 或 AC-20 时使用的，筛孔 31.5mm 或 37.5mm 是控制 AC-25 或 AC-30 使用的。如果拌合机仅为单一工程供料则筛孔尺寸按工程实际需要的混合料规格确定，产品质量更容易稳定。

实际安装在振动筛筛片的筛孔尺寸与标准筛尺寸有一定差距，要达到同等的效果。拌合机筛片的筛孔应大于标准筛筛孔。参照美国沥青协会对等效筛孔的建议和我国实践对换关系，见表 10-5。

间歇式拌合机用振动筛等效筛孔（方孔 mm）　　　表 10-5

| 标准筛筛孔（mm） | 2.36 | 4.75 | 9.5 | 13.2 | 16 | 19 | 26.5 | 31.5 | 37.5 | 53 |
|---|---|---|---|---|---|---|---|---|---|---|
| 振动筛筛孔（mm） | 2.5 | 6 | 11 | 15 | 19 | 22 | 30 | 35 | 41 | 60 |

在实际生产时，由于原材料规格和机械性能等因素影响，选择振动筛筛孔尺寸往往比表 10-5 等效筛孔尺寸还要大一些。

2）考察筛分效率

一定面积筛网的筛选能力是有一定限度的，当筛面载料量超过筛选装置的能力时，有些粒料本应该进入指定的热料仓中，却进入了下一级料仓，本来是合格的材料，却进入了废料仓，通常称这种现象叫越漏，为了对越漏进行控制，制定越漏量的规定，一般规定越漏料的含量，不应超过应该漏入仓粒料重量的 10%，但为了控制方便，也有把越漏量规定不超过占该越漏仓粒料重量的 10% 计算。

3）热矿料贮存要求。把经过加热按不同粒径筛分与分级后矿料分别存入热料仓时称热矿料贮存。要求每级矿料的隔仓板位置与筛片位置相对应，隔仓板间严密无孔其高度要能防止矿料串仓掺混，每个仓都应该安装料位指示器，当料位高出或下降到一定位置时能发出信号，并且每个仓的都应该安装溢流管，防止串仓或料满顶筛。

为了避免细矿料滞留在仓壁和料仓角落里，当料位降低的情况下这些滞留堆积的细粉集中塌落下来，使混合料中细粉超过规定，造成质量问题，在设计热料仓时，保持仓壁要有一定角度，并在料仓边角处焊上一些角板，上料人员应控制料仓的料位始终保持在适当的位置，发现料位不平衡时，对单个原材料喂料量或对总喂料量进行调整，当发现料仓破损漏料应立即修理，吸尘器的粉尘不应随热料进入热料仓，避免造成粉尘积聚影响质量稳定，应把来自除尘器的粉尘，存入独立设置的粉尘仓内，进行计量使用。

**4. 矿料和沥青的称量质量控制**

（1）设备投产前集料和沥青称量磅称均应该用标准砝码校验。

（2）称量传感系统和刀口支撑系统均应经常进行清理保洁，防止传动部件粘连其他杂物，称量系统出现任何黏滞物都会使标度盘给出错误的数值，标度盘上的指针应能自由摆动，无荷载时指针应指在零位。

（3）搅拌设备运转后应定期检验磅称空载时是否平衡对零，然后称量一拌料再加上砝码检验标度盘的增量是否与所加砝码相符。

（4）矿料的称量次序应该按照粗粒料，细粒料，粉尘，矿粉的次序，避免称量时细料从称量斗下部漏出。

（5）应注意调整热料仓下料门的开启度，尤其细料仓料门开启度不宜过大，否则下料量过猛将影响填充料矿粉的用量，对产品质量影响很大。

（6）每天生产前都要对沥青称量罐进行标定对零，开始生产时往往需要用新沥青熔化前一天积存在罐壁和罐底的旧沥青，把积存的沥青用掉后，沥青称量罐的皮重将发生变化，还需要标定对零。

**5. 沥青混合料拌合质量控制**

（1）对搅拌器结构要求和拌合量的确定

目前强制式沥青拌合设备多数使用双轴式桨叶拌合机，是由一个装有两根横轴的搅拌锅，横轴上面装有几对搅拌臂，每个搅拌臂上都装有易于拆卸的搅拌掌，便于调整更换。要求拌锅内无"死区"即搅拌掌没有搅拌不到的地方，要求搅拌掌与锅底衬板间的空隙小于所拌混合料最大粒径的1/2，如果搅拌掌和衬板磨损应及时更换。

拌合量的确定是以搅拌时能够在被搅拌材料的表面上看见搅拌掌的顶面为好，如果搅拌量过大，混合料料面超过搅拌掌，有部分材料悬浮在搅拌掌上面得不到充分拌和造成搅拌不均匀，如果装料太少造成效率低，材料也得不到充分拌合。

（2）搅拌温度的确定

沥青属于热塑性材料，黏度随着温度升高而降低，其温度和黏度的关系随着油源类型和标号的不同而变化，拌和温度的确定是根据骨料烘干去除水分，骨料外部被沥青油膜充分覆盖以及摊铺碾压所需最低温度确定，一般规定最佳拌合温度是从沥青的运动黏度达到 150～300 厘托（赛氏黏度 75～150s）时所需要的加热温度范围内选定。按沥青路面施工规范要求沥青加热温度及沥青混合料施工温度应符合，表 10-6 中的规定。在确定拌合温度时还应考虑混合料的种类、含粗粒料的多少、拌合的难易程度、粗骨料多、矿粉用量少，便于碾压成型可以采用拌合温度上限，反之则要采用温度下限，矿料的加热温度，是在满足拌合后产品温度要求的前提下确定，通常要比产品温度高出 10～20℃。

**热拌沥青混合料的施工温度**　　　　　表 10-6

| 沥青种类 | 石油沥青 | | | 煤沥青 | |
|---|---|---|---|---|---|
| 沥青标号 | AH-50<br>AH-70<br>AH-90<br>A-60 | AH-110 AH-130<br>A-100　A-140<br>A-180 | A-200 | T-8<br>T-9 | T-5<br>T-6<br>T-7 |
| 沥青加热温度 | 150～170 | 140～160 | 130～150 | 100～130 | 80～120 |

| 沥青种类 | | 石油沥青 | | | 煤沥青 | |
|---|---|---|---|---|---|---|
| 矿料温度 | 间歇式拌合机 | 比沥青加热温度高 10~20（填料不加热） | | | 比沥青加热温度高 15（填料不加热） | |
| | 连续式拌合机 | 比沥青加热温度高 5~10（填料加热） | | | 比沥青加热温度高 8填料加热 | |
| 沥青混合料出厂正常温度 | | 140~165 | 125~160 | 120~150 | 90~120 | 80~110 |
| 混合料贮料仓贮存温度 | | 贮料过程中温度降低不超过 10 | | | 贮料过程中温度降低不超过 | |
| 运输到现场温度 | | 120~150 | | | 不低于 90 | |
| 摊铺温度 | 正常施工 | 不低于 110~130 且不超过 165 | | | 不低于 80 不超过 120 | |
| | 低温施工 | 不低于 120~140 且不超过 175 | | | 不低于 100 不超过 140 | |
| 碾压温度 | 正常施工 | 110~140 且不超过 110 | | | 80~110 不低于 75 | |
| | 低温施工 | 120~150 且不超过 110 | | | 90~120 不低于 85 | |
| 碾压终了温度 | 钢轮压路机 | 不低于 70 | | | 不低于 50 | |
| | 轮胎压路机 | 不低于 80 | | | 不低于 60 | |
| | 振动压路机 | 不低于 65 | | | 不低于 50 | |
| 开放交通温度 | | 路面冷却后 | | | 路面冷却后 | |

（3）混合料拌合时间的确定

矿料从称料斗开启到沥青加入拌锅以前，这段时间为干拌时间，从沥青开始加入到搅拌锅开启出料为湿拌时间，两项拌合时间之和为总拌合时间。拌合时间的长短与骨料和沥青进入拌合锅的分布情况、搅拌轴的转速以及搅拌臂和搅拌掌的结构、布置间距、矿料级配、粒径大小、填充料多少及温度等因素有关。拌合时间不足不能使沥青与矿粉所组成的粘结料均匀的分布在集料表面；拌合时间延长，沥青与烘热的矿料在空气的充分作用下将使矿料周围沥青膜加速老化。因此在保证拌合均匀的情况下，拌合时间应越短越好。

就每一台沥青混合料拌合设备来说，可以根据不同品种混合料确定搅拌时间，它是把矿料和沥青在拌合锅内经过一定时间的搅拌后，取一定数量的样品，挑选全部裹覆沥青的粗颗粒，占所取混合料颗粒的百分率来确定搅拌时间其具体步骤如下：

1）沥青和矿料在拌合机内先确定搅拌 30s，然后把搅拌的料放入卡车中，从料堆的上、中、下三个部位采集样品 2-4kg。

2）样品趁热分批过筛，尽量减小摆动，选取通过 13mm 并在 5mm 筛上遗留的粗颗粒 200～500 粒。

3）将所选的颗粒铺在清洁的白色平盘上，在阳光下仔细检查每个颗粒裹覆沥青情况，即使有一小部分没有裹上沥青也作为部分裹覆。

4）用下列公式计算完全覆颗粒的百分比

$$完全裹覆百分比 = \frac{完全裹覆沥青的颗粒数量}{全部颗料数量} \times 100$$

美国和日本规范规定对路基混合料要求达到 90% 完全裹覆率，对面层混合料要求达到 95% 完全裹覆率，搅拌机生产一拌能够满足最低裹覆率要求，所需的搅拌时间，作为规定的最低搅拌时间。

## （五）质 量 检 验

### 1. 总体要求

（1）沥青混合料生产应根据全面质量管理的要求，建立有效的质量保证体系，实行严格的目标管理，工序管理与岗位责任制度，对生产各工序的质量都要进行检查、控制、评定，达到所规定的质量标准，确保产品质量稳定。

（2）沥青混合料质量检验包括混合料所用原材料质量检验和混合料产品检验。检验方法应按照公路工程沥青及沥青混合料试验规程 JTJ058—2000 规定的方法进行。

（3）原材料质量检验分为全部项目检验和部分项目检验，生产前应对所用的原材料作全部项目检验，生产过程中由于材料来源或规格发生变化，也需要按照相关规范对材料的质量要求作全部项目的检验。日常生产质量检验可只作部分项目质量检验，检查项目和检查频度按沥青路面施工及验收规范 GB50092—96 的要求，见表 10-7。

施工过程中材料质量检查的内容与要求　　　　表 10-7

| 材　　料 | 检查项目 | 检查频度 | |
| --- | --- | --- | --- |
| | | 高速公路、一级公路、城市快速路、主干道 | 其他等级公路与城市道路 |
| 粗集料 | 外观（石料品种、扁平细长颗粒、含泥量等）<br>颗粒组成<br>压碎值<br>磨光值<br>洛杉矶磨耗值<br>含水量<br>松方单位重 | 随时<br>必要时<br>必要时<br>必要时<br>必要时<br>施工需要时<br>施工需要时 | 随时<br>必要时<br>必要时<br>必要时<br>必要时<br>施工需要时<br>施工需要时 |
| 细集料 | 颗粒组成<br>含水量<br>松方单位重 | 必要时<br>施工需要时<br>施工需要时 | 必要时<br>施工需要时<br>施工需要时 |
| 矿粉 | 外观<br>$<0.075mm$ 含量<br>含水量 | 随时<br>必要时<br>必要时 | 随时<br>必要时<br>必要时 |

| 材　　料 | 检查项目 | 检查频度 | |
|---|---|---|---|
| | | 高速公路、一级公路、城市快速路、主干道 | 其他等级公路与城市道路 |
| 石油沥青 | 针入度<br>软化点<br>延度<br>含蜡量 | 每 100t　1 次<br>每 100t　1 次<br>每 100t　1 次<br>必要时 | 每 100t　1 次<br>必要时<br>必要时<br>必要时 |
| 煤沥青 | 黏度 | 每 50t　1 次 | 每 100t　1 次 |
| 乳化沥青 | 黏度<br>沥青含量 | 每 50t　1 次<br>每 50t　1 次 | 每 100t　1 次<br>每 100t　1 次 |

## 2. 沥青混合料检验

沥青混合料质量检验包括外观质量检验，温度检验和室内试验，具体项目和内容要求如下：

(1) 外观质量检验

1) 拌合均匀性检验　要求每拌混合料颜色均匀一致，粗粒料表面被沥青矿粉和细砂包裹形成一定厚度的油膜，粗细集料不得产生离析，粗集料不得有光石子，细集料应是数个颗粒粘结在一起，但也不能形成结团成块现象。

2) 混合料油量和级配检验　混合料油量和级配应与标准配合比的试样相对照，从外观观测矿料表面应显现一定厚度的油膜，不应显得干枯。但沥青量又不过多超过矿料本身的持油能力，沥青碎石混合料表面油膜厚度比沥青混合料油膜厚度应适量增加。矿料级配由粗到细应连续，每种粒径的颗粒都有适当含量，并且中间粒径的颗粒含量较多。

3) 混合料产品温度观测　混合料拌合后，从拌合器放出的烟气大小和烟气停留时间可判断产品温度。由于季节气温变化，拌合后的混合料显现出不同的烟气浓度。高温季节从拌合器拌合出的混合料放入车槽时出现一股微弱的热烟气，但时间不长，约

表 10-8

## 热拌沥青混合料室内检验

| 检验项目 | 检查频度 | 质量要求或允许偏差 | | 试验方法 |
|---|---|---|---|---|
| | | 高速公路、一级公路城市快速路、主干路 | 其他公路与城市道路 | |
| 外观 | 随时 | 表面平整密实，不得有轮迹、裂缝、推挤、油丁、油包、花白料现象 | | 目测 |
| 矿料级配：与生产设计标准配比的差 方孔筛 圆孔筛 0.075mm 0.075mm ≤2.36mm ≤2.5mm ≥4.75mm ≥5.0mm | 每台拌合设备 1次或2次/日 | ±2% ±6% ±7% | ±2% ±7% ±8% | 拌合厂取样，用抽提后的矿料筛分，应至少检查0.075mm、2.36mm、4.75mm，最大集料粒径及中间粒径等5个筛孔，中间粒径官为9.5mm（圆孔，10）；粗粒式为13.2mm（圆孔,15） |
| 沥青用量（油石比） | 每台拌合设备 1次或2次/日 | ±0.3% | ±0.5% | 拌合厂取样，离心法抽提或燃烧法 |
| 马歇尔试验 稳定度 流值 密度、空隙率 | 每台拌合设备 1次或2次/日 | 符合 GB50092—96 | | 拌合厂取样成型试验 |
| 浸水马歇尔试验 | 必要时 | 符合 GB50092—96 | | 拌合厂取样成型试验 |

188

20～40s待下一拌放料前烟气基本看不见了。低温季节刚从拌合器出来时混合料出现较大烟气，但随着时间延长逐渐减弱，一般情况应在下一拌出料前只显现出少量烟气，这种现象混合料的温度属于正常。如混合料没有出现烟气则混合料温度偏低，如果长时间冒大烟气则混合料温度太高，温度低不便于施工操作，压实密度达不到质量要求，温度太高会加快沥青老化缩短路面使用寿命。所以发现温度过低或过高的混合料都要立即停止搅拌设备生产，用温度计实测混合料温度，如确实不符合要求应将已生产的混合料废弃，并将热料仓已加热的材料放出。

（2）混合料温度检验

对出厂的每车沥青混合料都要进行温度检验，发现温度偏高或偏低都要及时向生产操作人员反馈及时调整。

沥青混合料室内检验

沥青混合料生产过程中每日试验室都要取现场生产的混合料进行马歇尔技术指标和矿料级配和油石比检验，检验项目，频度质量要求或允许偏差值，见表10-8。

**3. 沥青混合料的质量问题及原因**

沥青混合料生产过程中往往会出现一些质量问题，现把常见的质量问题和可能产生的原因汇总，见表10-9。

沥青混合料生产中出现的问题及可能产生的原因　　　表 10-9

| 可能原因＼质量缺陷 | 沥青含量不合格 | 矿料级配不合格 | 混合料出现花料 | 温度波动大 | 拌合重量与实际不符 | 粗骨料沥青油膜薄 | 混合料不均匀 | 混合料中沥青过量 | 料车内混合料冒烟气大 | 沥青混合料冒水蒸气 | 混合料色泽灰暗 |
|---|---|---|---|---|---|---|---|---|---|---|---|
| 矿料称量不准 | √ | √ | √ | | √ | √ | √ | √ | | | √ |
| 沥青称量不准 | √ | | | | √ | √ | √ | √ | | | √ |
| 矿料中沥青分布不匀 | √ | | √ | | | √ | √ | √ | | | √ |
| 拌合时间短 | √ | √ | √ | | | | | | | | √ |
| 称量斗漏料 | √ | | | | | | | | | | √ |

| 可能原因 \ 质量缺陷 | 沥青含量不合格 | 矿料级配不合格 | 混合料出现花料 | 温度波动大 | 拌合重量与实际不符 | 粗骨料沥青油膜薄 | 混合料不均匀 | 混合料中沥青过量 | 料车内混合料烟气大 | 沥青混合料冒水蒸气 | 混合料色泽灰暗 |
|---|---|---|---|---|---|---|---|---|---|---|---|
| 拌合机作业不稳定 | ✓ | ✓ | ✓ | ✓ | ✓ | ✓ | | ✓ | ✓ | ✓ | |
| 取样不准 | ✓ | ✓ | | | | | | ✓ | | | |
| 热料仓分隔不严 | | ✓ | | | | | ✓ | | | | |
| 热料筛筛网破损 | | ✓ | | | | | | | | | |
| 冷上料不均 | | ✓ | | | | | ✓ | ✓ | | | ✓ |
| 筛网超载 | | ✓ | | | | | | | | | |
| 进厂材料质量变化 | ✓ | | ✓ | | | ✓ | | | | | |
| 烘干机超负荷运转 | | | ✓ | ✓ | | | | | | ✓ | |
| 材料烘干温度低 | | | ✓ | | | ✓ | | | | ✓ | ✓ |
| 材料烘干温度高 | | | | | | | | | ✓ | | |
| 热料仓中混入粉尘 | | | | | | ✓ | | | | | ✓ |
| 烘干器操作不当 | | | | | ✓ | | | | | ✓ | |
| 矿料含水量大 | | | | | | ✓ | | | | ✓ | |
| 溢料溜槽失灵 | | | | | | | | ✓ | | | |
| 喷油管油孔分配不均 | | | | | | | ✓ | | | | |
| 矿粉供料不匀 | | | | | | | | ✓ | | | ✓ |

注：凡打✓号的项目都是与质量缺陷问题有相关性。

# 思 考 题

1. 按沥青混合料最大粒径应该分为哪几类？

2. 沥青混合料强度形成原理分为哪几种组成结构？影响强度主要因素是什么？

3. 沥青混合料路用性质及质量关系？

4. 热拌沥青混合料马歇尔试验项目、单位和技术指标是什么？

5. 沥青混合料配合比设计分哪三个阶段？每个阶段主要工作内容是什么？

6. 目标配合比设计阶段、矿料级配和油石比的确定方法是什么？

# 十一、砂、石料场

## （一）贮 存 方 式

砂石材料是生产沥青混合料的主要材料，为了保证生产出优质的沥青混合料，除对砂石材料本身要求具备良好的技术指标外，砂石材料在贮存当中应严格防止混料，尽量减少含水量。如果混料就很难保证骨料的级配准确，上料的速度难以控制造成烘干温度的不稳定，使热料仓贮料不平衡，从而影响生产的质量和产量，骨料含水量的增加，会降低干燥筒的生产能力和加大燃料的消耗。因此，对砂石料的贮存提出以下要求。

1. 根据年、月产量和砂石料的供应情况，来确定冷料进料系统工作容量（如贮料场面积或料斗容积）。

2. 材料的分隔数。材料的分隔数指的就是料堆或料斗的数量。材料种类数是由混合料设计及可供采用粒料级配决定的。而材料种类数决定料堆或料仓数。

3. 各种规格料堆之间应设置隔离墙，严防不同规格的砂石料混合。

4. 贮料场要有良好的排水措施，以最大限度的降低砂石料的含水量。贮料场地最好硬化处理，以利于砂石料的干净和搬运机械的磨耗减少，应还有适当的坡度和排水沟槽。所使用材料的类型，应考虑各种粒料所具有的特性。例如，如果使用的是高度磨耗的粒料，如暗色岩或黏性材料，那么，在进行加工时，这些材料很可能在料斗的入口处堵结起来或粘结在给料机上。为了避免出现这些情况，必须设计适合输送该类料的装置。

5. 灵活性。在设计时，应当考虑拌合料应有一定的灵活性。

用户常需不同的混合料，就必须有一个能对搅拌过程进行快速而经济的转换的系统。

图 11-1 所示，即典型的砂石进料（传送）系统各主要工序流程。

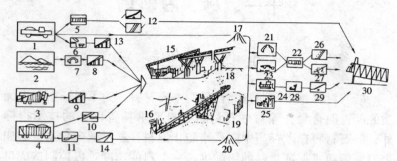

图 11-1　典型的粒料进料（传送）系统各主要工序流程

1—汽车运输；2—驳船运输；3—石料加工设备；4—轨道车运输；5—贮料斗；6—倾倒；7—（抓斗）夹取；8—输送；9—输送；10—用轨式料斗及带式输送机传送；11—卸料机；12—用带式提升机或斗式提升机传送；13—输送；14—用移动式输送机传送；15—皮带输送机；16—环形堆料机；17—料堆；18—料堆；19—料堆；20—料堆；21—（抓斗）抓取；22—贮料斗；23—用前置式装料机（装载机）；24—用推土机推送；25—用隧道式输送机传送；26—用斗式提升机传送；27—用带式输送机传送；28—带挡墙的料堆；29—用带式输送机传送；30—（烘干）设备

砂石料的贮存可分为以下三种：

第一种，露天贮存，目前国内绝大多数城市采用露天贮存的方式。堆放时最重要的是防止集料离析，为了减少离析，各种规格的砂石料应分层堆放，每层厚度不应超过 1m。

对不同规格、不同来源的砂石料应分别堆放，防止不同规格的砂石料混杂，也可在砂石料贮存场建立隔断墙。

这种贮存方式适合于生产量大、贮存量多、来料计划不准。便于使用推土机、液压铲车等机械转装。缺点：雨季造成砂石料含水量大。

第二种，防雨棚贮存，为了控制砂石料中的含水量，可在料堆上搭建顶棚，目前国内采用这种贮存方式有上海、广州、大连等城市，适合南方多雨、来料计划均匀的城市。尤其对于细集料，应要求必须有防雨措施，近年北京也有不少拌合站采取防雨棚贮存砂石料。缺点：投资较大、贮量少，使用机械转装不方便。

　　第三种，筒仓贮存，随着环保方面的要求越来越严格，为了减少扬尘，国外搅拌站对各种砂石料进行封闭贮存。筒仓有用金属波纹管圆筒形的，也有用混凝土块砌成方形的，并且它们都是竖直式的，其容量应能容纳 5 天工作所需的砂石料。筒仓贮存优点：占地面积小，不受雨水影响，灰尘少；缺点：筒底部的砂石料含水量较大，有时细料积聚卸出，如果装上振动器可消除此现象。适用于固定式搅拌站，见图 11-2 所示。

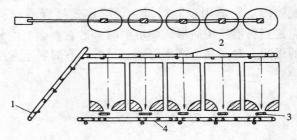

图 11-2　冷骨料贮存筒仓
1—斗式提升机；2—皮带卸料器；3—定量给料器；4—皮带输送机

# （二）输 送 方 式

　　砂石料输送是联系砂石料堆放场地和拌合机的纽带，均匀稳定地输送砂石料是保证连续生产前提。砂石料输送一般采用皮带输送机、也可采用装载机，将砂石料运送到冷料仓后经皮带输送到拌合机，还可采用推土机直接将集料推到冷料上料装置。但是无论采用何种方式，都必须保证不同规格的砂石料按比例均匀地输送到干燥滚筒。

冷骨料的供给和输送装置

冷骨料的供给是指将各种规格的砂石料由贮料场运输并装入到各冷料斗内。有以下几种方法：

1. 采用液压装载机方法。将贮料场的砂石料分别装入冷料斗。这种方法灵活机动，最适合移动式的沥青混合料搅拌设备使用。我国普遍采用此方法。

2. 采用天车抓斗方法。将贮存在天车行走范围内贮存的砂石料抓起、提货运到冷料斗内，它适用于设有防雨棚，贮量不多的固定式沥青混合料搅拌设备。

3. 采用地下通廊或筒仓贮存的方法。将冷料斗设在贮料堆的最下部，用推土机供料，通过地下通廊内的皮带运输机将骨料送入干燥筒内。它适用于贮料量大、固定式沥青混合料搅拌设备。缺点是当料堆使用后形成料坑洞时，砂石料会产生分离破坏了原料的级配，对产品会产生影响。另外，有时料堆起拱后清理时很危险。

# （三）运行与管理

合格的原材料是保证产品合格的前提，购进的砂石料经验收合格后进入堆放场地，必须采取必要的措施避免砂石料被污染而成为不合格料，所以料场管理是保证产品质量的一个重要环节。

首先，砂石料堆放场地在满足方便上料的同时，还应满足质量要求，要求场地洁净坚实，利于排水，细集料应有防雨措施。

不同规格的砂石料应分别堆放并做好标识，不能互相混杂，料场应有专人负责，加热过的砂石料不能重新放回砂石料堆与新料混合，应单独存放。

砂石料在卸料、取料过程中会产生粉尘污染，尤其在干燥和多风季节，所以料场应做好环境保护，减少扬尘，必要时洒水降尘。

# 思 考 题

1. 对砂石料贮存的要求是什么? 有几种方式?
2. 冷骨料供给和输送方式有几种?
3. 对砂石料场如何运行与管理?

# 十二、沥青、燃油

## （一）性　　能

沥青性能，请见九（章）。

沥青混合料生产过程中一个重要的环节就是砂石料的烘干，通常烘干砂石料所用的燃料油有重柴油、燃料油（重油、渣油）。以前一般都使用重柴油，近些年为节约能源降低成本各单位纷纷对燃烧器进行改造而使用燃料油，其中的渣油，因其价格便宜、热值高，所以目前使用的最多，下面介绍常用的几种燃油。

### 1. 重柴油

重柴油为黄色易燃液体，主要组分为 C18～C40 的烃类。重柴油黏度适宜、喷油雾化性良好、燃烧性能好、热值高，主要用作发动机燃料。重柴油含硫量低、不腐蚀机件、残炭较低。其国家标准，见表 12-1。

**国家标准 GB 445—77（88）**　　　　表 12-1

| 项　　目 | | 质量指标 | | | 试验方法 |
|---|---|---|---|---|---|
| | | 10 号 | 20 号 | 30 号 | |
| 运动黏度（50℃）（mm²/s） | 不大于 | 13.5 | 20.5 | 36.2 | GB/T 265—88 |
| 残炭［%（m/m）］ | 不大于 | 0.5 | | 1.5 | GB/T 268—87 |
| 灰分［%（m/m）］ | 不大于 | 0.04 | 0.06 | 0.08 | GB/T 508—85 |
| 硫含量［%（m/m）］ | 不大于 | 0.5 | | 1.5 | GB/T 387—90 |
| 机械杂质［%（m/m）］ | 不大于 | 0.1 | | 0.5 | GB/T 511—88 |
| 水分［%（m/m）］ | 不大于 | 0.5 | 1.0 | 1.5 | GB/T 260—77（80） |
| 闪点（闭口）（℃） | 不低于 | 65 | | | GB/T 261—83 |
| 倾点（℃） | 不高于 | 13 | 23 | 33 | GB/T 3535—83 |

表 12-2

## 行业标准　SH/T 0356—1996

| 项　目 | | 质　量　指　标 | | | | | | | | 试验方法 |
|---|---|---|---|---|---|---|---|---|---|---|
| | | 1号 | 2号 | 4号轻 | 4号 | 5号轻 | 5号重 | 6号 | 7号 | |
| 闪点（闭口）（℃） | 不低于 | 38 | 38 | 38 | 55 | 55 | 55 | 60 | — | GB/T 261 |
| 闪点（开口）（℃） | 不低于 | — | — | — | — | — | — | — | 130 | GB/T 3536 |
| 水和沉淀物 [%（V/V）] | 不大于 | 0.05 | 0.05 | 0.50① | 0.50① | 1.00① | 1.00① | 2.00① | 3.00① | GB/T 6533 |
| 馏程（℃） | | | | | | | | | | GB/T 6536 |
| 　10%回收温度 | 不高于 | 215 | — | — | — | — | — | — | — | |
| 　90%回收温度 | 不低于 | — | 282 | — | — | — | — | — | — | |
| 　90%回收温度 | 不高于 | 288 | 338 | — | — | — | — | — | — | |
| 运动黏度（mm²/s） | | | | | | | | | | |
| 　40℃ | 不小于 | 1.3 | 1.9 | 1.9 | 5.5 | — | — | — | — | GB/T 265 |
| | 不大于 | 2.1 | 3.4 | 5.5 | 24.0② | — | — | — | — | 或 |
| 　100℃ | 不小于 | — | — | — | — | 5.0 | 9.0 | 15.0 | — | GB/T 11137 |
| | 不大于 | — | — | — | — | 8.9② | 14.9② | 50.0② | 185 | |
| 10%蒸余物残炭 [%（m/m）] | 不大于 | 0.15 | 0.35 | 0.05 | 0.10 | 0.15 | 0.15 | — | — | SH/T 0160 |
| 灰分 [%（m/m）] | 不大于 | | 0.50 | | | | | | | GB/T 508 |
| 硫含量 [%（m/m）] | 不大于 | 0.50 | 0.50 | — | — | — | — | — | — | GB/T 380 或<br>GB/T 388 或<br>GB/T 11140 |
| 铜片腐蚀（50℃，3h）（级） | 不大于 | 3 | 3 | — | — | — | — | — | — | GB/T 5096 |

| 项目 | | 1号 | 2号 | 4号轻 | 4号 | 5号轻 | 5号重 | 6号 | 7号 | 试验方法 |
|---|---|---|---|---|---|---|---|---|---|---|
| 密度(20℃)(kg/m³) | 不小于 | — | — | 872① | — | — | — | — | — | GB/T 1884及 |
| | 不大于 | 846 | 872 | — | — | — | — | — | — | GB/T 1885 |
| 倾点(℃)④ | 不高于 | -18 | -6 | -6 | -6 | — | — | ⑤ | — | GB/T 3535 |

①用 GB/T 260 蒸馏方法测得的水分加上用 GB/T 6531 抽提法测得的沉淀物的总量不应超过表上所示的值。对6号燃料油油抽提法所得的沉淀物不得超过0.50%(m/m)，当水分和沉淀物超过1%(V/V)时，应在总量中全部扣除。当7号燃料油的水分和沉淀物超过2%(V/V)时，应在总量中全部扣除，以 GB/T 6533 测定结果为准。

②当需要低硫燃料油的情况下，可根据供需双方商定，供给黏度小的燃料油。

③这个限值是为了保证最低的热值，也为了避免误报为2号燃料油和不正确的使用。

④只要贮存和使用需要，可以规定较低和较高的倾点，但当规定倾点低于-18℃时，2号燃料油的黏度应不小于1.7mm²/s，同时不控制90%的回收温度。

⑤如果需要低硫燃料油，6号燃料油应分等级为低倾点的(不高于+15℃)或高倾点的(不控制最高值)，如果油罐和管线无加热设施，应使用低倾点的燃料油。

注：1.本标准的某一个牌号燃料油只有一个指标不符合，也不能自动改为下一级牌号。除非它符合下一级牌号的全部要求。然而，对特殊操作条件的个别指标的修改可在买方、卖方和生产厂间协商。但是表1中规定的试验方法是仲裁方法。

2.试验方法也可采用第2章所列的相应方法。

生产方法：由原油经减压蒸馏所得的直馏重质馏分，或者与二次加工重质柴油组分或适量的轻质柴油组分调合而得的产品，即为最终产品。

用途：主要用于中、低速柴油发动机作燃料。

包装、运输与贮存：按《石油产品包装、贮运及交货验收规则》（SHO164—92）进行。注意防火、防静电，严禁混入汽油。

**2. 燃料油（重油、渣油）**

燃料油为黑褐色黏稠状可燃液体，黏度适中，燃料性能好，发热量大。用作锅炉燃料，雾化性良好，燃烧完全，积炭及灰分少，腐蚀性小。其闪点较高，贮存及使用较安全。燃料油按 SH/T0356—1996 分为 1 号、2 号、4 号轻、4 号、5 号轻、5 号重、6 号和 7 号 8 个牌号。其中渣油为燃料油中最差的一种，但价格便宜。其行业标准，见表 12-2。

生产方法：由原油经减压蒸馏后所得的渣油，经减黏度或调入其他馏分油或二次热加工渣油而制得。1 号和 2 号燃料油是馏分燃料油；4 号轻和 4 号是重质馏分燃料油，或者是馏分燃料油与残渣燃料油混合而成的燃料油；5 号轻、5 号重、6 号和 7 号是黏度和馏程范围递增的残渣燃料油。

用途：主要用于锅炉或冶金等工业炉用燃料，亦可用作重油制氢或生产炭黑的原料。1 号和 2 号燃料油适用于家用或工业小型燃烧器上使用，特别是 1 号燃料油适用于气化型燃烧器，或用于贮存条件要求低倾点燃料油的场合。4 号轻和 4 号燃料油适用于要求该黏度范围的工业燃烧器上。5 号轻、5 号重、6 号和 7 号燃料油适用于工业燃烧器。为了装卸和正常雾化，燃料油通常需要预热。

包装，运输与贮存：按《石油产品包装、贮运及交货验收规则》（SHO164—92）进行。

# （二）贮存和输送

我国使用的路用沥青有桶装的固体沥青和散装的液体沥青两

种，从产地经由铁路和公路送到各施工单位的沥青仓库中贮存。为了使沥青变成具有足够温度的液态沥青（以备用），沥青仓库中除了贮存沥青外，还要有使沥青熔化、脱水并加热到工作温度的加热装置和管道输送设施。

如果供油箱的位置与拌合机的位置相距 12.2m 以上，则要将燃油供给管及回油管直径在原设计基础上增加 2.5cm。

根据表 12-3，可以比较方便地确定沥青贮存罐的尺寸，沥青管道以及加热器尺寸。但是我们也应注意，这些尺寸因不同设计方案以及具体的工作环境会作相应的变动。沥青材料的运输距离、运输方法、不同的加热设备、沥青材料的类型以及所用燃料等因素都可能对这些尺寸的选择产生影响。

关于选用沥青贮箱＼沥青管道及加热器的技术资料

表 12-3（1）

| 加工能力（t/h） | 30 | 55 | 80 | 105 | 130 | 155 | 180 | 205 | 250 |
|---|---|---|---|---|---|---|---|---|---|
| 每 10h 加工量（估算值）（t） | 250 | 500 | 750 | 1000 | 1250 | 1500 | 1750 | 2000 | 2450 |

沥青量＼沥青贮箱及沥青管道　　　表 12-3（2）

| 每日沥青需要量（t） | 15 | 30 | 45 | 60 | 75 | 90 | 105 | 120 | 147 |
|---|---|---|---|---|---|---|---|---|---|
| （按 6%配比）（L） | $0.144 \times 10^5$ | $0.288 \times 10^5$ | $0.432 \times 10^5$ | $0.575 \times 10^5$ | $0.719 \times 10^5$ | $0.863 \times 10^5$ | $1.007 \times 10^5$ | $1.151 \times 10^5$ | $1.403 \times 10^5$ |
| 沥青贮箱（个） | 1 | 2 | 2 | 2 | 2 | 3 | 3 | 3 | 4 |
| 贮量（L） | $1.51 \times 10^4$ | $1.51 \times 10^4$ | $2.27 \times 10^4$ | $3.03 \times 10^4$ | $3.79 \times 10^4$ | $3.03 \times 10^4$ | $3.79 \times 10^4$ | $3.79 \times 10^4$ | $3.79 \times 10^4$ |
| 沥青管道直径（cm） | 5.1 | 5.1 | 5.1 | 7.6 | 7.6 | 7.6 | 7.6 | 7.6 | 7.6 |

燃　油　用　量　　　表 12-3（3）

| 每日燃油消耗量（估算值）（L） | $0.19 \times 10^4$ | $0.38 \times 10^4$ | $0.57 \times 10^4$ | $0.76 \times 10^4$ | $0.95 \times 10^4$ | $1.14 \times 10^4$ | $1.33 \times 10^4$ | $1.52 \times 10^4$ | $1.86 \times 10^4$ |
|---|---|---|---|---|---|---|---|---|---|
| 燃油箱容量（L） | $0.76 \times 10^4$ | $0.76 \times 10^4$ | $1.14 \times 10^4$ | $1.51 \times 10^4$ | $1.89 \times 10^4$ | $2.27 \times 10^4$ | $3.03 \times 10^4$ | $3.03 \times 10^4$ | $3.79 \times 10^4$ |
| 燃油供给管和回油管直径（cm） | 5.1 | 5.1 | 7.6 | 7.6 | 7.6 | 7.6 | 7.6 | 7.6 | 10.2 |

| 热油管尺寸（cm） | 5.1 | 5.1 | 5.1 | 5.1 | 5.1 | 5.1 | 5.1 | 5.1 | 5.1 |
|---|---|---|---|---|---|---|---|---|---|
| 每小时输出热量（万大卡） | 474.8 | 474.8 | 791.3 | 844 | 844 | 1266 | 1688 | 1688 | 2110 |
| 每日燃料消耗量（L） | 265 | 265 | 265 | 341 | 341 | 341 | 473 | 473 | 552 |

## 1. 沥青的贮仓

（1）沥青贮仓的用途和类型

沥青贮仓是用于沥青贮存、防止水浸和其他污染，使其熔化成液体并被加热到一定温度的设施。

为了保证生产的连续进行，以及沥青进行脱水处理，一般须在厂内设置贮油罐存放沥青。贮存天数决定于沥青的运输距离，可参考表 12-4 确定沥青的贮存期。

沥青的贮存期　　　　　表 12-4

| 运输方式 | 运输距离（km） | 贮存天数（天） | 运输方式 | 运输距离（km） | 贮存天数（天） |
|---|---|---|---|---|---|
| 铁路运输 | > 1000<br>300 ~ 1000<br>< 300 | > 15<br>8 ~ 15<br>2 ~ 8 | 管路运输 | > 20<br>5 ~ 20<br>< 5 | 4<br>3<br>2 |

贮仓的数量一般不宜少于 3 个。一个用于加热，一个在使用，一个用于装沥青。当设置机台贮罐时贮仓和机台贮罐不宜少于 3 个。每个机台沥青的容量以不小于 1 ~ 2 天用量为宜。如设配油房的话，其贮罐最少有一空罐以备待用。

沥青贮仓有多种形式。可按贮仓的容量大小和用途、沥青加热装置的形式与结构等来分类。

按沥青贮仓容量和用途来分，有容量在 100t 以下的可搬移的沥青罐，还有容量为 100t 以上的闭式永久性沥青贮仓。

按照贮仓内沥青加热方式，沥青贮仓又分为：蒸汽加热式、导热油加热式、太阳能加热式、远红外线加热式等几种。后三种是近年来才发展起来的。

1) 蒸汽加热式　是一种较为古老的加热方式，它以 0.6～1.2MPa 压力的蒸汽作为热介质，通过蒸汽导管和蛇形管将热量传给沥青。以蒸汽作为热介质的优点是：加热工况较柔和，我国煤源丰富而价廉，故而经济性较好。其缺点是：因热介质的温度不很高，故所需蛇形管面积较大，当蛇形管的气密性受破坏时，蒸汽有可能渗漏到沥青中。此外，蒸汽锅炉的使用较麻烦同时，加热压力高，不安全因素增多。

2) 导热油加热式　是利用具有高闪点的矿物油为介质，通过池中的蛇形管来加热沥青，导热油的热量来自导热油加热器。该加热器还使导热油在导管中不断地循环流动。导热油加热沥青的优点：设备紧凑、方便、加热柔和（导热油最高温度为 320℃）。缺点：在导热油加热器中，有可能使导热油焦化变质，甚至引起火灾。这是因为目前可用的导热油有两种：一种是无毒而易起火，另一种是不易失火，但毒性很大。通常都选用前一种。此外，导热油加热需配用一台使油进行循环的泵，同时备一台，当故障停机时，导热油循环不停止。

3) 太阳能加热式　是利用太阳的辐射热透过沥青贮池上面的玻璃盖板来加热沥青的。由于太阳射到地面上的辐射热不很大，所以它只能用来化固态沥青。要使沥青达到能泵吸的温度或工作温度，还必须辅以其他的加热方式。

4) 远红外线加热式　是利用物体发射的远红外辐射来促使沥青分子运动激化，从而使其温度上升的。它即可单独使用，也可配合其他加热方式（例如太阳能加热）共同把沥青加热到工作温度。这种加热方式的优点是：干净、无污染、易控制温度、不会使沥青老化等。缺点是：它仅在电力价廉而充足的地区才有实用价值，所以它的使用有一定的局限性。

综上所述，用蒸汽和导热油加热沥青，由于热介质的温度不会超过 350℃（一般为 270～300℃），不会使沥青产生老化变质的情况，因而基本上保持了沥青原来的特性。由于温度不太高，也就形成了使沥青逐渐被加热的良好工况。但正由于热介质对沥青的传热效率不大（温度仅 150～200℃），加热导管要有较大的表面积才能保证给定的加热效率。一般情况下，每 $1m^3$ 沥青应配备 $0.5～1m^2$ 的加热导管表面积。目前沥青混凝土行业广为使用导热油加热沥青。

(2) 按材料和结构分类

有钢制沥青贮仓（罐）和钢筋混凝土的沥青贮仓。一般现在都采用地上钢制贮仓（罐），外层都有保温层，以减少热损失。

1) 钟罩式沥青罐中罐

它主要是由一个大贮罐和大贮罐中的钟罩式高温罐组成，因高温罐在大罐中呈钟形悬空布置，故名为钟罩式沥青罐中罐（以下简称小罐）。

工作原理：在需用加热沥青时，如果小罐外侧沥青温度不超过沥青软化点，则先启用大罐加热器，待小罐外侧沥青温度高于软化点时，则可关闭大罐加热器，启用小罐加热器。当小罐顶部油温达到要求时，即可抽出所需热沥青。

2) 卧式钢制沥青贮罐

外表有一层保温，推荐用 7.6cm 厚的玻璃纤维或镁土锁紧型绝热材料。这种方法可使所有的沥青得到均匀的加热。不仅要有一个能指示罐内沥青的指示器，而且还应有一块温度计。此外要给沥青罐安装一个排气系统，还要安热油输送回油管道。

在沥青罐的沥青出口管处必须安装一个截门。沥青罐进油管应当安装在罐体的尾部，这样便于沥青运送车卸沥青，也便于将此罐的沥青转送至其他的贮罐。罐上要设排渣口，并开有一个人孔以供检修人员出入。另外，沥青罐在固定装的滑架上再装上轴及轮子使其变为可移动式。

**2. 设备的布置**

在选择满意的设备场地时，要考虑到许多重要因素。如设备工作空间的大小，与筑路施工场地及材料供应点的距离、运输问题、粒料供应情况、安装场地的地基及地下水高度、噪音控制和灰尘污染等等。一旦场地确定下来，就应该根据汽车交通类型以及风向等主要因素来确定设备布置方案。

在安装过程中，应将贮存罐和加热器尽量安装的紧凑一些。这样做可以减少所用的管道，使沥青和燃油的输送更为方便。而同时又不妨碍设备的操作。

### 3. 沥青贮仓的加热系统

加热系统是沥青贮仓中的一个重要组成部分，它由热源和加热管道两大部分组成。根据加热方式的不同，热源分为几个不同形式。蒸汽加热式的热源为一般的蒸汽锅炉，导热油加热式的热源为导热油加热炉，太阳能加热式的热源为自然界太阳，远红外线加热式的热源为远红外线电热管。加热管道仅用于蒸汽加热式和导热油加热式。蒸汽锅炉和导热油加热炉都是独立装置，除了在沥青贮仓（罐）中使用，还用于搅拌设备等。

对有些沥青来说，沥青本来就处于可泵送状态。但也有未被加热的膏体沥青通常是固态的。在运输中，人们通常是用 $0.12m^3$ 容量的油桶来装载沥青的。

沥青熔化系统是由能容 2 ~ 6 个油桶的一些箱体所组成，它们装在料池上方。这些油桶的壁很薄，可以很容易、很迅速地打开。这些油桶在把沥青排空后，就丢弃了。

可以使用叉车将油桶搬送到沥青熔化的进料端。后送来的油桶将自动地把选送来的油桶推向前。之后，沥青由于蛇形管的集中辐射加热而软化、液化，然后落入下方的沥青池中。液态的沥青流入沥青池后，就被池底的蛇形加热管加热到预定温度，然后再进入热井。使用热井可以省去为使沥青保持可使用温度而进行的循环加热过程。当沥青通过热井时，它的温度就升到了可使用的温度。

### 思 考 题

1. 生产沥青混合料时烘干砂石料通常都使用的燃料有哪些？最经济的燃料是哪一种？

2. 罐来的温度 $T_1$，为 90℃ 的渣油加热至 $T_2$ 为 140℃，耗用渣油量 $G$

为 800kg，比热 $C$ 为 2kJ/（kg·℃），求加热量 Q？

3. 在使用期间贮存沥青的沥青罐或贮油池的油温不低于多少度？

4. 沥青加热方式有几种？常见的加热方式是什么？并简要阐述加热原理。

5. 沥青加热与贮存时，在工艺上必须注意哪些关键点？

# 十三、导热油供热系统

## （一）组成及特点

导热油供热系统主要由燃烧器、炉体、循环泵、加热罐、贮油罐、输送系统及操作控制系统等组成。

进行沥青加热时，先在加热炉内导热油容器中注满导热油，再用燃烧器加热后的导热油携带着热量在热油泵的作用下，通过管道分配系统输送到沥青加热罐等需系统并将热量传递给沥青及其他装置。经过热交换，温度降低了的导热油回到加热炉内再次被加热，重新获得热量。如此，周而复始地作闭路循环，对沥青进行加热，使其达到使用温度。考虑到导热油的使用要求和加热炉的结构特点，为了使加热容器内的沥青不至于因局部过热或过冷而造成过大的温度，做到均匀加热，除对加热管的形状和排列组合作科学合理的设计外，加热罐内各处的沥青温度均由温度控制装置进行控制，以使罐内各处沥青的温度均控制在规定的范围内。

**1. 导热油加热沥青的特点：**

1）可以在较低的工作压力下获得较高温度的加热效果。

2）通过温度控制，可以熔化沥青，也可以一次性将沥青加热到使用温度。

3）用导热油作热载体，进行液相循环加热，进、出温差小，加热速度快。

4）加热过程中为全封闭，热能损失小，不污染环境。

5）导热油的高温低压特性，降低了全套设备的压力等级，因而降低了工程造价、增加了系统安全性。

6）导热油加热为闭路循环加热，能充分利用余热，热损失少，同时能避免沥青二次加热。因此，热效率高、能耗低、加热速度快。

导热油具有高温传热特点，使管道内残存沥青具有较高的温度，增大了沥青的流动性，避免了因残存沥青而发生管道堵塞，运行中不易发生渗漏，生产过程平稳。

**2. 有机热载体炉的应用**

有机热载体炉作为低压、高温的热源，越来越被人们认识到，现已广泛应用于各工业领域，显示出它旺盛的生命力。

随着我国公路事业的飞速发展，公路等级不断提高，沥青用量大幅度增加，为此必须对沥青加热方式及加热设备进行改进，这是广大公路及市政建筑、养路单位的共同愿望。近几年，自导热油热载体应用于加热沥青以来，随着设备的不断改进、完善，制作质量的不断提高，越来越显示出它的先进性和可行性。

# （二）导　热　油

载体——导热油，在现有工业领域中，需要 200～300℃温度热源的用热单元很多，从石油化工行业的分馏、裂解、浓缩、反应；纺织、印染行业的热定型、烘干；筑路、建筑行业的沥青熔化、保温、拌合及汽车行业的油漆烘干等等。以往各用户大多采用电加热或远红外加热设施，但成本很高，而从上面几种热载体性能的初步比较，可以看到导热油是最理想的获得 200～300℃温度热源的最佳热载体。

**1. 导热油性能**

1）可适于作超低温下的冷却剂，凝固点 –80℃；

2）热稳定性好，操作温度范围 –80～350℃；

3）对金属腐蚀性小；

4）可重复使用；

5）无不愉快的气味；

6）可汽、液相使用。

主要指标：

1）酸值　酸值是指导热油中含有的有机酸的总和，一般不超过 0.02mgKOH/g，导热油的酸值在使用过程中会不断增大。

2）黏度：黏度为导热油在一定温度下稀稠程度和流动性，是衡量导热油性能的重要指标之一。

3）闪点：闪点是导热油蒸气与周围空气混合遇到火焰而发生闪烁光的最低温度。闪点的变化也是安全性程度的讯号，闪点指标同样是衡量导热油性能的重要指标之一。

4）残炭：导热油中形成残炭的主要物质是胶质、沥青及多环芳香烃等，残炭的大小可大致判定导热油在高温使用中的结焦倾向。特别在炉管中，当炉管壁上结有很厚残炭后，阻碍传热，增大油膜温度，严重时会导致事故的发生，残炭指标是衡量导热油性能的四大重要指标之一。

除以上讲述的四大重要指标外，还有流程、导热系数、密度、普朗特系数、折光指数、铜片腐蚀、毒性、使用温度、比热、比重、水分、蒸汽压、膨胀系数等，作为有机热载体炉的操作人员来讲，应尽可能多地进行了解。

**2. 热载体的选择**

热载体出炉温度为 200～300℃时，可选用热油类热载体；

热载体出炉温度为 300～400℃时，可选用联苯类热载体；

热载体出炉温度超过 330℃时，可优先考虑使用联苯类热载体的汽相；

热载体出炉温度高于 400℃时，应考虑采用其他类型的热载体。

在一般使用的导热油中，同一种类型根据使用温度的不同分为好几种产品，用户在选用导热油时，应以经济性和安全性两方面考虑，更合理地选用某一产品。具体可根据工艺温度要求及导热油最高允许使用温度之间的关系确定，选择导热油允许使用温度比主流体最高工作温度高出 10～20℃，注意导热油严禁超温使用。

**3. 导热油所需量的确定**

导热油所需量 = 1.2 $(A + B + C + D)$

式中　$A$——加热炉本体管内容油量（m³）；

　　　$B$——用热设备容油量（m³）；

　　　$C$——膨胀槽内所需油量（m³）；

　　　$D$——供热管线容油量（m³）。

**4. 导热油的失效判断**

导热油长期在高温下使用，其品质会缓慢地发生变化，如在超温条件下运行，则品质劣变更快。因此，建议定期对导热油取样分析，着重控制和观察分析以下几项指标：

（1）酸值（mgKOH/g）达到 0.5 时应引起重视（按 GB264—77 方法测定）。

（2）黏度变化达到 15%时应引起重视（按 GB265—75 方法测定）。

（3）闪点变化达到 20%以上时应引起重视（按 GB267—77 方法测定）。

（4）残炭（%）达到 15%时应引起重视（按 GB268—77 方法测定）。

当分析导热油上述指标时，不能孤立地看其中某一项，但有两项或两项以上指标不合格时，该导热油应更换或再生。

**5. 如何延长导热油的使用寿命**

（1）导热油的化学原理

简单地讲，制造导热油主要是将基体油（俗称为白油）进行必要的处理，然后加入一定量的复合添加剂而制成。

白油是石油产品中的一种，所谓石油产品是以石油或石油某一组分做原料直接生产出来的各种产品的总称。

石油是组成异常复杂的混合物，由碳（C）、氢（H）、硫（S）、氧（O）、氮（N）及少量其他元素组成。大多以烃类为主，占 80%～90%，其他为非烃化合物，而烃类有烷烃、环烷烃、芳香烃和不饱和烃四种。

作为导热油的基体油，应使用温度高、而且高温下热稳定性好、不易被氧化变质、通过一定的化学和物理加工方法，从石油中提取出正构烷烃。烃类处于高温下会发生热裂解产生新物质，其中有些分子量小易挥发，降低油品闪点，增加操作中带来油品损失。另外，烃类处于高温下有些分子量小的成分与分子量大的成分形成聚合物，使油品变稠降低传热速度，以致炭化。

（2）防止导热油裂解

导热油发生变质的原因，主要是导热油高温裂解及导热油的氧化。

要确保热稳定性，避免高温裂解，下列几方面至关重要：

1）导热油生产单位要研制生产稳定性好的导热油。

2）导热油在炉管中的流速必须处于湍流状态。

导热油在炉管中是边流动边吸热的过程，应符合热力学的相似原理——即流体处于流动条件下，如果该流体处于紊流状态，无论该液体（流体）是水或其他液体（如油），管壁向该液体的放热是相等的。

紊流越强烈，边界层越薄、热阻越小、热效率越高。严格控制导热油在炉管中的流速或流量对有效地维护炉管寿命是极重要的。

3）加热炉进、出口温差要适当

导热油通过炉管向加热炉吸热，其吸热量应等于加热炉出力，用公式表示为：

$$Q = G \cdot C_p (T_2 - T_1)$$

式中　$Q$——加热炉出力；

　　　$G$——导热油重量流量；

　　　$C_p$——导热油平均比热；

　　　$T_2$——出口油温；

　　　$T_1$——进口油温。

上式有两种情况，若 $Q$ 值一定时，设 $C_p$ 值也一定，$G$ 上升，则 $T_2 - T_1$ 下降；若 $Q$ 值一定时，设 $C_p$ 值也一定，$G$ 下降，则 $T_2 - T_1$ 上升。

温差不能太大，温差大油温波动影响大，不稳定，而且流速低时，超过导热油本身允许的油膜温度时，则导热油就会发生裂解、聚合、黏度增加，胶质增加、残炭增高、油质变坏，导热油寿命缩短。在对管路阀门的开闭操作中，就应注意不能将加热炉进、出口的阀门随意关小或关闭。

4）对紧急停电要有切实有效的措施保证

突然停电后，循环泵停止运行，炉管由导热油静止，炉膛中燃着的煤或耐火蓄热体不断给炉管中导热油放热，这样，炉管中导热油很快就会超高温发生裂解、结焦，突然停电后的处理，将在以后章节中进一步详细讲解。

5）切忌超高温加热。

**6. 导热油氧化的防止**

从防止导热油氧化方面应注意的是：

1）防止高温导热油与空气接触。

2）不同的导热油在一定的条件下可以进行混用，但建议不能随意混用导热油，注意随意混用导热油，是影响导热油使用寿命重要因素之一。

# （三）供热系统工作原理

## 1. 工作原理

有机载热体炉，是以煤、油或可燃气体为燃料，有机热载体为热能的载体，利用循环泵强制液相循环，热载体将热能输送给用热设备，继而返回加热炉重新加热的直流式特种工业炉，图13-1 是有机热载体炉供热系统的工作原理图：

在以上原理框图中：有机热载体是由循环油泵输出——>加热炉——热用户（即用热设备）——>油气分离器——>再进入循环油泵。这是一个循环管路，原理图中是用粗黑线表示出来的。这是主循环管路，在正常供热时，有机热载体就是沿着这样一个环形循环管路，不断循环流动，将热能从加热炉送到热用户，其他部分如膨胀槽、贮油槽、注油泵等都是不可缺少的辅助设备，正常供热时，它们都不参与有机热载体的循环流动，但是它们在整个供热管路中起着重要作用，是不可缺少的。

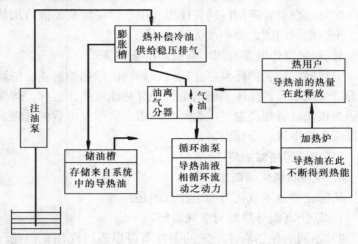

图 13-1　注入式工作原理

## 2. 供热系统设备简介

现在根据供热系统的工作图，来介绍各个有关设备的基本构造和工作原理，以及它们各自在系统中所起的作用。

（1）有机热载体炉炉体

有机热载体燃油（燃气）炉，通常由无缝钢管盘成数组受热面，燃料油（或燃料气）被喷嘴雾化喷入炉内燃烧，产生高温火焰与烟气，在受热面之间流动，有机热载体在炉管内以设计规定的流速流动，燃料产生的热能通过炉管壁传给有机热载体，使其升温并向炉外输出。

为保证有机热载体炉长期安全运行，首先要使最高供热温度不高于加热炉和有机热载体的最高使用温度。其次必须保持管内有机热载体的流速不得低于设计规定的流速。

一般对最高使用温度的控制，是在加热炉的高温热载体输出管上安装测温元件，并联有超温报警的电控线路，对温度实行监控。

(2) 膨胀槽（又叫高位槽）

要求供热系统中充满导热油，随其温度从常温升到高温供热状态，其体积热膨胀量是很可观的，膨胀槽通过下部膨胀管与主循环管道相通，使其可对热载体因温度变化而产生体积变化的补偿。膨胀槽安装在系统管道最高点，并且再向上 1～2m 的高度上。因此，由于它的存在，可对管道系统提供一个基础压头，使循环泵工作较为稳定。

有机热载体的额定工作温度，虽然一般都是较高的，但由于膨胀槽不参与供热系统循环运行，并且膨胀槽一般情况不采取保温措施，从而使主循环管道既可以从此向外界空间安全泄压，又能避免高温热载体与空气接触，以免高温氧化变质。

导热油脱水可以让膨胀槽暂时参与热载体循环，由于管道内流速高，油与气成混合流动状，油与气不易分离，而膨胀槽其截面很大，参与流动时，其内流速很低，使油气分离，汽与气上升排出系统，此排气过程基本完成后，必须使膨胀槽退出循环，使系统管道回复到正常工作状态。

在循环泵意外故障，炉内导热油流速急速降低，而无法使循环泵立即正常运转时，还可以将膨胀槽中所贮的低温导热油放下来，使其经过加热炉炉管，流入贮油槽，使加热炉内热载体温度降低，从而给操作工采取冷却炉膛措施提供了一段时间。

可见膨胀槽的作用是很重要的，是供热系统中不可缺少的重要设备。

# （四）卧式导热油炉

卧式热载体燃油加热炉是以轻油或重油为燃料，以导热油为载热体，利用热油循环泵强制导热油液相循环，将热能输送给用热设备，继而又返向重新加热的直流式特种工业炉。

**1. 设备特点**

（1）工作介质为液相循环。运行压力较低。350℃时运行压力仅为 0.588MPa（表压），但水在此温度下的饱和水蒸气压力为 16.43MPa。因此，整个系统的受压等级较低。

（2）工作温度较高，可作为 350℃以下高温热源。

（3）供热温度稳定，并能精确地进行调整，在可调整负荷段内能稳定运行并应保持最佳热效率。

（4）能自动进行燃烧过程的检测、调整和控制。

（5）设备较少、费用节省、不需要像蒸汽锅炉供热系统中要炉水软化等水处理设备、排污设备、贮水设备、高压进水泵等。

**2. 设备组成**

主机部分：燃油炉主本体；

燃烧部分：燃烧器；

燃烧器辅机部分：膨胀槽、贮油槽、油气分离器、Y 型导热油过滤器、烟道防爆门、Y 型燃油过滤器；

机泵部分：热油循环泵、齿轮注油泵；

电控部分：电气控制柜、浮球液位控制器、远传压力表（或者采用均速管流管计、流量变送器、三阀组）、铂热电阻、双金属温度计、压力表、压力表截止阀、玻璃板液位计等。

**3. 供热系统**

以导热油作为载热体将热能由供热系统输送给用热系统，热量传送后再返回供热系统进行加热，闭路液相循环。

注入式工作原理图，见图 13-2。

导热油的选用：

导热油的选用首先考虑工艺温度要求及导热油最高允许使用温度之间的关系，导热油严禁超温使用。因此，选择导热油最高允许使用温度应比工艺需要的主流体最高工作温度高出 10～15℃。

其次，选择导热油应考虑导热油性能特点，包括密度、黏

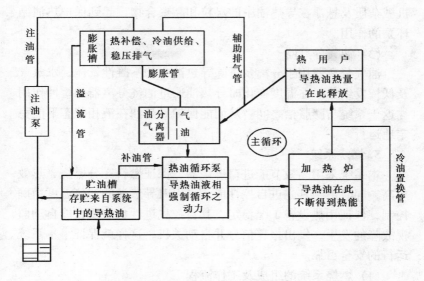

图 13-2　注入式工作原理图

度、闪点、酸值、残炭及馏分等，同时还应考虑温度与导热油的比热、黏度、导热系数的关系。

**4. 供热系统主要配套设备简述**

（1）贮油槽（低位槽）

贮油槽的作用：

1）提供和回收全系统需用的导热油。

2）运行中补给全系统需添加的导热油。

3）接收膨胀槽油位超高位时溢流的导热油或当膨胀槽油位低时将导热油给予补充。

4）接受由于安全阀打开后溢流的导热油。

（2）热油循环泵和 Y 型过滤器

热油循环泵是导热油闭路强制循环的动力，它要有足够的流量和扬程，并且是密封性好、耐高温的油泵，在系统的配置上必须要有一台热油循环泵作为备用，以便连续运行。

Y 型油过滤器是由过滤器主体及滤网组成，用于滤除系统中机械杂质及悬浮在导热油中的炭粒和高聚合物，起到保护热油循环泵的作用。

（3）油气分离器

油气分离器用于分离及排除导热油中的不凝性气体，水蒸气及低挥发组分。在温度变化时导热油通过油气分离器的缓冲作用往返于系统与膨胀槽之间。从而能保护导热油在液相状态下能稳定地运行。

**5．燃烧系统**

本系统采用高效节能进口燃烧器，保证燃料充分燃烧，热效率高，同时由于其先进自控性能，可以对导热油的加热温度精确控制，保证用热设备工况稳定，其自控先进性也表现在能自动监视故障的发生，发出报警信号并自动关机，这样就保证了本系统运行的安全可靠。

（1）燃烧系统的组成及工作流程

本系统由 1 燃料供给装置、2 燃烧器、3 加热炉、4 蝶阀、5 防爆门、6 烟囱等组成。其工作流程，见图 13-3。

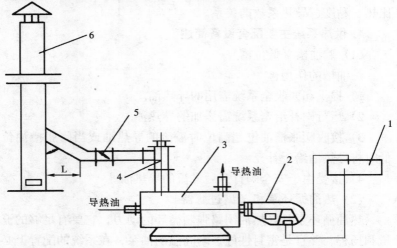

图 13-3　燃烧系统的组成及工作流程示意图

注：烟囱直径 $D \geqslant 500mm$；高度 $h \geqslant 15m$；$a$ 取 $450 \sim 600mm$；$L$ 取 $1 \sim 1.5m$

216

由燃料库送来的燃油，首先进入燃油贮槽（油箱），再经燃油过滤器除去杂质后，送至燃烧器，经燃烧器燃烧后，其多余的油经回油管返回燃料油贮槽。若为重油燃料还需在燃油贮槽内进行加热，以降低黏度，减少输送阻力，以便重油能快速雾化。

燃烧所需的空气，经燃烧器内由送风机进入炉膛帮助燃烧，高温烟气经内外盘管之间排除炉体，内经烟道送入烟囱进行排放，送入烟囱前在烟道中设置蝶阀控制，在膛炉烟气出口附近设置防爆门。

（2）燃烧器

1）自控特点

当燃烧器接收到来自控制系统的启动信号时，燃烧器在控制器 BC 的作用下自动完成吹扫→风量检测→关小风门→电打火→打开电磁阀→检查点火是否成功→点火，若不成功则自动切断油的供给并报警；点火成功则燃烧器进入正常运行，当控制系统发出停机信号时，燃烧器自动关机，并切断燃油的供给。

2）对燃料要求

燃烧系统采用轻油燃料，则选用轻油燃烧器，若采用重油燃料，则选用重油燃烧器，但要注意不同燃烧器对燃料油的品质具有一定要求，因此用户选用燃料油必须与燃烧器匹配。

3）燃料供给装置（见图 13-4）

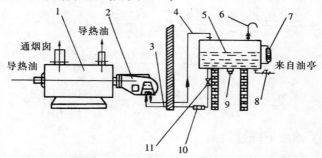

图 13-4　燃烧供给装置示意图

1—加热器；2—燃烧器；3—进油管；4—回油管；5—油箱；
6—呼吸器（带阻火网）；7—液面计；8—截止阀；9—杂质排
放阀；10—燃油过滤器；11—截止阀

来自油库的燃料通过油泵打入油箱 5，通过液面计 7 可观察油箱中的贮量，当燃油贮量足够时，关闭截止阀 8。燃烧器开机前应先打开截止阀 11，燃油由于液位差自流经过进油管 3 流向燃烧器 2，途经燃油过滤器 10 滤去油中杂质，进入燃烧器。燃油一部分被燃烧，另一部分经回油管 4 返回油箱 5。

采用重油作燃料，进入油箱后，需进行加热，在不能靠液位差输送时，要在输送管道上设置输送泵，经过进油管流向燃烧器。

**6. 控制系统**

燃油加热炉控制系统集本地仪表、集中控制仪表、集中于一体，控制仪表采用铂热电阻、数显温度控制仪、双金属温度计、阿纽巴流量计、流量变送器、数显流量控制仪、压力表、液位控制器、燃烧器控制器，控制系统能对整个加热炉的温度、压力、流量、液位，进行检测与显示，并使热负荷进行全自动调节，以满足用户供热的需要。

（1）燃烧器动作过程及温度控制流程图（以燃轻油炉为例），见图 13-5。

温度控制阶段分为：温度上升和下降过程

1）温度上升过程

$$\xrightarrow[T < T_{LL}]{\text{风门开大，开 1、2 号阀}} T_{LL} \xrightarrow[T_{LL} < T < T_{L}]{\text{风门开大，开 1、2 号阀}} T_{L}$$

$$\xrightarrow[T_{L} < T < T_{H}]{\text{风门关小，开 1 号阀（2 号关）}} T_{H}$$

$$\xrightarrow[T_{H} < T < T_{HH}]{\text{风门不变，开 1 号阀，关 2 号阀}} T_{HH} \xrightarrow[T > T_{HH}]{\text{关燃烧器并报警}}$$

2）温度下降过程

$$T_{LL} \xleftarrow[T < T_{LL}]{\text{风门开大，开 1、2 号阀}} \quad T_{L} \xleftarrow[T_{H} < T < T_{L}]{\text{风门不变，开 1 号阀（关 2 号）}}$$

$$T_{H} \xleftarrow[T_{L} < T < T_{H}]{\text{风门关小，开 1 号阀（2 号关）}} \quad T_{HH} \xleftarrow[T_{H} < T < T_{HH}]{\text{关燃烧器并报警}} \quad \xleftarrow[T > T_{HH}]{\text{关燃烧器并报警}}$$

218

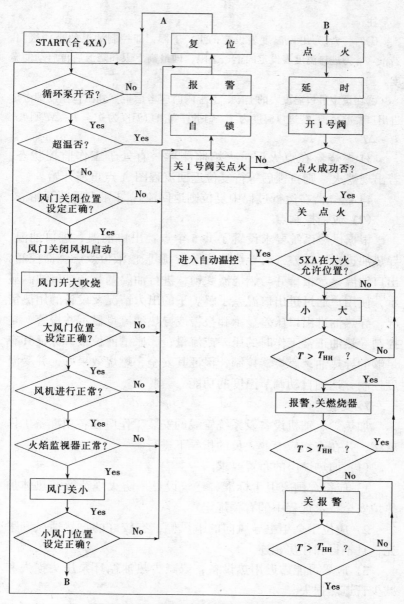

图 13-5 燃烧器动作过程及温度控制流程图

注：

①$T_L$、$T_{LL}$为出口温度表设定的上、下限，即控制油温的最佳区间。$T_{HH}$、$T_H$为进口温度表设定的上、下限，即最高上限和降温后再启动的温度。

②在设定进口温度表的上限、上上限时应考虑折算到出口温度即考虑进出口温差 $\Delta T$，若进口温度为 $T$，则折算到出口温度为 $T' = T + \Delta T$ 则 $T = T' - \Delta T$。

3）燃烧器在点火后，火焰监测器一直处于工作监控状态，若出现熄火，则自锁后等待复位返回流程图 $A$ 点重新开始。

4）燃烧器在运行过程中复位则返回流程图 $A$ 点重新开始。

（2）流程控制点

根据供热系统要求设置了共 5 个点：出口油温、进口油温、导热油进出口压差（或导热油流量）、膨胀槽液位及燃烧器控制。出口油温显示报警并与燃烧器联锁，进行油温调节；进口油温显示，使用户通过进出口温差了解炉子的出力情况及设备的用热情况。导热油进出口压差显示和报警或导热油流量显示并报警，是控制导热油正常工作时的压差或流量；膨胀槽液位报警保证其有足够的导热油；燃烧器控制，保证其安全，燃烧效果好，并受温度控制，达到自动调节温度的功能。

**7. 安装**

加热炉、辅机设备及系统管线的安装工作应在各项准备工作就绪，并在有相应专业人员的指导下进行。

（1）加热炉房的布置要求

1）应符合国家卫生标准、建筑设计、防火规范及载热体加热炉安全技术规程中的有关规定。

2）应位于全年主导风向的下风侧，有较好的自然通风和采光，且不得和住房相连。

3）应尽可能靠近用热设备，以减少热油循环泵压头损失和减少管道热损失。

4）应有足够的场地便于加热炉的运输、安装，同时尽量考虑到今后扩建的可能性。

（2）加热炉设备的布置要求

1）加热炉房的设置布置可参考厂家随机提供的出厂文件"锅炉房设备布置参考图"。

2）贮油槽应处于供热、用热系统最低位置，它与加热炉间距不少于 5m。

3）膨胀槽应设在高于系统中的其他设备和管道最高标高的 1-2m 以上。

4）电气控制柜应设在明亮、洁净、不受热辐射的地方。

5）热油循环泵四周至少保持 0.4m 的距离，保证日常检查及安装、维修的空间。

（3）主机安装

1）应在安装和吊装人员指导下进行。

2）加热炉本体基础条件应参见出厂资料，将其就位在基础上，找正及固定。炉本体安装方位参见出厂文件中"设备布置参考图"，要以管线布置和观察现场仪表及操作使用方便为准。

（4）辅机安装

1）热油循环泵

热油循环泵外形及安装尺寸、基础条件等详见随机文件，具体安装详见该产品安装使用说明书。

2）注油泵

2CY-3.3/3.3 型齿轮注油泵外形结构尺寸及基础条件见随机文件，具体安装详见该产品安装使用说明书。

3）其他辅机设备安装

根据设备的布置要求，各设备在相应的基础和位置上进行安装就位、坚固。其中膨胀槽支承设计时应考虑其实际承荷重。膨胀槽、贮油槽及其辅助管线，要按当地气候条件决定是否采取防冻措施。

4）燃烧器

燃烧器安装详见燃烧器安装使用说明书。

5) 管道安装

①管道的安装应符合《有机载热体锅炉安全技术规程》的规定，并对照本使用说明书及工艺流程图进行。

②管道主体材料采用 DN20 无缝钢管，同时应有相同质量证明文件。

③供热管线所采用焊接和法兰连接，不允许用螺纹连接。其中的附件不应当采用有色金属，附件的螺纹连接也必须为端面密封，不允许螺纹密封。

④供热管线的布置沿导热油流动方向应有 2‰~3‰ 的上升坡度，且在管段的最高点设置排气口，最低点设置排污口。

⑤油气分离器与膨胀槽之间的膨胀管布管时呈向上倾斜至少有一段 1.5~2m 管段，其坡度为 30°~40°，这样便于散热，以及便于排气畅通。膨胀管线上严禁设置隔离阀门。

⑥15m 以上直管段应设置热膨胀节。

⑦管道支架管径在 $\phi$108 以上每隔 6m、$\phi$108 以下每隔 4m 设置一个合适的固定或活动支架。

⑧管法兰采用不低于 PN1.6 等级的法兰。

⑨阀门采用不低于 PN1.6 耐温 400℃ 以上的阀门。

⑩阀门与法兰、法兰与法兰的密封垫片采用耐油、耐高温的金属缠绕柔性石墨垫片。

⑪供热管道、供油管道及烟道的重量不得架在相应设备上，应有各自的支承。

⑫用热设备的导热油管线尽量采取低进高出，以利排气。

⑬管道安装完毕后，应按设计规定对管道系统进行强度，严密性等进行液压或气压试验，以检查管道系统及各连接部位的工程质量，其要求应符合《工业管道工程施工及验收规范》（GB 50235—97）标准，建议尽量采用气压试验。

⑭供热主管道安装完毕，可进行保温，保温材料应选用绝热性能好，不燃型的保温材料保温，保温的技术要求必须符合《设备及管道保温技术通则》（GB4272—92）标准。

推荐涂色标志：供热主管道　　红色

供油管道　　蓝色

蒸汽管道　　黄色

烟　道　　黑色

6）控制柜及检测仪表的安装

①控制柜的安装

控制柜的外形尺寸及安装见出厂资料，安装时，必须用槽钢做固定支架。

②铂热电阻的安装

安装时要尽量避免由于热辐射或热传导引起的误差，必须选择能准确地测出被测介质的温度并与被测介质接触良好的地方。应插在介质流速大的区域，防止插在死角，为保证测温元件对准介质流束中心线，保证套管末端应越过流束中心线 10～50mm，在不同管道上采取不同的安装方法，见图 13-6。管道直径在

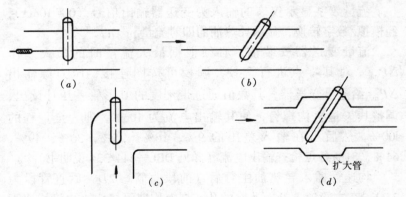

图 13-6　安装位置图

150mm 以上时可与管道成直角；在 100～150mm 之间可成 60°角，并迎着流束；在 75～100mm 时，装在管道拐弯处迎着流束；在 75mm 以下时，为防止热量散失要加扩大管，方向迎流束（详见铂热电阻产品说明书）。

③双金属温度计、压力表的安装

a. 双金属温度计应安装在振动小的地方，插入深度应大于1/2管径，并方便维护和观察。

b. 压力表与测量管线之间应加设缓冲管。在垂直的管道上，取压点应选在介质主下流的一段上；而在水平的管道上，取压点选在管道的下部，中心线两侧45°范围内，但不能设在管道最下部（详见温度计，压力表产品说明书）。

7）均速管流量计的调校与安装

流量显示系统由均速管、差压流量变送器、三阀组、引压管和数字显示仪表组成。均速管流量计用于垂直管道时，可沿管道周围360°的任何位置上安装，而对于水平管道，流量计的接头位置应于管道下部中心线两侧45°范围内。这样可使传压细管中充满液体，避免产生两相，即使传压细管中有气体析出，它也会经流量计检测杆排入管道，但不能安装在管道最下部，以免污物堵塞均速管。

流量数字显示仪表的输入为变送器输出信号（0～10mA），经模拟/数字转换，显示导热油的即时流量 $m^3/h$。

流量变送器安装前，必须根据最大流量时的最大差压 $\Delta P_{max}$，对其零点进行调校，调校可按图连接，压力源输出 $\Delta P_{max}$ 给流量变送器，其数值通过带刻度的U形管差压计读出，调整其矢量机构螺钉，使其输出电流为10mA，即为全量程的100%，然后再在输入差压的9%，16%，25%，36%，49%，64%，81%各点检查输出电流（详见DBL—444/334说明书）。

均速管插入导热油主管后（前段直管 $\geqslant 2D$，后直管段为 $2D$），在主管道上开一 $\phi30$ 的孔，焊上均速管接头，再将均速管四小孔迎流向插入。准备一根 $\phi50\sim\phi60$ 的钢管，垂直埋入地下30cm，水泥抹面。将调试好的流量变送器，就近固定在钢管上（可在均速管下方），其高度以安装、调试维修方便为准，然后用 $\phi14$ 的钢管（或铜管）把差压信号引入三阀组和流量变送器，打开均述管上的两只引压阀和三阀组的两只引压阀，并关闭其平衡阀，整个安装调试操作应在加热炉点火前完成（详见均速管流量计产品说明书)。

　　8) 电机 Y-△接法见图 13-7。

　　9) 铂热电阻的接线方法见图 13-8。

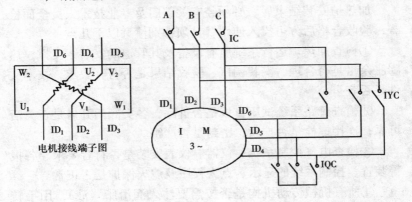

图 13-7　Y-△启动控制图

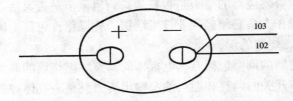

图 13-8　铂热电阻接线方法

# (五) 运行与管理

## 1. 调试及运行操作

(1) 冷态调试

1) 目的

①检查各单元设备的运转是否正常。

②检查冷态条件下的系统运行是否正常。

③使操作工熟悉和掌握操作要领。

2）调试前的准备

加热炉安装结束后，必须经有关部门及专业技术人员全面检查，验收合格后方可投入使用，且须特别注意以下几点：

①检查加热炉运行系统所有设备及其管道的安装、支撑、热膨胀余量是否合理，安装调试、验收结果是否符合要求，技术文件是否齐全。

②检查管路系统试压盲板是否拆除，各类阀门开启是否灵活可靠，连接螺栓是否拧紧，密封是否严密。

③检查电气控制系统、仪器、仪表安装是否符合要求、各报警装置、控制系统的显示、点火程序及熄火保护是否正常。

④所有机械传动机构是否按需要注入润滑脂〈液〉，用手转动电机主轴，检查有无机械故障。单机试运转，检查旋转方向及噪声是否正常。

⑤检查燃烧器的喷头是否畅通，调风调节是否灵活。

⑥操作人员必须经专业技术培训，凭操作许可证上岗。

3）燃烧器的调整

燃烧器的调整包括点火电极棒的调整、燃烧筒的调整、风门凸轮调节开关的调整和燃料油泵输出压力调整。具体详见燃烧器说明书。

4）注油

接通电源，启动注油泵，向系统及膨胀槽注油，直至膨胀槽低液位报警消除为止。

5）冷油循环

热油循环泵需连续运行，检查其压力波动情况。经常开启管道排空阀门，以排出系统中的空气。检查系统管路、阀门、设备等有无漏油现象。冷油循环过程直至热油循环泵出口压力波动平稳，同时保证系统无漏点为止。

6）清洗过滤器

冷油循环一段时间后管道中存在的杂质通过 Y 型油过滤器给予过滤，因此，应及时拆除和清理过滤器。加热炉正常运行后，可定期清洗过滤器。

（2）热态调试

在冷态调试结束并进行连续运行 4h 无故障后，方可进入热态调试，在整个热态调试过程中，应保证热油循环泵连续运行。

1）点火

检查燃油供给系统、燃料种类、输送压力是否符合要求。

启动点火按钮，燃烧器经预吹扫后，电极棒持续几秒钟发出电弧，点燃从燃烧器喷出的雾化燃油，此时火焰监视器处于工作监控状态。若点火未着发生熄火报警燃料油自动被切断，同时自动关闭燃烧器。此时应参照（九）节有关内容进行检查、排除故障。

2）烘炉

初次升温时，升温速度不宜过快，以不超过 20℃/h 为准，同时将导热油温度维持在 100℃ 以下，连续运行 10h 左右，以排除炉体中耐火浇铸料中的水分。并检查烘炉过程中加热炉系统所有设备、管道工况、热膨胀等是否正常，不允许有漏油现象。

3）脱气

烘炉结束后，缓慢提高导热油温度。当导热油工作温度超过100℃时，系统中残余的水分、导热油中少量水分和低挥发水分开始汽化，热油循环泵出口工作压力出现波动，此时管道中产生的气体通过油气分离器经膨胀槽排气口排出。一般情况下，导热油温度升到 105～130℃ 之间，管道中气体量最大，此时应严格控制导热油的温度，必要时可停炉降温、排气。当出现气体量较多时，可打开辅助排气管中辅助排气阀 F43，这时应同时关闭阀F42，以免导热油与水的混合液从排气管 Y45 中排出，这时大量气体会从贮油槽上排气管 Y33 中排出。当供热管道中的气体量明显减少，热油循环泵出口压力趋于平稳时，可关闭阀 F42，这时有少量气体会从管道 Y45 中排山。

脱气过程是否完成，以导热油温度至 120～130℃时热油循环泵出口压力趋于平稳为标志。

注意：

①在采取停炉降温操作时热油循环泵不能停止运行。

②脱气阶段结束时，阀 F43 应处于关闭状态，阀门 F42 处于开启状态。

③脱水排气时，应及时补充导热油，以消除低液位报警为准。

4）升温

随着供热管道中气体的排出与导热油的补充，热油循环泵出口压力趋于平稳，在此前提下可以逐步提高导热油的工作温度，直至达到工艺要求的温度，注意应控制升温速度，不宜过快。

5）检查

在热态调试过程中，必须全面检查加热炉所有主机、辅机、管道支架、膨胀节（或膨胀段）、仪器仪表及电气控制是否正常，并及时做好温度、压力、流量等有关参数的记录。

（3）仪表的调整与电气操作

1）温度仪表的调整

控制柜使用的温度仪表 ITIA、2TIA 的型号为 XMT－122.0－500℃ Pt100。

当切换开关置于测量位置时，显示值为被测介质的温度。设定前，首先要根据设备工艺要求的温变范围确定要控制的进口油温上、下限及出口油温的上、下限（$T_{HH}$，$T_H$，$T_L$，$T_{LL}$）设定值。见图 13-9。

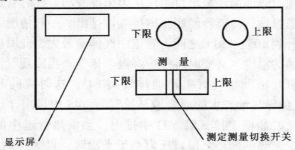

图 13-9　温度表面板图

①对于出口温度仪表 2TIA，把切换开关拨至"下限"时，此时显示的为下限"$T_{LL}$"值。旋转下限设定旋钮，且使显示值为要设定的 $T_{LL}$ 值。同样把切换开关拨至"上限"位置，旋转"上限"设定旋钮即得到所需油控中限 $T_L$ 值。

②对于 ITIA，由于本系统采用进口油温表来控制出口油温，所以考虑在进出口温度表上设定所需油控上限，上限时要考虑实际过程中的温差 AT，在 ITIA 上设定值为 $T_{HH} = T_{HH} - \Delta T$，$T_H/ = T_H - \Delta T$ 等到确定在 ITIA 上应设定的 $T_{HH}$、$T_H$ 数值后。利用 2TIA 上、下限设定同样的方法，设定好所需的 $T_{HH}$、$T_H$。

2）压差显示表的调整

电控柜显示的压差表的型号为 XMT – 2004 数字显示仪。见图 13-10。

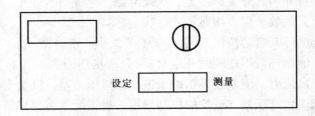

图 13-10  压差表面板图

设定方法：首先根据工艺要求确定压差不能低于最小值，即压差控制下限 $\Delta P_L$ 值。将切换开关拨至设定位置，旋转设定旋钮所要求的压差下限 $\Delta P_L$ 值。即得到控制压差的下限，设定好后将切换开关拨至测量位置。

3）流量显示表的调整

电控柜显示的流量表的型号为 DMZ 数字显示仪，见图 13-11。

设定方法：首先根据工艺要求确定流量不能低于最小值，即流量控制下限 $F_L$。将切换开关拨至设定位置，旋转设定旋钮至

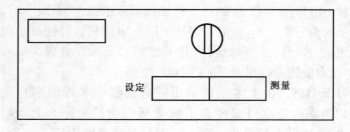

图 13-11　温度流量表的面板图

所要求的流量下限 $F_L$ 值。即得到控制流量下限。设定好后将切换开关拨至测量位置。

4）电气操作步骤

①合上总开关即空气自动开关，此时电压表应指示电源电压380V。

②打开钥匙开关，接上二次线电源，电源指示灯亮，合上仪表电源开关数显仪表均显示。

③循环泵启动按钮开启 1 号（或 2 号）热油循环泵（注意：两只热油循环泵不能同时开启），两只现场压力表 $1_p$、$2_p$ 显示值为进出口压力，压差表显示炉子进、出口压力差，流量表 FIA 显示实际流量（压差与流量的控制显示，根据配置情况只选其中之一）。

④按下燃油泵按钮启动燃油泵，燃料油开始经燃烧器循环。

⑤调整好燃烧器的风门位置等设定。

⑥合上燃烧器电源开关，接通燃烧器电源，燃烧器即动作。

⑦在调试工作结束后若出现低液位报警，则表示高位槽出现低液位须按注油泵按钮，启动注油泵往高位槽注油直至报警消失。

⑧若出现低压差、低液位、超温及燃烧器故障的声光报警，此时按 6QA，则可以消除电铃报警声，但报警指示灯仍亮。

（4）运行

加热炉必须在冷态和热态调试结束后方可投入正常运行。

1）准备

加热炉在开炉前，必须认真检查调试中交接班记录，检查系统所有设备是否处于良好状态，检查燃烧供给情况，根据工艺要求调节供热系统及燃烧系统各有关阀门的开度。

2）启动

待准备工作就绪后，可按下列顺序操作：

接通电源，启动导热油循环泵，观察并记录压力、压差或流量、温度等有关参数是否正常。

按动燃烧器启动按钮，进行点火操作，观察从吹扫直至点燃升温过程是否正常，保持导热油一定的升温速度，每小时升温30~50℃。

注意出现故障时应按九（章）相应内容处理。

3）负荷调整

根据工艺要求设定导热油出口温度，加热炉能自动跟踪这一温度控制点，保证出口油温在设定点稳定供热，当用热设备负荷发生变化时，燃烧器能自动选定采用单喷嘴或双喷嘴，同时燃烧器风门进行自动跟踪，控制风门开度大小，以保证燃油燃烧处于最佳状态。

4）停炉

正常停炉时，先关闭燃料供给阀，停止燃烧，待导热油温度降到100℃以下时方可停止导热油循环泵的运行，切断总电源，做好交接班记录。

5）突然停电或紧急停炉处理

在加热炉高温运行时，如果遇到突然停电或其他故障需要紧急停炉时，应迅速关闭燃料供给，同时沿燃烧器铰轴将燃烧器移开，让炉膛与烟囱之间形成自然通风状态，将炉膛内的蓄热散发，以避免炉管内静止的导热油吸收炉膛内的蓄热而使温度升高，超过了导热油允许温度。

（5）运行管理

1）应有专人负责加热炉及系统的管理、操作、维修等各项工作，并备有加热炉及系统的技术资料，在加热炉房内应有带控制接点的工艺流程图。

2）加热炉管理人员和操作人员应经过专业培训，经考核合格才能上岗。

3）应制定下列规章制度：

①岗位责任制；

②运行规定；

③交接班制；

④巡回检查制；

⑤设备维修保养制；

⑥消防、安全、保卫制；

⑦事故报告制。

（6）注意事项

1）加热炉应配置因燃料油泄漏的检测装置，配置足够的油类及电气类的消防器材，不准用水作为灭火剂。

2）导热油的最高工作温度不得超过其允许温度，高温状态时应确保导热油循环良好。

3）膨胀槽、贮油槽不得参与系统试压，膨胀槽的溢流管及贮油槽的放空管不得加设阀门；正常工作时，膨胀槽内导热油应处于高液位状态，贮油槽内导热油应处于低液位状态。

4）停炉时必须待导热油温度降到100℃以下方可停止导热油循环泵运行。

5）如果点不着火，应立即关闭燃油阀，检查并排除故障后再按燃烧器启动操作程序进行吹扫重新启动点火。

**2. 维修与保养**

为了使加热炉在最佳状态下运行，根据导热油的使用要求及设备运行情况，列出了定期维护、保养和检查时间参考表，见表13-1。配套辅助机械，各电气设备及元件的维护和保养，按有关标准及相应辅机电气产品使用说明书进行。表中"0"表示必须，"—"表示自定。

| 项目 | 要求 \ 周期 | 日 | 周 | 月 | 季 | 年 | 两年以上 |
|---|---|---|---|---|---|---|---|
| 导热油 | 补充 | | — | 0 | | | |
| | 化验 | | | — | — | 0 | |
| | 更换 | | | | | — | — |
| 循环系统 | 泄漏点 | 0 | | | | | |
| | 过滤器 | | — | 0 | | | |
| | 保温 | | | | — | 0 | |
| | 耐压试验 | | | | | — | 0 |
| | 全面检查 | | | | | 0 | 0 |
| 热油循环泵 | 密封圈 | | | | — | 0 | |
| | 机械密封 | 0 | | | | | |
| | 二级保养 | | | | — | 0 | 0 |
| | 大修 | | | | | | 0 |
| 控制柜 | 清洁 | 0 | | | | | |
| | 表计 | 0 | | | | | |
| | 按钮 | 0 | | | | | |
| 注油泵 | | | — | 0 | | | |
| 环境卫生 | 小扫除 | 0 | | | | | |
| | 大扫除 | | — | 0 | | | |
| | 外表 | — | 0 | | | | |
| 炉体 | 炉管 | | | | | — | 0 |
| | 显示仪表 | | | — | 0 | | |
| | 全面检查 | | | — | 0 | | |
| 燃烧系统 | 喷嘴 | | | — | 0 | 0 | |
| | 泄漏点 | 0 | | | | | |
| | 燃烧过滤器 | | | | 0 | 0 | |
| | 点火系统 | 0 | | | | | |
| | 风门调节系统 | — | | | | | |

导热油炉的故障原因和排除方法见表 13-2。

导热油炉故障原因和排除方法。 表 13-2

| 故障现象 | 故障原因 | 排除方法 |
|---|---|---|
| 导热油管路循环不畅通 | ①过滤器堵塞<br>②导热油黏度增加<br>③阀门未全部打开<br>④管内留有杂质 | ①清洗过滤器<br>②补充或更换导热油<br>③打开阀门<br>④清除管内杂物 |
| 喷嘴喷不出燃料 | ①燃烧过滤器堵塞<br>②电磁阀失灵<br>③截止阀未打开 | ①清洗过滤器<br>②检查更换<br>③打开截止阀 |
| 烟囱冒黑烟<br>排烟温度过高，出力降低<br>燃料耗量增大 | ①燃烧不完全（富油燃烧）<br>②炉管积灰严重<br><br>③炉内结构受损，烟气短路<br>④导热油失效 | ①调整风量与燃料量<br>②采用清灰剂清除炉管积灰，用压缩空气吹扫<br>③清除烟气短路缺陷<br>④更换导热油 |
| 压差低于给定值 | ①热油循环泵吸空<br>②导热油中含有气（汽）<br>③过滤器阻力大<br>④加热炉管漏油 | ①消除油泵及管路缺陷<br>②进行煮油脱气<br>③清洗过滤器<br>④检查炉内加热炉盘管 |
| 燃烧器电源指示灯不亮 | 燃烧器与炉体连接不好 | 重新调整，使燃烧头上的开关闭合 |
| 燃烧器启动不出 | ①观火孔及其他地方有光透入光敏管<br>②超湿使燃烧器控制器 BC 的端子 4.5 不通 | ①排除漏光<br>②重新调整温度表消除超湿状态 |

| 故障现象 | 故障原因 | 排除方法 |
|---|---|---|
| 点火失灵 | ①点火电极距离太远<br>②点火电极脏或潮湿<br>③控制器 BC 故障<br>④绝缘瓷管破裂<br>⑤点火变压器故障 | ①重新调整至 0.3 ~ 0.7<br>②擦干擦净<br>③维修或更换控制器<br>④更换<br>⑤更换 |
| 点不着火或点着后即熄灭 | ①风门太大或太小<br>②烧嘴堵塞<br>③电磁阀堵塞<br>④油压不合理，雾化不好<br>⑤火焰传感器被积炭等遮挡住 | ①重新调整风门<br>②清洗烧嘴（用轻油）<br>③清洗电磁阀（用轻油）<br>④调整齿轮泵出口油压到 15kg 左右<br>⑤擦净 |
| 温度显示表不准确 | ①仪表损坏<br>②热电阻损坏<br>③接线错误 | ①更换<br>②更换<br>③检查重接 |
| 流量表显示不准确 | ①均速管流量计安装有误<br>②流量变送器没有调校好<br>③显示表损坏 | ①重新安装<br>②重新调整<br>③更换 |
| 导热油温度升不上出力降低，排烟温度正常或偏低 | ①风量过大<br>②炉壁受损，冷风漏入炉膛 | ①调整风量<br>②检修炉膛，排除漏点 |

# 思 考 题

1. 有机热载体炉有哪些特点？

2. 有机热载体炉分为哪几类？

3. 导热油的失效判断主要是哪四个方面？

4. 导热油取样时应注意什么?

5. 如何延长导热油的使用寿命?

6. 简述有机热载体炉工作原理?

7. 简述膨胀槽、贮油槽主要功能,安装要求及注意事项。

8. 画出有机热载体炉主要工艺流程图。

# 十四、乳化沥青设备

乳化沥青设备就是用来生产乳化沥青的专用设备,其生产特点是在乳化剂的作用下通过机械力将沥青破碎成微小的颗粒,并均匀地分散在水中,形成稳定的乳态液,即乳化沥青。

其技术特点可归纳为:

1.自动化程度高,对沥青、水、乳液及各种添加剂的计量都能自动控制,并能自动补偿、自动记录和调校。

2.组合式,各主要部件组合搭配,便于移动拆装。

随着乳化设备稀浆封层技术在我国大量推广应用,对沥青乳液的质量、产量都提出了更高的要求,沥青乳化设备则将改变目前品种杂乱、故障率高、产量小的状况,向规范化和合理化方向发展。

## (一) 分 类

沥青乳化设备根据沥青和乳化剂水溶液进入乳化机时的状态不同,分为开式系统和闭式系统两种类型。

开式系统的特点是用阀门控制流量,沥青和乳化剂靠自重流入乳化机的进料漏斗中,其优点是比较直观、设备组合简单,缺点是容易混入空气产生气泡,使乳化机的产量明显下降。

闭式系统的特点是用两个匹配完好的泵直接把沥青和乳化水溶液经管路泵输入乳化机内,靠流量计指示流量,优点是不易混入空气,便于自动化控制,乳液的质量和产量比较稳定。

根据沥青乳化设备的工艺流程不同,可以分为分批作业和连续作业两种类型。

分批作业的特点：是乳化剂和水的掺配，预先在一个容器内完成，然后用泵将其输入乳化机中，一罐乳化剂水溶液用完后，再进行下一次的掺配，整个生产流程是分批进行的，如图 14-1 所示。

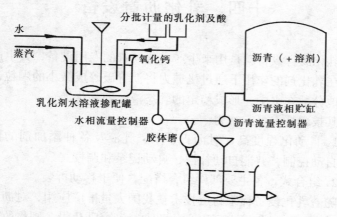

图 14-1　乳化沥青设备示意图

连续作业的特点：是乳化剂水溶液连续不断地进入乳化机中。这类设备还有三种形式，一般是采用两个容器交替掺配乳化剂水溶液，尽管是分批作业，但可以实现连续输送乳化剂水溶液，见图 14-2。

第二种设备是分批掺配乳化剂水溶液，然后将其泵入一个贮存罐中，生产时，从贮存罐中抽出乳化剂水溶液送入乳化机中从而实现连续生产，见图 14-3。

第三种设备是将水、乳化剂和其他添加剂（酸、氯化钙）分别用计量泵将其送入乳化机中，乳化剂水溶液的掺配在管道中完成。这种设备可以实现大流量连续作业，同时可以使罐体的容积大大减小，自动化程度也很高，见图 14-4。

另外，根据设备的布局及机动性，沥青乳化设备可分为移动式、组合式、固定式等结构形式。

移动式的沥青乳化设备将乳化剂掺配系统、乳化机、沥青输

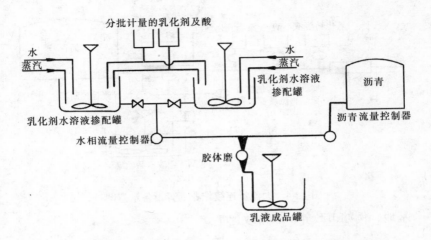

图 14-2　两个容器交替掺配乳化剂水溶液乳化沥青设备示意图

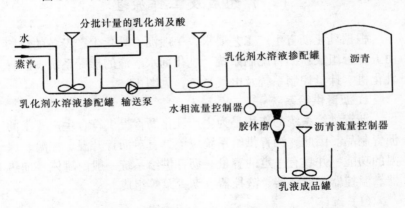

图 14-3　分批掺配乳化剂水溶液乳化沥青设备示意图

送泵、控制装置固定在一个专用底盘上，可以灵活移动，并且设备结构相对集中，外观体积小，占地面积小，便于安装使用。这种设备一般是中、小生产能力的设备，多用于野外施工、工程分散、用量较少、频繁移动的公路施工工程。

组合式沥青乳化设备一般布置在大型沥青贮存库或炼油厂附近，一般不需要搬迁，形成一个有一定服务半径的沥青乳化生产

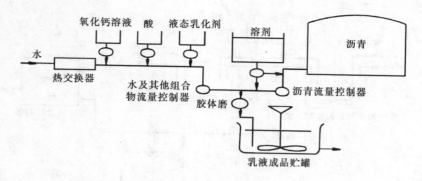

图 14-4　大流量连续作业沥青设备示意图

基地，例如市政养护、市政建筑。

## （二）组成及工作原理

根据乳化沥青生产工艺要求，一般沥青乳化生产设备的结构由五部分组成：沥青配制系统、乳化剂水溶液的掺配系统、沥青乳化机、计量控制系统及电气系统，见图 14-5。

**1. 沥青供给系统**

沥青供给系统的作用是为生产乳化沥青提供符合生产要求的沥青制品。因此，沥青供给系统应该具有对沥青升温、控温、保温的功能，并具有一定的容量。沥青供给系统一般由罐体、加热器、温控器、搅拌器、液控器、沥青泵等组成。

（1）罐体

罐体一般用钢板制作，外形有立式或卧式。罐体上部应设置人孔，便于维修人员进入内部维修或清污，底部应做成圆弧状或梯状，并设置排污以利于杂质沉淀和排污。罐体外部必须加装保温材料，以减少沥青热量的散发。

（2）加热器

加热器的功能是对沥青加热。加热器有三种形式：蒸汽介质加热、导热油介质加热、电加热。因加热介质不同，其加热器的

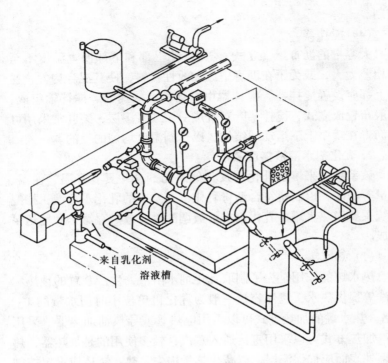

来自乳化剂
溶液槽

图 14-5　乳化沥青设备

结构以及在罐体中的布置也不相同。

　　蒸汽和导热油介质对沥青升温都采用间接加热法，即水蒸气或导热油不与沥青接触，而是通过金属壁来传递热量，通常采用蛇形排管加热器，加热器的出口应设置蒸汽疏水器。导热油加热器通常采用蛇形管，其高温端应设置在罐体底部，低温端在罐的上部（及通常所说导热油进油、出油方向：低进高出）。

　　（3）温控器

　　温控器的功能是准确显示和控制沥青温度。温控器由测温仪表和控制阀两部分组成，常用的测温仪表有压力式温度计和热电阻温度计，均可以实现现场显示和远传显示，将温度计与调节器、中间继电器以及电磁阀等组合，可以实现沥青温度的自动控制。

（4）搅拌器

大容量的沥青罐（立式），为了使上部和下部沥青温度不至于相差太大，或为了在沥青中添加改性材料，使其混合均匀，在罐上部应设置搅拌器。搅拌器由电动机、减速器、搅拌轴组成，一般布置成立式，搅拌桨叶布置成一层或者多层，桨叶常采用可使沥青在罐中上下运动的结构，以达到温度均匀的目的。

**2. 乳化剂水溶液掺配系统**

该系统用来溶解乳化剂及其他添加剂，并具有升温、保温、计量等功能，以制备符合沥青乳化工艺要求的乳化水溶液，掺配系统主要由热水罐、乳化剂水溶液调配罐（或贮存罐）和输送泵组成。

（1）热水罐

热水罐的作用是为了制取乳化剂水溶液，生产装置的预热和清洗等提供热水，罐体容量一般为乳化机单位小时用水量的 1～3 倍。热水罐的加热方式可以采用电热管或导热油加热器。采用蒸汽加热方式可以采用直接通入蒸汽，较多使用的是加热器，热水罐外表面应加保温层，以减少热量损失，热水罐还应设置控制液面高低的液位计和控制温度的温度控制器。

（2）调配罐

乳化剂水溶液调配罐是制取合格乳化剂水溶液的关键设备，有以下用途：

1）稀释乳化剂。

2）制取乳化剂水溶液。

3）贮存乳化剂水溶液。

4）尽管调配罐用途有差异，但都必须具有一定容量，能对液体计量、控温、混合等，乳化剂水溶液调配罐主要由罐体、加热器、温控器、搅拌器、液位计、温度计等组成。

罐体常采用立式，顶部为平盖板，底部为椭圆形封头或者90°锥角无折边锥底。如果采用平底将不利于乳化剂水溶液排尽。

进水管要插到罐底部，以减少乳化剂的泡沫。

加热器多采用蛇形盘管（导热油或蒸汽），可以作为搅拌器的导流筒，起到增强混合效果的作用。

搅拌器在保证乳化剂水溶液混合效果和混合速度方面起到关键作用，乳化剂水溶液调配罐中传统的搅拌器多采用低速大桨叶形式，由电动机直接驱动搅拌器，转速为 1500r/min 左右，采用螺旋桨叶片，搅拌器倾斜一定方向，混合力度、效果都较好，而且大大减少了搅拌器的结构。

液位计是为了控制每次进入罐体中热水的总量，常采用浮球式液位计，可以实现液面上、下限的控制。乳化剂和添加剂每次进入罐体中量很少，多采用流量测量控制。

温度计是为了检测乳化剂溶液的现场温度，当热水和乳化剂水溶液温度下降时可以启动加热器调温。

（3）输送泵

乳化剂溶液掺配过程中需要用泵将热水、乳化剂、添加剂等液体输送到相关的容器中，输送液体的泵有多种型式，但比较常用的是离心泵。

**3. 沥青乳化机**

乳化机是整套沥青乳化设备的核心，它的作用就是通过增压、冲压、剪切、研磨等机械作用，使沥青形成均细化颗粒，稳定而均匀地分散于乳化剂水溶液中，成为水乳状液。采用不同的力学作用原理，沥青乳化机的结构形式也不相同。一般常用的乳化机有均化器、胶体磨等形式。

（1）均化器类乳化机

主要由增压泵和均化头组成。存在有齿轮泵不耐用、易磨损以及产量较小等缺陷，目前在沥青乳化生产设备中很少使用，而在沥青乳化室内试验机中仍有使用。

（2）胶体磨类乳化机

胶体磨类乳化机是沥青乳化设备中采用最多的机型，主要是通过定子、转子之间由于高速转所产生的剪切力而起到研磨、分散作用。

沥青乳化设备较多使用卧式胶体磨、转子和定子之间的配合一般是锥形，由于整机结构以及磨体的形状和液体流向的不同，沥青乳化机主要分成以下几类：

锥面槽式胶体磨。在锥形的定子内表面和转子外表面做出许多方向不同的斜槽，使通过两锥面极小间隙的沥青混合液受到反复的剪切、摩擦，因而分散、均化形成均匀的微粒悬浮在水溶液中，见图14-6。

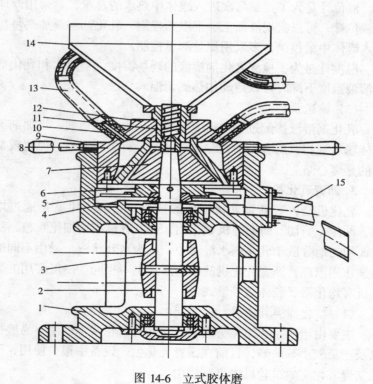

图 14-6　立式胶体磨

1—壳体；2—轴；3—带轮；4—甩盘；5—叶轮；6—座；7—转子；

8—手柄；9—调节螺母；10—连接管；11—搅龙；12—定子；

13—软管；14—漏斗；15—出口管

平面槽式胶体磨。此类胶体磨原先用于乳制品及化工工业，乳化细度达到 $2\mu m$ 以下。近几年，此类胶体磨用于沥青乳化生产中，其乳化能力也很强，定子和转子是两个相对的平面，其表面有许多同心的环槽。沥青混合液从胶体磨体中部进入内部，在离心力的作用下高速通过定子和转子间的缝隙，并受到剪切力、摩擦力、高频振动、旋涡等复杂力的作用，因而混合液被有效地分散、破碎、均化和乳化，见图 14-7。

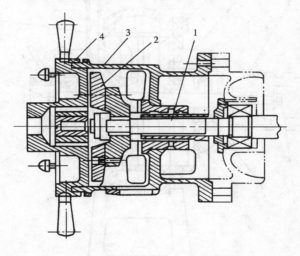

图 14-7　W1 型胶体磨的结构
1—电动机轴；2—叶轮；3—壳体；4—调节端盖

光滑锥面胶体磨。光滑锥面胶体磨一般用于制取各类乳状液。胶体磨中定子和转子的表面为光滑面，转子的高速旋转，以及转子与定子。之间微小的间隙和沥青混合液的黏度作用使定子和转子之间形成逆向的强大剪切力。在剪切力、摩擦力作用下，沥青混合液分裂成微细颗粒，形成均匀的乳液。

图 14-8 为日本精工牌乳化机的结构及外形图，在日本称作"均油机"。该机的定子和转子均为光滑锥面，当沥青混合液进入均油机的转子中后，液体借助与转子间的摩擦力随转子一起旋

转，在离心力的作用下，高速喷射到定子上，然后通过定子与转子间的缝隙，在剪切力与摩擦力作用下，液体被分裂成细小颗粒，均匀地形成乳液，从左、右两边流出。

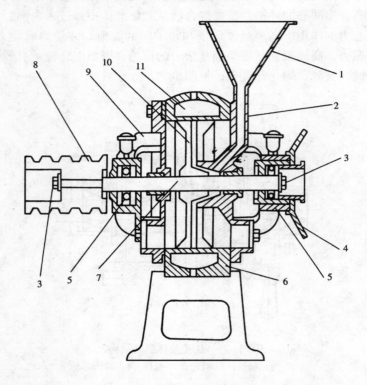

图 14-8　精工牌均油机的构造

1—料斗；2—前端盖；3—固定螺钉；4—间隙调整器；5—轴承；
6—壳体；7—轴；8—带轮；9—后端盖；10—转子；11—水套

均油机中定子和转子的锥角很小，一般在 6°～8°之间，如果太大，则液体受定子反向的轴向分力就大，这使得右出口流量增大，而左出口流量减小，致使乳液中的沥青颗粒不均匀；如果太小，则调整间隙时的行程量将会太大。

图 14-9 是国内于 20 世纪 80 年代开发的沥青乳化机，该机定

子和转子具有光面胶体磨和槽式胶体磨的特点，是专为生产乳化沥青而设计的乳化机。

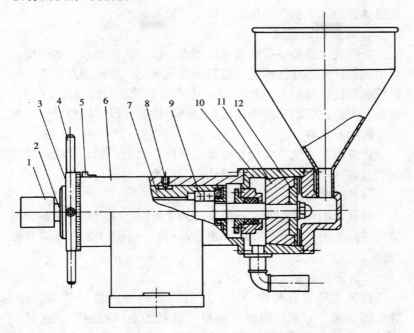

图 14-9　AL-6000 型乳化机的构造

1—轴；2—调节柄；3—刻度环；4—标线板；5—滑动套；6—壳体；
7—定子壳；8—漏斗；9—端盖；10—叶轮；11—转子；12—定子

　　该机的沥青乳化过程分三个步骤：沥青混合液进入乳化机中，首先受到进口处轴上加装的六个搅拌叶片的强力搅拌和混合，并在离心力的作用下压向定子和转子的缝隙中。

　　在定子和转子的表面前半段加工有凹槽，使液体通过时受到很大冲击和剪切，并形成旋涡运动，后半段为光滑表面，液体在此段完成均细化工作，最终形成高质量的沥青乳状液。

　　乳化机是乳化设备中最关键的部分，对乳液质量影响很大，从使用的角度看，除要求乳化机经久耐用、高效低耗、使用方便、安全可靠之外，主要看选用的乳化机是否满足对乳液质量的要求。衡量乳液质量的一项重要指标是沥青微粒的均细化程度。均细化程度越高，乳液的使用性能及贮存稳定性就越好。一般来说胶体磨类乳化机在均细化方面是比较理想的。

**4. 计量控制装置**

沥青乳化设备一般都应该使沥青、水、乳化剂和添加剂按一定的比例掺配，在连续运动过程中完成乳化，形成沥青乳液。计量控制系统就是对上述物料在运动过程中所发生的温度、压力、流量、配合比等因素的变化实行监测与控制，以实现稳定生产高质量的沥青乳液。

计量控制系统主要包括温度、液位、流量、油水比的计量控制以及各种动力装置的顺序启动和定时控制。

（1）温度控制

通常采用开关控制。用温度达到上限时，电磁阀（通蒸汽或导热油）关闭；达到下限时，电磁阀打开（采用电加热装置其原理相同）。

（2）液位控制

在乳化沥青自控设备中，所有盛装液体的容量（沥青罐、乳化沥青罐等）都应设置控制液位高低的液位控制器，这对于连续大批量生产乳化沥青中保证稳定有序地工作是必不可少的装置。

（3）计量控制

在乳化沥青生产过程中，按比例控制沥青和水溶液的输送量送入乳化机中是生产出合格乳化沥青的重量因素之一。

通过测量仪表、调节器和执行机构来实现对沥青和乳化剂水溶液流量的自动控制。

目前，油水比控制中采用单回路调节系统较多，其调节方式有两种：

方式一（见图 14-10（a）所示），此种方式的检测的对象是乳化剂水溶液和乳化沥青，而调节的对象是水溶液和沥青的供给量，其主要设计思想是：沥青具有物理形态很不稳定的特点，在不同的温度阶段，黏度发生很大的变化，加上沥青产地不同，组分差别大，黏度各异，不同标号的沥青黏度也有较大差别。另外，目前国内尚无合适的检测沥青的流量仪表，因此，将沥青流量作为不可检测的对象。

方式二（见图 14-10（b）所示），目前国内有的采用椭圆齿轮流量计或靶式流量计测量沥青的流量。按上述方式，沥青和乳化剂水溶液各自作为检测和调节对象，在运行前，需要将两个回路各自设定，输入计算机中进行运算，而后调节执行机构。

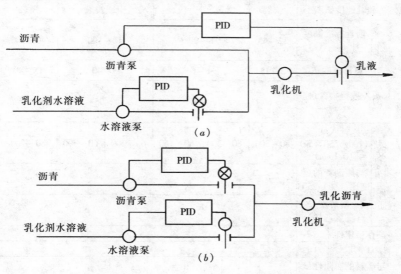

图 14-10　油水比例控制方式

## 5. 电器系统

成套沥青乳化设备中电器系统主要包括各电动机的控制系统、电源、各执行电器元件及电器显示系统。

成套沥青乳化设备中主要采用计算机集中控制设备，一般都装有自动控制和手动控制两套控制系统，操作时自由切换。任何形式的控制系统必须遵守工艺路线中各设备启动和停机的程序。

## 6. 乳化沥青检验标准

各种乳化沥青技术性能要求，见表 14-1。

**各种乳化沥青技术性能要求**　　　　　表 14-1

| 项目<br>种类 | PC-1<br>PA-1 | PC-2<br>PA-2 | PC-3<br>PA-3 | BC-1<br>BA-1 | BC-2<br>BA-2 | BC-3<br>BA-3 |
|---|---|---|---|---|---|---|
| 筛上剩余量（%） | < 0.3 | | | | | |
| 电　荷 | 阳离子带正电（+）阴离子带负电（−） | | | | | |
| 破乳速度试验 | 快裂 | 慢裂 | 快裂 | 中或慢裂 | | 慢裂 |
| 黏度　沥青标准黏度计 $c_{25,3}$（s） | 12～45 | 8～20 | | 12～100 | | 40～100 |
| 黏度　恩格拉度 $E_{25}$ | 3～15 | 1～6 | | 3～40 | | 15～40 |
| 蒸发残留物含量（%） | > 60 | > 50 | | > 55 | | 60～62 |
| 蒸发残留物性质　针入度（100g,25℃,5s）（0.1mm） | 80～200 | 80～300 | 60～160 | 60～200 | 60～300 | 80～200 |
| 蒸发残留物性质　与原沥青的延度比（%）25℃ | > 80 | | | | | |
| 蒸发残留物性质　溶解度（三氯乙烯） | > 97.5 | | | | | |
| 贮存稳定性（%）　5$d$ | < 5 | | | | | |
| 贮存稳定性（%）　1$d$ | < 1 | | | | | |
| 与矿料的黏附性试验，裹覆面积 | | | | | | |
| 粗粒式石料拌合试验 | — | 均匀 | | | | — |
| 细粒式石料拌合试验 | — | | | | | 均匀 |
| 水泥拌合试验，筛上剩余量（%） | — | | | | | < 5 |
| 低温贮存稳定性（−5℃） | 无粗颗粒或结块 | | | | | |

注：1. 乳液黏度可选沥青标准黏度计或恩格拉黏度计的一种测定，$c_{25,3}$ 表示温度 25℃，孔径 3mm，$E_{25}$ 表示在 25℃时测定；
　　2. 贮存稳定性一般用 5$d$ 的，如时间紧迫也可用 1$d$ 的稳定性；
　　3. PC、PA、BC、BA 分别表示洒布型阳离子、洒布型阴离子、拌合型阳离子、拌合型阴离子乳化沥青。

无论用何种设备、工艺生产的乳化沥青，均应严格按照《公路工程沥青及沥青混合料试验规程》JTJ052—2000 中的有关条文进行检验，并符合表 14-1 的技术要求。

# （三）运 行 与 管 理

目前，国内沥青乳化设备没有统一标准，各厂家和生产单位的设备差异很大，但生产工艺基本相同。

**1. 主要操作注意事项的以下几点：**

1）沥青乳化生产必须严格按照"生产工艺卡"进行；

2）设备的操作必须指定专人负责，并且熟悉和掌握设备操作要领；

3）每次生产前检查各零部件及电器、线路等，确认处于安全正常工作状态后方可开机；

4）开机前首先启动预热系统，当沥青泵和乳化机均能用手转动，轻松自如时，再启动乳化机和乳化剂水溶液泵；

5）沥青和乳化剂水溶液温度符合工艺要求；

6）严格按"乳化剂使用说明"和"生产工艺卡"配制乳化剂水溶液；

7）采用自动控制油水配比的设备，应该先开"手动档"，待油水流量计显示和工作正常时，再拨回"自动档"；

8）生产结束时，停机顺序应是沥青泵—乳化剂水溶液泵—乳化机，同时应关闭沥青管道阀门和水溶液阀门；

9）切实注意安全生产，操作人员不得擅自离岗。

**2. 沥青乳化设备维修与保养技术**

1）乳化机和输送泵及其他电动机、减速机，按其出厂说明书的规定进行日常保养；

2）每班工作结束后，应清洗乳化机，没有保温设施和防腐设施的乳化设备，还应清洗沥青泵、乳化剂水溶液泵以及管道；

3）沥青乳化机应定期检查其定子与转子的配合间隙，当不能达到该机所规定的最小间隙时，应考虑更换定子和转子；

4）用于控制流量的定量泵或流量计，应定期检查其精度，并及时进行调整和维护；

5）每半年清除控制柜中的灰尘，微机部分只能用吸尘器除尘，以免灰尘入机，损坏机件；

6）若设备长期停用，应放净罐中以及管道中的液体，保持清洁，各运动部件加注润滑油；

7）室外温度低于－5℃的地区，沥青乳液贮存罐不应存放乳液。贮存罐剩余的乳液应及时排净，以免造成乳液破乳。

## 思 考 题

1. 乳化沥青制作设备的组成，其核心设备功能简介。

2. 普通乳化沥青类型。

3. 普通乳化沥青生产工艺简介。

4. 乳化沥青生产设备类型简介，并比较其优缺点。

5. 乳化沥青乳化剂水溶液的温度宜为多少度？

6. 乳化机的间隙调节，应以生产出来的乳化沥青颗粒小于多少为标准，否则应该调整乳化机的间隙。

7. 乳化机转、定子间隙必须可调节，其间隙应该调到多少为合适？

8. 乳化沥青生产前，应先开启乳化剂水溶液，预循环时间应大于多少秒？

9. 生产乳化沥青时，石油沥青温度为多少度合适？

10. 道路用乳化沥青的5天贮存稳定性不大于百分之多少？

# 十五、改性沥青设备

## （一）分 类 及 特 点

改性沥青是由一整套系统设备生产的，大体上分为固定式和移动式两种，生产能力在 5~15t/h。

其主要组成部分为：改性剂与沥青上料系统、改性剂与沥青的计量系统、加热恒温系统、溶胀搅拌系统、高速剪切研磨系统、空压机供气系统、成品贮存系统、自动控制系统等。

移动式设备通常是安装在 1~2 台半挂底盘上，可根据施工需要随时转移工地，其高度和宽度是按道路运输的要求设计的。工作时，为不使轮胎长期承受负荷，各单元的底架都设有可调支腿，运输时可将其收起或拆下。

固定式设备就是整套设备安装在工厂的场地上（外加稳定剂添加反应系统）。成品改性沥青加工使用的设备基本为固定式的工厂化设备。这种生产方式在一定运输半径内可实现规模化生产。同移动式设备相比，除不加移动部分外，固定式设备尚需防离析的稳定剂添加装置。

成品贮存罐用于贮存成品改性沥青，其大小取决于改性沥青设备的生产能力，国内目前多为 $50m^3$ 左右。罐体设有保温层，并用导热油加热。为避免改性沥青离析，贮存罐可设计为叶桨搅拌器搅拌及泵循环，起搅拌作用。

沥青和改性剂的溶胀搅拌罐目前在国内大致可分为三种形式，即两罐式、三罐式和为配合高速剪切研磨的五罐式、四罐式、三罐式。

具体工作时，计量好的沥青和 SBS 被分别送往其中的一个或三个，通过单轴或双轴搅拌器在罐内溶胀搅拌或仅进行搅拌，罐的大小同样取决于改性沥青设备的生产能力。罐外有保温层，并用导热油为其加热保温。

闸阀管道循环系统将一个、两个或数个溶胀、搅拌罐、高速剪切研磨机和成品贮存罐连接成为单向、双向或多向的循环系统。管道循环系统同样用导热油加热保温。

## （二）生产工艺及设备

### 1. 改性沥青生产工艺

SBS 改性沥青的加工过程一般包括改性剂的溶胀、磨细分散、发育三个阶段。每一阶段的加工温度和时间是关键因素。一般来说，溶胀温度为 165～175℃，分散温度为 175℃左右，发育温度为 165℃左右。加工时间则视加工工艺及技术质量控制确定。

因 SBS 与沥青之间存在相容性问题，容易导致在热贮存条件下发生离析现象，所以可根据实际情况采用施工现场加工的办法来生产 SBS 改性沥青。

如果在方便运输及解决好稳定性的同时采用工厂生产方式也是可行的。在一定的运输半径内，固定式设备可较好地发挥大生产的作用。图 15-1 为工厂固定式 SBS 改性沥青设备，图 15-2 为移动式改性沥青设备。

在生产方法上主要有三种方法，即搅拌法、胶体磨法和高速剪切法。这三种方法按排列顺序及技术提高的阶段性也是相符的。即最早是搅拌法，然后是胶体磨法，再到高速剪切法。目前，国内外对高速剪切法最为推崇。

（1）SBS 改性沥青生产工艺实例介绍

1）三罐式生产工艺

图 15-3 列出了德国 BMA-4 型改性沥青设备生产工艺流程图。

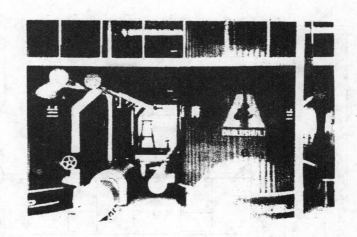

图 15-1

图 15-2

①沥青流量计和螺旋输送器，将基质沥青和沥青改性剂分别计量并加入到搅拌罐 A 中。

②搅拌器，对加入到 A 罐中的基质沥青和改性剂进行搅拌，使之初步溶混。

③启动循环泵，将 A 罐中初步溶混的改性沥青混合物吸入

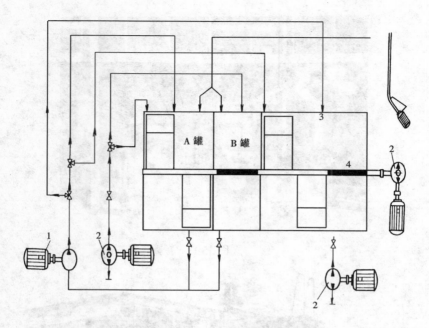

图 15-3　德国 BMA-4 型改性沥青设备

研磨机，启动研磨机对来自 A 罐中的改性沥青混合物进行研磨、剪切，使之初步细化并均匀混合，然后再通过循环泵将其泵入搅拌罐 B 中，并在 B 罐中进一步搅拌、溶混。

④循环泵将 B 罐中改性沥青混合物泵入研磨机中，通过研磨机对来自 B 罐中改性沥青混合物再次进行研磨、剪切，使之初步细化并均匀混合，然后再通过循环泵将其泵入搅拌罐 A 中，这种磨碎循环过程每循环一次，聚合物改性剂就被磨碎、细化一次，沥青混合物的温度就升高 1℃左右。

⑤上述 3 和 4 两个过程重复进行 3~4 次，经检验合格，即聚合物改性剂已被磨成非常小的颗粒，并均匀地分布在基质沥青中，最后送到贮存罐备用。重新自 1 过程开始到 5 结束的下一次生产过程。

2）两罐式生产工艺

图 15-4 为美国 HEATEC 改性沥青生产工艺流程图，该设备每批次生产约 8～10t，8h 连续生产。

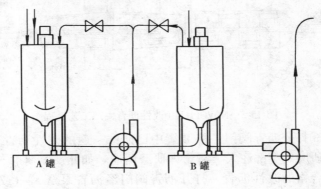

图 15-4 美国 HEATEC 改性沥青工艺流程图

①将沥青和 SBS 加入 A 罐；

②将 A 罐内的混合物用 SM－D3/HK 研磨机进行循环研磨，使其均匀化，混合 30min；

③用泵将 A 罐中的混合物打入 B 罐；

④在 B 罐内继续循环研磨，直到将聚合物磨好为止，重新向 A 罐中加入沥青和 SBS；

⑤重复进行上述 2 的研磨过程：向 B 罐内加入粉状改性剂，用搅拌器将其打碎、扩散混合均匀后，用泵将生产好的改性沥青打入贮存罐；

⑥重复继续上述 3 的生产过程。

3）奥地利 RF 集团的 NOVOPHALT 改性沥青生产工艺，见图 15-5。

①打开沥青阀门，开动沥青泵将沥青注入 A 罐，开动垂直搅拌器，同时在计量斗按设计配合比计量改性剂并通过螺旋输送机送入 A 罐，搅拌。

②开动胶体磨，打开沥青阀门，将 A 罐中的原沥青与改性剂的混合体通过胶体磨研磨后全部注入 B 罐，即研磨一遍。

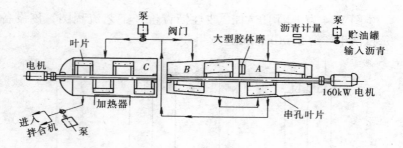

图 15-5　NOVOPHALT 改性沥青生产工艺流程图

③打开沥青阀门，将 B 罐中已研磨一遍的改性沥青通过胶体磨研磨后全部注入 A 罐，即研磨两遍。如此反复研磨 5～6 遍即为合格的改性沥青。打开沥青阀门经沥青泵 A 罐（或 B 罐）中已研磨合格的改性沥青注入 C 罐，进行此工艺时 C 罐作为成品贮存罐。

④当 A 罐中已研磨合格的改性沥青注入 C 罐的同时 B 罐又注入原沥青和改性剂作为下一次研磨生产。

**2. 设备组成**

（1）加热装置

成套设备中大部分都需要加热及保温，基质沥青在进行改性加工前需要加热到 160℃左右，溶胀分散系统和孕育系统需要保温。其加热一般都采用导热油锅炉，整个过程都是在封闭的罐或管道中进行的，温度可以控制。

（2）溶胀分散装置

在 SBS 改性沥青的生产过程中，沥青中的油分会逐步渗入 SBS 的分子链之间，即 SBS 得到了溶胀。充分的溶胀对于提高沥青的改性效果是很重要的，主要作用有以下两个方面：

1）SBS 被油分溶胀后，体积胀大，松弛了 SBS 的内部结合力，为聚合物高度粉碎创造了极为有利的条件；

2）溶胀改善了 SBS 与沥青组合的相溶性，使改性沥青的体系趋于稳定，是一个防止离析的有效途径，所以在设计改性沥青加工设备时，为了保证合适的溶胀时间，增加了一些搅拌装置。

在沥青改性系统中 1 号、2 号、3 号搅拌罐是循环工作的，也就是说当 1 号罐正在加料，2 号罐此时正在放料，而 3 号罐内的 SBS 正在进行溶胀。SBS 在 160～180℃的温度下经过 20～40min 时间即可达到充分溶胀。

(3) 输送计量装置

1) 沥青的自动计量

有流量器和称重自动计量两种，前者特点是可连续进行，一步到位，流量器体积小、结构简洁、投资省，但由于沥青热膨胀系数很大，温度对密度影响大，而沥青的组分复杂其密度、热膨胀系数相差很大，因此，只有经过细致定值调整才能保证计量误差。后者计量误差小，操作简便，但体积大相对较繁琐，投资大。所以两种方式各有利弊。

2) 改性剂上料系统

改性剂上料机构主要由破碎、计量、输送三类装置组成。

袋装改性剂在贮运中被压成块，必须先经破碎才能输送，并利于与沥青混溶；计量一般采用称重形式并自动控制。输送有螺旋输送，即采用一种弹簧式的螺旋输送器输送，还有斗式提升输送和空气带动。

(4) 研磨装置

基本都是通过胶体磨研磨及高速剪切。这种设备基本以卧式安放为主，由机座、驱动电机、壳体、轴承、密封轴套、定磨盘、动磨盘、主轴、蜗轮、蜗杆调节手轮、自动调节手轮等组成。其工作原理和结构特点参见胶体磨一节。

(5) 稳定剂添加装置

根据稳定剂的反应性能作用原理，对稳定剂的添加过程提出了以下要求：①稳定剂分布均匀；②快速分散；③配比计量正确。

就形态而言，稳定剂有液态和粉状两大类，不论液态或粉状，均可以直接添加或经稀释、液化添加。为达到分布均匀、快速分散、配比计量正确的目的，采取以下两种添加方式。

1）间歇式添加　在具备必要搅拌强度的容器中加入一定量改性沥青后，按配比要求加入稳定剂，搅拌一定的时间，使之分散均匀。间歇式添加的优点是计量精度高。

2）连续式添加　连续式添加可省掉专用的反应搅拌罐，但需要动态计量装置。

（6）孕育装置

所谓孕育，实际上是让研磨分散后的改性沥青在必要的温度下存放一定时间，从而达到改善技术性能和防止离析的目的。用于孕育的装置是具有必要功能和容量的孕育罐。

功能：有必须的搅拌强度；加热和保温。

容量：根据设备生产能力、工作制度，从制造的技术可行性和制造成本角度分析决定。

（7）控制系统

具备以下基本功能：

1）各运动部件的启动和停机

按照设定的连锁关系依顺序自动启动或停机。即按下一个操作按钮，各部件动作进入连续运行的程序控制。

2）温度控制

SBS 改性沥青的温度控制由精度较高的温控仪表组成，温度高低根据设定的温度通过阀门的自动启闭调节。

3）计量控制

根据设定的需要量自动计量。

4）根据特殊情况的需要，还设有半自动（触摸屏或工控机临时指令）及手动按钮控制。

# （三）运 行 与 管 理

**1. 运行要求**

1）在使用重交通沥青前必须进行分析试验。

2）在沥青进入研磨机前加过滤装置，以防金属类杂物混入。

3）研磨机开启前，其出料口的阀门一定要打开。否则，改性沥青会在研磨机轴的密封处溢出。

4）SBS改性沥青的成品检测分析，应在现场直接灌入试模内，不应拿到远离现场再去加温灌入。

5）溶胀过程是SBS改性沥青生产工艺必不可少的程序，工艺流程无法实现溶胀功能者，沥青的改性效果难以得到保证。

6）生产出的SBS改性沥青成品一定要在165℃左右的温度条件下循环流动。

7）SBS改性沥青不能在高温下长时间贮存。长期不使用时，应迅速降温停炉保存。

8）每天的生产结束后，搅拌设备沥青输送管道内存留的SBS改性沥青，要充分利用循环泵的反转功能，把它抽回到贮存罐中。

**2. 维护管理**

对于改性沥青设备，可以从以下几个方面来做好维护保养工作。

1）熟悉公司提供的各种技术资料，融会贯通整个设备的工作原理，为及时发现问题做好思想上的准备。

2）严格遵守操作规程，做好运行前的准备工作。

3）建立定期检查制度，检查各零部件是否有松动、脱落现象以及相对运动部件是否需要润滑等。

4）建立设备运行档案，对设备运行过程中出现的问题以及维修办法做好记录以备以后进行对比分析。

5）经常做好设备的清洁保养工作。

为了便于发现故障后能及时修复设备，表15-1列出了改性沥青设备中，可能出现的故障以及排除方法。

改性沥青设备故障原因及排除方法 表 15-1

| 现 象 | 可能的原因 | 排除方法 |
|---|---|---|
| 均化磨不能启动 | 磨盘间隙自动放大装置失灵 | 查自控线路及传动是否可靠，予以纠正 |
| | 预热时间短，磨机温度低，机内残液黏度大 | 继续加热 |
| | 机内充满料浆或有较多残留料浆 | 切断料浆来源，同时打开均化磨底部排放阀，将料浆放尽 |
| 均化磨电流超额定负荷 | 混合料浆流量过大 | 关小调整阀 |
| | 磨盘间隙过小 | 调整磨盘间隙 |
| | 料浆温度过低 | 料浆加温至高于 175℃ |
| | 料浆输出不畅 | 开大受阻的设备料浆进口阀 |
| 当班开始研磨时磨机流量小 | 有尚未融化的沥青堵塞 | 等待温度升高使沥青融化或继续运转，待其逐步消融 |
| 均化磨空载运转时有金属摩擦声 | 磨盘间隙过小 | 调整磨盘间隙 |
| 均化磨漏润滑油 | 密封圈损坏 | 更换 |
| 蝶阀关闭不严，开不足 | 气压不足 | 调整压力设定，检查执行机构是否正常 |
| | 气缸定位螺钉松动 | 调整到位 |
| 动力设施振动或有异响 | 润滑油量不足 | 加注润滑油至规定要求 |
| | 地脚螺栓松动 | 拧紧 |
| | 设备与电动机连接同轴度偏移 | 校正 |
| 当班开始运行时，阀门启动关闭不灵活 | 温度低，黏附料浆粘度大 | 继续加温使其融化，下一次开车增加提前预热时间 |

## 思 考 题

1. 改性沥青设备系统中核心设备是什么？其原理是什么？
2. 改性沥青加工设备分哪几类？其各自优缺点是什么？
3. 简述改性沥青加工工艺，并说明工艺控制的几个关键点。
4. 孕育装置必须具备哪些功能？
5. 改性剂的计量和输送各有哪几种方式？

# 十六、沥青混合料搅拌设备

拌制沥青混合料的机械与设备统称为沥青混凝土搅拌设备。

沥青混合料摊铺到路基上，经过整形、压实就成为沥青混凝土路面。在进行摊铺作业时，需要沥青混合料具有良好和易性与均匀性。为此，拌制好的沥青混合料应具有 140~160℃ 的工作温度和精确的配比。通常，沥青必须加热到 140~160℃ 的工作温度才能保证有足够的流动性，骨料也必须经过烘干并加热到 160~180℃ 的温度，才能保证被沥青很好地裹覆和粘结在一起。此外，还要根据沥青混合料的用途确定材料级配和沥青用量的配合比例。

根据上述要求，沥青混合料的拌制工序如下：

1. 冷骨料按级配冷料合成比例定量供给，即骨料的粗配与供给；

2. 冷骨料烘干（脱水）、除尘并加热到工作温度；

3. 热骨料的提升、筛分和贮存；

4. 热骨料按质量配比精确称量、供给；

5. 沥青的熔化、脱水，并加热到工作温度；

6. 石粉（粉尘）的定量贮存和按重量配比精确称量、供给；

7. 沥青的定量贮存和按重量配比精确称量、供给；

8. 热骨料、石粉（粉尘）、沥青（有的还需配给外加剂）配料的均匀搅拌；

9. 沥青混合料成品的出料和暂时贮存。

以上工序，除了沥青的熔化、脱水和加热在沥青贮仓和专用加热器中进行外，其余工序（包括所用沥青的保温）都由沥青混凝土搅拌设备来完成。因此，沥青混合料搅拌设备应由下列部分组成：

1. 冷骨料斗、冷骨料定量供给和输送装置；

2. 骨料的烘干（脱水）和加热装置；

3. 热骨料提升机；

4. 热骨料筛分机和分粒径热料贮存仓；

5. 石粉（粉尘）提升机或气力输送装置；

6. 石粉（粉尘）的贮存和定量供给装置；

7. 沥青计量保温装置和沥青输送喷洒系统；

8. 各矿料的精确称量装置；

9. 外加剂的供给（木质纤维素、软化剂、抗剥落剂的供给）；

10. 搅拌器；

11. 沥青混合料成品贮仓；

12. 为了保证环保达标，还必须有除尘系统和其他环保装置。

# （一）功用、分类与工艺流程

### 1. 功用与分类

沥青混合料搅拌设备主要用于公路、城市道路、码头、停车场、货场等工程中，是将不同粒径的骨料和填料按规定的比例掺在一起，用沥青做结合料，在规定的温度下拌合成均匀混合料的专用机械。常用的沥青混合料有沥青混凝土、沥青碎石和沥青砂等。沥青混合料搅拌设备是沥青路面施工的关键设备之一，其性能直接影响沥青路面的质量。

沥青混合料搅拌设备可按生产能力、搬运方式、工艺流程等方法进行分类。按生产能力，沥青混合料搅拌设备可分为小型（生产率在 40t/h 以下）、中型（生产率在 40～400t/h）和大型（生产率在 400t/h 以上）。如表 16-1 的分类。

**分类、特点及适用范围** 表 16-1

| 分类形式 | 分 类 | 特 点 及 适 用 范 围 |
|---|---|---|
| 生产能力 | 小 型<br>中 型<br>大 型 | 生产能力 40t/h 以下<br>生产能力 40～400t/h<br>生产能力 400t/h 以上 |
| 搬运方式 | 移动式<br>半固定式<br>固定式 | 装置在拖车上，可随施工地点转移，多用于公路施工<br>装置在几个拖车上，在施工地点拼装，多有于公路施工<br>不搬迁，又称沥青混凝土工厂，适用于集中工程、城市道路施工 |
| 工艺流程 | 间歇强制式<br>连续滚筒式 | 特点见 3.1 工艺流程。按我国目前规范要求，高等级公路建设应使用间歇强制式搅拌设备，连续滚筒式搅拌设备用于普通公路建设 |

注：按工艺流程分，还有连续强制式和间歇滚筒式，但不常见。

按搬运方式，沥青混合料搅拌设备可以分为移动式、半固定式和固定式。移动式是将设备装置在拖车上，可随施工地点转移，多用于公路工程；半固定式是将设备装置在几个拖车上，在施工地点拼装，多用于公路工程设备；作业地点固定的为固定式，又称为沥青混合料加工厂，主要适用于工程集中及城市道路施工。按工艺流程，沥青混合料拌合设备可分为间歇强制式和连续滚筒式。高等级公路建设应使用间歇强制式，而连续滚筒式多用于普通公路及场地建设。按工艺流程还可分为连续强制式和间歇滚筒式。图 16-1 是几种典型沥青混合料搅拌设备外观图。

**2. 拌制沥青混合料的工艺流程**

目前，国内外最常用的间歇强制式和连续滚筒式沥青混合料搅拌设备的工艺流程分别如图 16-2、图 16-3 所示。近 20 多年来，工业发达国家研制的新型沥青混合料搅拌设备的工艺流程如图 16-4 所示。

由于砂石料加热必须用到燃油，从而产生污染，同时对加热产生的粉尘必须回收。因此，必须重视提高除尘系统设备的配套性、适用性和可靠性，才能提高除尘效率，使之达到高的净化标准和国家环保烟尘排放要求。当然会因此大大增加除尘设备的投资，通常可达到搅拌设备总造价的 15%～30%左右，从而加大搅拌设备的成本。此外，传统式沥青混合料搅拌设备的组成部分较多、结构复杂、设备庞大、能耗高、建设投资大。

为了解决粉尘污染和能耗高的问题，20 世纪 60 年代末国外开始研制新的沥青混合料搅拌工艺，1969 年美国研制出一种滚筒式沥青混合料搅拌设备。这种设备的工艺特点是：骨料的烘干、加热及同沥青的搅拌是在同一个滚筒内完成的，即骨料烘干加热后未出滚筒即被裹覆，从而减少了粉尘的飞扬和逸出。这种搅拌设备的工艺过程比传统式搅拌设备大为简化，设备组成也简单，投资费用、能耗及运行费用少，因而经济效益高。

另外，沥青混合料搅拌设备为适应新的社会需求增加了很多环保方面的需求，从而产生了冷再生沥青混合料搅拌设备、热再生沥青混合料搅拌设备（日工、阿曼）、顺序双滚筒式热再生沥青混合料搅拌设备（阿斯泰克）。它们均可以达到对废旧沥青混凝土的回收再利用。

用滚筒式沥青混合料搅拌设备生产的混合料，目前还只限用于铺筑路面底或较低级的路面。其一般结构形式如图 16-1 所示。

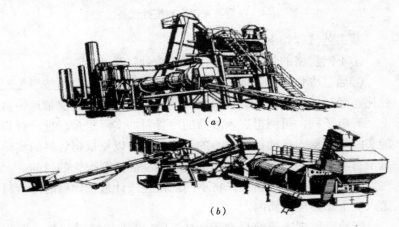

(a)

(b)

图 16-1　沥青混合料搅拌设备外形图

(a) 强制式固定沥青混合料搅拌设备；(b) 滚筒式移动沥青混合料搅拌设备

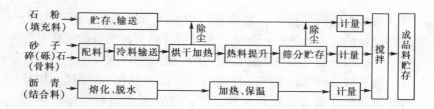

图 16-2　间歇强制式沥青混合料搅拌设备工艺

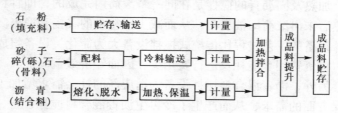

图 16-3　连续滚筒式沥青混合料搅拌设备工艺

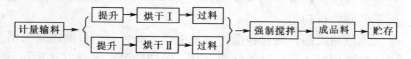

图 16-4　新型沥青混合料搅拌设备工艺

其工艺流程如下：

①不同规格的骨料分别进不同的冷骨料斗。

②通过冷骨料斗下部的计量皮带输送机，将冷骨料按事先配合比，经过计量后送入冷骨料皮带运输机上。冷骨料皮带运输机上装有电子秤，可测得进入滚筒的冷骨料的实际重量，把冷骨料的实际重量输入自动控制中心的计算机内，以使根据骨料的实际重量自动调整沥青的供给量。从而达到准确控制配比的目的。

③冷骨料皮带运输机，将不同规格经过计量配比后的冷骨料送入烘干加热搅拌筒内。

④冷骨料进入滚筒后在前 1/4～1/3 部进行烘干加热。燃烧的火焰被特别的结构形成料帘阻隔，使火焰不能与沥青接触，尽

量减少沥青的老化。

⑤沥青供给系统与传统的基本相似，在输出管路上装好沥青流量计，可测出沥青的流量，把它输入计算机可与骨料变化随时自动调整。在滚筒全长的 1/3 处（靠出料端）喷入沥青，随着滚筒的旋转筒内的矿料不断的被提升和自由跌落，在此过程中，矿料逐渐被沥青裹覆，最终完成搅拌工作。

⑥拌制好的沥青混合料（温度一般可达 140～170℃）从滚筒的出料端卸出，经过提升机送入成品仓中待运。

进入 20 世纪 90 年代，美国阿斯泰克公司新研制出双滚筒式沥青混合料搅拌机，这种机型具有高生产效率、高质量、可代替强制搅拌机，还可回收废沥青混合料，又解决了沥青烟处理问题。我国青岛公路工程二段在 1992 年底从美国引进了一台 RD-DC-633 型双滚筒沥青搅拌机，使用后反映良好。其特点：双筒分为内、外两个筒，内滚筒是一个高效逆料流烘干器，利用气流和金属传导进行烘干。外壳体用于高效搅拌，石粉或粉尘、沥青及回收旧的沥青混凝土在外腔加入，液态沥青在烈焰的外壳近端注入。任何沥青分裂出轻油质均被吸回燃烧火焰中焚化，可使用布袋除尘器治理烟尘。因此，双筒搅拌设备是目前最先进的滚筒式沥青混合料搅拌设备。

我国沥青混合料搅拌设备的生产是从 20 世纪 60 年代末开始的。最初由交通部组织自行开发研制生产率为 20t/h 间歇强制式沥青搅拌设备，至今已形成系列，产品的技术性能得到稳步提高。西安筑路机械厂继 1985 年引进技术并生产了 PARKER3000 型沥青混合料搅拌设备，使我国沥青混合料搅拌设备生产的规模、产量、工艺装备及产品的技术水平、可靠性、耐久性等有了很大的提高，但与国际水平相比仍有很大差距。

目前国外的沥青混合料搅拌设备有以下几个特点：

①产品规格系列化。目前，市场上的沥青混合料搅拌设备的规格、型号十分齐全，有 1 小时生产几吨的小型设备，也有上千吨的大型设备，其中使用较多的是 40t/h 以下的各种中、小型搅

拌设备。但随着沥青混合料的商品化，沥青混合料的生产朝着专业工厂化方向发展，沥青混合料搅拌设备也日趋大型化，例如间歇强制式搅拌设备的生产率高达 700t/h，连续滚筒式的达 1200t/h。

②设备性能先进化。为适应各种工程对沥青混合料产品质量的不同要求，满足社会对节省能源、环境保护的需要，搅拌设备的各项性能指标越来越高。例如，骨料和粉料的计量精度，间歇强制搅拌设备达 0.5%，连续滚筒式达 1%；沥青计量精度，间歇强制搅拌设备达 0.33%，连续滚筒式达 0.5%；粉尘排量均可控制在 $50mg/m^3$ 以内，热效率达 80% ~ 85%。

③操作控制自动化。无论是间歇强制式还是连续滚筒式搅拌设备，其控制系统均采用计算机管理，并采用微机程序控制和手动相结合的操作方式。搅拌设备的工艺流程可在显示器上模拟显示，生产过程中的各种数据可自动采集、处理、显示、打印，具有故障自动诊断、报警功能。此外，还可存贮大量的沥青混合料级配配方，以供各种工程施工需要时选用。

## （二）组成及工作原理

### 1. 强制式沥青混合料搅拌设备

间歇强制式沥青混合料搅拌设备的总体结构、布置如图 16-5 所示。该搅拌设备由冷骨料贮仓及配料机、带式输送机、烘干筒、热骨料提升机、热骨料筛分及计量装置、石粉供给及计量装置、沥青供给系统、搅拌器、除尘装置、成品料贮仓和操作控制室等组成。

间歇强制式沥青混合料搅拌设备的结构及工艺流程的特点是：初级配的冷骨料在干燥滚筒内采用逆流加热方式烘干、加热，经筛分、计量后在搅拌器中与按质量计量的石粉、热态沥青搅拌成沥青混合料。因此，间歇强制式沥青混凝土搅拌设备能保证骨料的级配和骨料与沥青的比例达到相当的精度，也易于根据

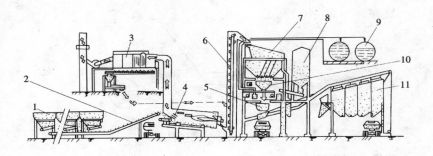

图 16-5　间歇强制式沥青混合料搅拌设备总体结构

1—冷骨料储仓及给料器；2—带式输送机；3—除尘装置；4—冷骨料干燥筒；5—搅拌器；6—热骨料提升机；7—热骨料筛分及储仓；8—石粉供给及计量装置；9—沥青供给系统；10—热骨料计量装置；11—成品储料仓

需要随时变更料的级配和骨料与沥青的比例，拌制的沥青混合料质量好，可满足各种工程施工的要求。但其工艺流程长，对除尘装置要求高（约占搅拌设备投资的 25%），设备庞杂，建设投资大，且搬迁较困难。

间歇强制式和连续滚筒式沥青混合料搅拌设备具有许多相同的部件，结构与工作原理相似，有些甚至是相同的。

（1）骨料供给装置

1）机械

冷骨料供给装置由冷骨料储仓，给料器和冷骨料输送机组成。冷骨料储仓（料斗）为 2~4 个方口漏斗形容器，集存不同粒径的砂石材料。给料器（配料器）位于冷骨料储仓的下方，对冷骨料进行计量，并按照各种工程施工的要求进行级配。带式输送机将级配后的冷骨料集聚、输送至干燥加热滚筒。冷骨料加热器有往复式、电磁振动式、带式、板式、圆盘式等多种结构形式。

往复式给料器的结构及工作原理如图 16-6 所示。

往复式给料器由电动机通过减速器和曲柄连杆机构，带动料槽往复运动将料给出。给料量的大小可通过改变料槽的往复行程

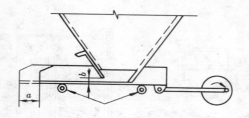

图 16-6 往复式给料器

$a$ 或料斗闸门开度 $b$ 予以调节。

图 16-7 为电磁振动式给料器的结构和工作原理示意图。

在料斗下方弹性的悬挂一个倾斜一定角度的卸料槽，在卸料槽上安装一电磁式振动器，依靠振动器的高频振动将冷骨料均匀卸出。给料量的大小，通过改变振动器的振幅和料斗闸门的开度进行调整。

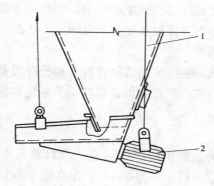

图 16-7 电磁振动式给料机
1—料斗；2—卸料槽

带式给料器位于冷骨料储仓的下方，如图 16-8 所示。

当其运转时即可将冷骨料送出。其给料量的多少，通过变频器改变电机的转速，改变带式给料器的速度来进行调节。

板式给料器的结构和工作原理如图 16-9 所示。

它位于冷骨料储仓的下方，链条上安装有若干个链板，由电

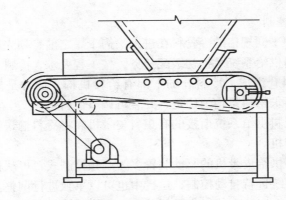

图 16-8　带式给料机

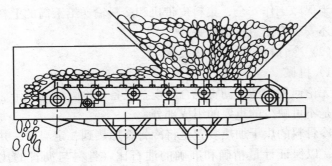

图 16-9　板式给料器

动机、减速器和链轮驱动。当链条链板运动时，即可将冷骨料送出。板式给料器较往复式给料器、电磁振动式给料器工作稳定，不存在因打滑而影响给料的问题。因此只要各种冷骨料符合不同工程的施工规范要求，选调板式给料器速度，即可使骨料级配及给料量符合规范指标的要求。

　　冷骨料供给装置中的冷骨料输送机的作用是：将给料器计量、级配、送出的冷骨料汇集，并送至烘干筒的输送机。冷骨料输送机通常有带式输送机和斗式提升机等两种形式。带式输送机工作可靠，不易卡滞，噪声小，架设方便，广泛用于沥青混合料搅拌设备的作业场地。

2）控制

各种不同规格的冷骨料在进入滚筒干燥之前，须先进行初级配。冷料供给系统承担初级配任务，按工程要求，冷料仓一般由4~6个料仓组成，冷料仓的下部有给料机构，通常是皮带式给料机，要求给料量均匀稳定，并且可调节供料量。

与冷料供给系统衔接的有集料皮带机和将冷料输送给滚筒的上料皮带机。

冷料供给皮带机的驱动装置多为调频控制式，可从控制室通过控制系统进行自动控制，运行中也可以单独进行调整。冷料供给皮带机上安装有状态指示开关，可以检测冷料皮带机上是否有料，为保障工作安全，集料皮带机和冷料输送给滚筒的上料皮带机处还安装有紧急拉绳开关。

（2）冷骨料的烘干加热装置

1）机械

无论何种类型的沥青混合料搅拌设备，冷骨料的烘干加热装置都是不可缺少的重要的组成部分。

冷骨料的烘干加热装置是将冷骨料加热到一定温度，并充分脱水，以保证计量精确和准确的油石比（骨料与沥青的比例），使结合料也就是沥青对骨料均匀裹覆，以便成品具有良好的摊铺性能。间歇强制式搅拌设备冷骨料烘干、加热温度为 160~180℃，连续滚筒的为 140~160℃。该装置包括干燥滚筒和加热系统两部分。

①干燥滚筒

干燥滚筒是对冷骨料进行烘干、加热的装置。可以使冷骨料在较短的时间内用较低的燃料消耗达到充分脱水，并升高到一定温度。要求冷骨料在干燥滚筒内应直接与燃气充分接触，均匀分散，并在筒内有足够的滞留时间。干燥滚筒应有足够的空间，不致使其内部空气受热膨胀后压力过大。燃烧器应向干燥滚筒内供给足够热量的燃气或高温气体。

目前，干燥滚筒均采用可旋转的圆筒形结构（图 16-10）。用耐热的锅炉钢板卷制焊接而成，并倾斜3°~6°安装角，通过前后端的大滚圈（筒箍）、滚轮支承在机架上。中间部位设有止推滚圈和止推滚轮，以防止滚筒轴向移动。干燥滚筒的中间部位设有减速器，驱动小齿轮及大齿圈，驱动滚筒转动。这种齿轮传动方式在小型及早期的搅拌设备上使用较多。目前的中型搅拌设备多用链轮、链条传动，其结构简单，制造、安装、调试较方便。大型搅拌设备常采用摩擦驱动，为增加其驱动力，其四个托轮均为主动轮。

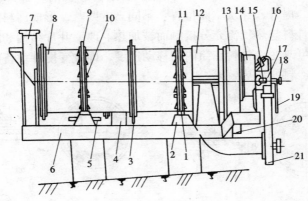

图 16-10　干燥滚筒

1—支撑滚轮；2—防护罩；3—驱动齿圈；4—电动机及减速机；

5—止推滚轮；6—机架；7—加料箱及排烟箱；8—筒体；

9、11—筒箍；10—胀缩件；12—冷却罩；13—卸料箱；14—火箱；

15—点火喷头；16—传感器；17—喷烧器；18—燃油调节器；

19—燃油管；20—卸料槽；21—鼓风机

为补偿筒体和筒箍因温差而发生的变形，其间设有涨缩件（图 16-11）。其中的弹性椭圆形仅用于小直径干燥滚筒排烟箱一端；弹性切线式广泛用于各种干燥滚筒上，刚性调整式结构简单，但利用其调整垫片调整间隙不方便；铰接切线式仅用于特大型干燥滚筒。

为便于进料和排烟，在干燥滚筒的进料端开孔，并设有进料装置和烟箱，如图 16-12 所示。其中应用最广泛的倒料槽式进料装置的料槽穿过烟箱，并安置与水平成 60° ~ 70° 的倾角，以免湿料阻滞现象。带式进料装置从滚筒的下部水平方向送入冷骨料，其后带轮为主动轮，前面卸料区设有防护罩。振动料槽进料装置是从低位、水平方向将冷骨料送入滚筒，带式和振动槽式进料装置对排烟的阻力较小。

为使冷骨料在干燥滚筒内均匀、分散地前进，滚筒内壁（图 16-13）装有几排一定形状的叶片。当滚筒旋转时，叶片将冷骨料刮起、提升，并从不同位置、不同高度跌落，形成冷料窜，从而使冷骨料与热气流充分接触而被加热。改变叶片结构和滚筒安装角，可改变冷骨料在筒内的移动速度，即改变搅拌设备的生产率。如冷料的加热效果。

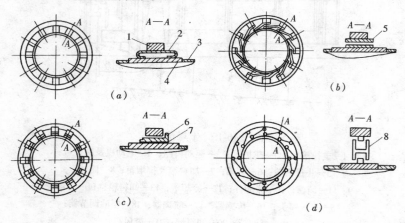

图 16-11　胀缩件

（a）弹性椭圆形；（b）弹性切线式；（c）刚性调整式；（d）铰接切线式

1—筒箍；2—弹性椭圆胀缩件；3—筒体；4—垫片；5—弹性切线式胀缩件；6—支撑垫片；7—调整垫片；8—铰接式胀缩件

从叶片的结构和作用的角度，可将干燥滚筒内腔分为三个区域：受料区、提升-抛洒区和卸料区，为了使冷骨料自滚筒进料端较快的向里移动，受料区大多采用螺旋叶片，它相对于滚筒轴

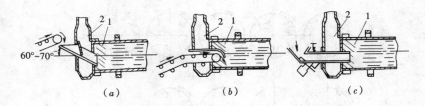

图 16-12

（a）倒料槽式；（b）带式；（c）振动槽式

1—干燥滚筒；2—烟箱

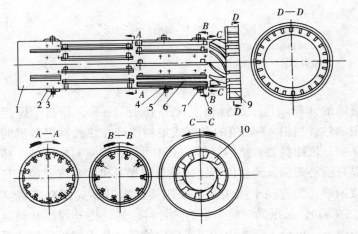

图 16-13　干燥滚筒内部结构

1—筒体；2、8—胀缩件；3、7—筒箍；4—齿圈座；5—齿圈；6—叶片；9—旋
转式提升器；10—螺旋叶片

线的升角为 45°～60°。提升-抛洒区内的冷骨料向前移动是依靠
筒体的倾斜，其叶片形状如图 16-14 所示。不同的叶片形状，提
升骨料的数量、骨料抛洒的开始时间与方向也不同。应用较多的
是槽钢形与弯脚形叶片。为使热气更好地传给骨料，相邻排的叶
片在圆周方向上错开安装。

卸料区通常安装径向直线形叶片，叶片与筒体轴线成 20°～
30°角，以加快骨料的移动速度和预防骨料受热辐射而过热。干

277

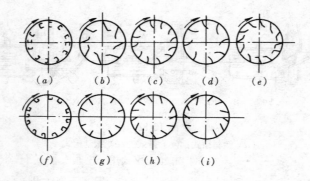

图 16-14  提升-抛洒叶片形状

（a）槽钢形；（b）长弯脚形；（c）曲线形；（d）月牙形；（e）
短变脚形；（f）汤匙形；（g）径向直线形；（h）正向直线形；
（i）反向直线形

燥滚筒的卸料端位于卸料箱内（图 16-15（a）），即自干燥滚筒
出来的热骨料沿 45°倾角的自流式集料槽卸在热骨料提升机的受
料斗中。该卸料装置结构简单，工作可靠，但集料槽太长，热骨
料提升机必须深入地面以下，使热骨料提升机的长度增加，且维
护较困难。大直径干燥滚筒多采用旋转提升器式卸料装置（图
16-15（b）），从干燥滚筒出来的热骨料由旋转提升器提升到筒体
轴线以上，再抛入漏斗内，再沿集料槽落入热骨料提升机的受料
斗中。一些进口设备采用方式不同，他们将旋转提升机改装为旋
转刮料器，让料被刮起，经过专门设计的旁路卸料槽，再进入斜
溜子，进入集料槽，由热骨料提升机提升传输到热料筛。采用旋
转提升器卸料，可以使热骨料提升机的受料斗高出地面，并可安
装在干燥滚筒的机架上，既便于热骨料提升机的维护，又免去搬
迁时的拆装工序。

　　干燥滚筒的内壁，特别是靠近火箱区段，温度很高。为避免
筒壁过热，并减少热量损失，利用罩壳将滚筒封闭起来，鼓风机
向滚筒内送入空气，使罩壳附近变热，因此可降低筒壁附近的热
传导，并改善燃料的燃烧过程。

278

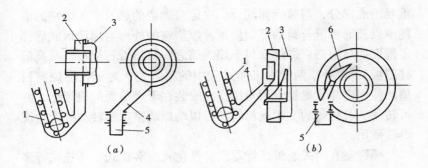

图 16-15　干燥滚筒的卸槽装置

（a）集料槽式；（b）旋转提升器式

1—热骨料提升机；2—集料箱或旋转提升器；3—干燥滚筒；4—集料箱；

5—受料斗；6—漏斗

若干燥滚筒四轮四电机驱动时，应采取变频器控制，方可达到电机的同步。另外，可以采取右手平行四边形法则调整四个驱动托轮方向，来到达调整滚筒的相对位置。

②加热装置

加热装置的作用就是将冷骨料烘干、加热、提供热量。它由喷燃器、火箱（燃烧室）、贮油罐、油泵、输油管和鼓风机等组成，广泛采用液体燃料（如重油、柴油等）提供热量的条件除了合适的燃油外，关键是燃烧装置——喷燃器及火箱。

按液体燃烧雾化方式，喷燃器可分为油压雾化式与气压雾化式，气压雾化式又可分为低压式和高压式两种。

燃烧室（火箱）毗邻于干燥滚筒卸料端，是燃油燃烧、生产热量的地方。由于燃烧室温度很高，其内壁要用耐热材料衬砌，结构如图 16-16 所示。

燃烧室可视为干燥滚筒的

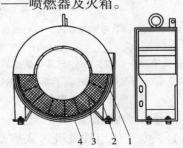

图 16-16　干燥滚筒火箱

1—壳体；2—石棉板；3—耐热砌层；

4—耐火泥

重要组成部分，与喷燃器配合，决定着燃烧的热效率、燃料的消耗率以及沥青混合料的拌制质量。燃烧室的外形为扁筒形或后部带锥形的扁筒形。燃烧室与干燥滚筒之间衬垫着石棉板（或高温硅胶板），以补偿两者在工作过程中的膨胀差。为延长燃烧室衬垫的使用寿命，燃烧室用专用支架安装在干燥滚筒的机架上，并可转动。若衬垫的一边损耗时，可以绕燃烧室轴线转动一个角度继续使用。

燃烧室有闭式、带燃烧罩式、气化式、雾化式、预热式等多种结构形式，如图 16-17 所示。

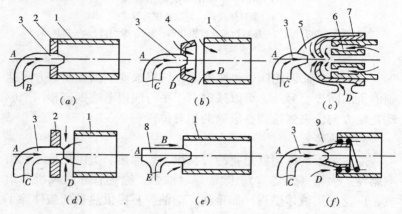

图 16-17　燃烧室的形式

（a）闭式；（b）带燃烧罩式；（c）预热气化式；（d）主室气化式；（e）蒸汽雾化式；（f）蛇形管预热式

1—火箱；2—端壁；3—空气雾化燃油的喷燃器；4—燃烧锥罩；5—壳体；6—燃烧室；7—导气组件；8—蒸汽雾化燃油喷燃器；9—蛇形管；A—燃油供给；B—空气供给；C——一次空气供给；D—二次空气供给；E—蒸汽供给

闭式燃烧室是用空气——机械法雾化燃油（如图 16-17（a）），空气使用鼓风机送入燃烧器助燃。其结构简单，便于现场维修。但用鼓风机供给的冷空气气流使燃油气化速度缓慢，从而导致火炬加长，燃烧室长度加大。

带燃烧罩式的燃烧室也是用空气——机械法雾化燃油（如图

16-17（b）），但通过喷燃器的空气量仅仅是雾化燃油所需空气量的 10%～20%，其余部分是从喷燃器、燃烧锥罩、燃烧室三者之间的两道环行空间吸入。与闭式燃烧室相比，带燃烧罩式的燃烧室的燃油在燃烧锥罩内先预热与蒸发，然后再直接在燃烧室内燃烧。它具有鼓风机消耗功率少、燃烧较完善的优点。缺点是结构较复杂，在施工现场难于维修。

燃油在预热室中气化的燃烧室（图 16-17（c））是利用一部分燃气再循环，促使燃油气化。通过喷燃器的空气只是用来使燃油雾化，燃油的气化是在预热室内进行，在燃烧室的主腔内燃烧。该形式的燃烧室的燃油能迅速而完全气化、燃烧，由于有一部分燃气是沿着专门沟槽喷射的。绕预热室四周气化后返回预热室内，使那里的空气、燃油混合物温度升高，从而保证了混合气体的质量，并且火焰短。但其结构较复杂，需用高耐热陶瓷材料制造预热室，用高压空气促进雾化，且功率消耗多。

燃油在主室中气化的燃烧室，通过喷燃器的空气仅用于燃油雾化，燃油燃烧所需空气是从端壁和燃烧室之间的环行空间进入的（图 16-17（d））。由于喷燃器的喷射作用，二次进入燃烧室的空气与折返的燃气汇合，并产生涡流，从而保证了二次空气预热升温，有利于燃油的迅速燃烧。该形式燃烧室由于空气能预热，所以具有燃油气化好，燃烧完全、火焰短、结构简单、鼓风机功率消耗少的优点。但喷燃器需使用带有大锥头的雾化燃油用的喷燃器。

蒸汽雾化的开式燃烧室（图 6-17（e））是用压力为 0.6～0.8MPa 的蒸汽来雾化燃油的。燃油燃烧所需的空气是由抽风机在干燥滚筒内所造成的负压，从燃烧室敞开的端部进入燃烧室，蒸汽雾化的开式燃烧室结构简单，但由于蒸汽-空气混合气从喷燃器喷出的速度很快，噪声很大，燃油的燃烧仅在混合气的表面进行，尽管过量空气系数较大，但仍存在燃烧不完全的现象，并且火焰长。

燃油经过蛇形管进行高温预热的燃烧室（图 16-17（f）），燃油预热后再进入喷燃器。同时一次空气也进入喷燃器，二次空气则通过燃烧室敞开的端部进入燃烧室。燃油经预燃室气化后进入主燃烧室。该燃烧室的特点是凉空气系数较小，燃烧完全，热效率高，燃料使用经济性好，且火焰短，火箱尺寸小，预热室制造成本低。但由于是用移动蛇形管在燃烧室内的位置来调整燃油预热，因而结构与使用方法较复杂，并且流动速度低，当温度过高时，燃油黏度下降，影响压力稳定及燃烧热值，还会在蛇形管结焦。

燃烧系统使用时，必须检查油路系统是否漏油，如果发现滚筒内有燃油，必须先上砂子将油裹出，再进行点火，否则将会出现爆燃、爆炸等问题，甚至出现布袋除尘器燃烧现象。多次点火点不着时，也必须重复上述操作。

2）控制

①干燥滚筒

干燥滚筒是将冷骨料加热烘干的装置，要求在较短的时间内将有一定含水量的骨料用较低的能耗使其充分脱水，并加热到所需要的温度。滚筒倾斜布置，筒内物料在叶片的提升和跌落过程中向前移动。骨料在火焰和气流的作用下挥发水分并提高温度，滚筒除具备烘干能力外，还要有较高的热效率，这些都是通过滚筒内不同区域安装不同的叶片来实现的。滚筒热交换区内的叶片应使骨料在滚筒的全断面上形成密集的料帘，热气流穿过料帘进行热交换，使骨料在较短的时间内充分吸收热量，达到热骨料要求温度。

滚筒的驱动方式有链驱动、齿圈驱动及摩擦驱动等。滚筒两端的密封也很重要，门前密封的方式有多种，可靠的密封可以减少漏气量，漏气过多不仅需要增加排气量，而且降低了热效率。

②燃烧系统

a. 燃烧系统：燃烧系统和干燥滚筒配合对冷骨料进行加热，使有一定含水量的冷骨料脱水并加热到一定的温度，这就需要消耗大量的热能。由于冷骨料含水量的不同，沥青混合料不同规格、不同温度要求等，其燃料的消耗量是不一样的。

基于搅拌设备自身工序的需要，如每次开机时需先进行暖机作业，即小火焰使设备先升温，然后再进行正常作业，因此要求燃烧器必须具备一定的调节能力，才能满足不同工况的需要。燃料的充分燃烧和提高热效率是沥青搅拌设备的基本要求。

为了降低生产成本，重油燃烧器也在广泛使用。有的燃烧器已实现燃气、轻油、重油的互换通用，即燃料的改变不需要更换燃烧器，使用时只需增加燃料的辅助设备，如重油加热装置等。为使燃烧器保持最佳的燃烧状态。当燃油量变化时，供风量也应随之变化，新型燃烧器的控制已达到非线性调节，以获得最佳的燃烧效果。

b. 燃烧系统工作过程：

点火前准备：打开燃烧器供油管道开关，按下燃烧器控制按钮，启动燃烧器风机电机，对燃烧道进行预吹风。

点火：预吹风阶段结束后，空气挡板回到初级火焰位置。燃油泵电机启动，点火电极间火花点燃液化气，液化气火焰点燃成雾状喷出的燃油。

初燃烧：烘干筒在燃烧器供热的初期，只能用初级火焰进行初燃烧，使烘干筒均匀受热。初燃烧时间约需达到 5min 以上。当除尘器尾气温度达到规定值时（视系统而定，一般在 80 ~ 120℃），冷骨料开始上料。

正常燃烧：冷骨料进入烘干筒后，二级火焰打开，风门、燃烧器开度随之开大，燃烧器进入正常燃烧状态。

点火故障：在点火过程中容易出现点不着火现象。此时，观测火焰的电眼会发现点火失败，系统会自动停止点火程序。电动机停止运转，查看情况排除故障后，再次进入点火程序。

温度检测及控制：在烘干筒出料口处安装热电偶检测加热骨料温度，以控制燃烧器开度，使骨料获得适当的加热温度。

（3）热骨料提升机

热骨料提升机是间歇强制式沥青混合料搅拌设备的必备装

置。其作用是将干燥滚筒内卸出的热骨料提升到一定的高度，借助旋转产生的离心力将热料装入筛分装置。它通常采用深型漏斗，离心方式卸料的斗式提升机（图16-18）。但是在大型的间歇强制式沥青混合料搅拌设备上，则多采用导槽料斗，重力方式卸料的斗式提升机，如图16-19所示。后者的链条运动速度低，有利于减少零件的磨损和机械噪声。

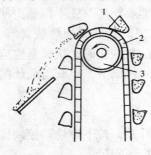

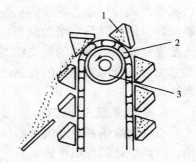

图 16-18　离心卸料型斗式
提升机
1—深形料斗；2—链条；
3—链轮

图 16-19　重力卸料型斗式提升机
1—导槽料斗；2—链条；3—链轮

热骨料提升机必须安装反向止动装置，以防止设备过载时，提升机反转，造成骨料堵塞，提斗卡死，并且在人工盘车时，不会出现倒转现象，提供了较高的设备安全性。

（4）热骨料筛分装置

1）机械

热骨料筛分及计量装置是间歇强制式沥青混合料搅拌设备的特有设备装置，它由筛分设备、贮料仓及计量系统等三部分组成。

筛分装置的作用是将干燥滚筒烘干、加热后混在一起的不同规格骨料按粒径重新分开，以便在下一步与粉料、沥青搅拌之前进行精细的计量与级配调整。目前常用的振动筛结构简单、维修方便，工程上被广泛使用。

单轴振动筛（图 16-20）通过偏心轴的旋转运动产生激振力（离心力），使倾斜放置的筛网产生振动而进行筛分，其振幅通常为 4～6mm，振动频率为 20～25Hz。双轴振动筛通过两根结构对称的倾斜布置的偏心轴的同步旋转，使水平放置的筛网产生定向振动而进行筛分，其振幅通常为 9～11mm，振动频率为 18～20Hz。

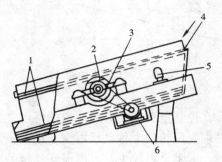

图 16-20　单轴下振式振动筛
1—筛网；2—平衡块；3—振动器；4—骨料；5—弹簧；6—电动机

根据振动机构的布置，振动筛又分为上振式和下振式。早期的振动筛，其振动轴或电动机布置在筛体的中下部（图 16-20），属下振筛。其安装维修不便，驱动带时紧时松，传动效率低，轴承位于高温环境下易损坏。上振式振动筛的电动机和振动轴均布置在筛体的上方（图 16-21），克服了下振式的缺点。所有的振动筛应有隔振或减振措施，以保证其他机件的正常工作。

筛网的结构主要有编织、冲孔和长方形孔，冲孔筛网多为圆孔，条状筛网均为长方形孔。筛分装置通常安装在密闭的箱体内，以防粉尘逸散。筛箱与除尘管道相通，以保护环境。

筛片的质量好坏会直接影响到混合料的质量，所以在选用筛片时，应尽量选用寿命长、耐磨、孔尺寸准确的筛片，以保证设备稳定的质量。

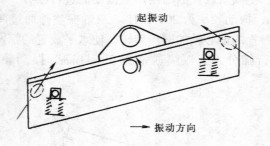

起振动

振动方向

图 16-21　上振式振动筛

2）控制

热料振动筛在控制上有一个必须注意的特点，它在控制上采取了停机时，必须先反转几十秒，后再恢复正转，这样可以保证筛片上比较清洁，卡阻骨料较少，可以保证骨料的通过率比较稳定，也大大减少了设备的维修次数。

（5）热骨料计量、石粉供给、沥青供给及计量装置

1）机械设备

为了对筛分后的热骨料进行准确计量，按骨料的种类、规格设置热骨料贮仓，一般为 3～5 个（图 16-22）。各贮仓底部均设有能迅速开腔的料门，其开度与配合比相对应。斗门的启闭可用机械杠杆、电磁阀或气缸等方式操作控制。热骨料贮仓内设有料位传感器，其信号便于工作人员操作，及时掌握料位情况，以便发现问题（冷料、筛片、热料仓），或发现其他问题并及时采取相应措施，同时便于调整冷料各转速比。

热骨料的计量通常采用质量计量方法，通过称量斗和计量秤来完成。热骨料计量装置如图 16-22 所示。称量斗吊装在热骨料储仓的下方，不同规格的骨料按级配质量比先后落入秤量斗内，叠加计量，达到设定值后斗门开启，让骨料进入搅拌器内，计量秤有杠杆秤、电子秤等多种结构形式。

沥青混合料搅拌设备均应设有石粉供给及计量装置。石粉供给

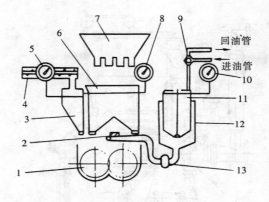

图 16-22　热骨料计量装置

1—搅拌器；2—喷嘴；3—石粉称量斗；4—石粉螺旋输
送器；5—石粉计量器；6—骨料称量斗；7—贮仓；8—
骨料计量秤；9—二通阀；10—沥青计量秤；11—沥青
计量桶；12—沥青保温层；13—沥青喷射泵

部分包括石粉贮仓和输送机构。石粉贮仓一般采用筒式结构，其下部为倒圆锥形。用斗式提升机或压缩空气将石粉送入仓内贮存。仓内顶部设有料位高度探测机构。在贮仓下部设有振动器或采用压缩空气喷吹的破拱装置，以防止石粉起拱。贮仓出口处设有可调节的闸门或叶轮给料器，以控制石粉的排出量。由贮仓排出的石粉，经螺旋给料器等送到单独的称量斗内进行称量，达到设定值后再放入搅拌器内。石粉的计量采用杠杆秤或电子秤等衡器。

沥青供给及计量装置的作用是为混合料拌制时提供沥青。间歇强制式搅拌设备要求适时、定时、定量的提供沥青。间歇强制式搅拌设备的沥青供给方法有两种：容积称量或质量称量后通过沥青泵喷嘴一次注入搅拌器内。由于沥青的密度是随温度而变化的，温度对沥青黏度又有较大的影响，即黏度大的沥青密度较大，所以，沥青容积式称量应同时配上沥青黏度测量，才能达到精确称量的目的。

沥青是按份一次称量，目前大多是使用专门的沥青保温量筒

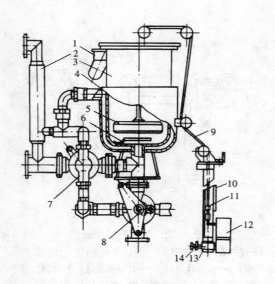

图 16-23　浮子式沥青量筒

1—溢流管；2—沥青注入管；3—量筒；4—保温套；
5—浮子；6—挡板；7—沥青注入阀；8—沥青排除阀；
9—钢丝绳；10—标尺；11—重块；12—传感器；13—
夹子；14—调整螺钉

进行的。沥青量筒分为按质量计和按容积计两种。按质量计是用杠杆秤或电子秤来进行计量的。容积式沥青量筒有浮子式和量斗式两种。前者是一个内装浮子的量筒，随着沥青的注入，浮子随之上升，当上升到一定高度时，即自动关闭沥青注入阀，停止向量筒注入沥青。浮子的工作高度可调整，从而可改变沥青注入量。图 16-23 为带有传感器，并能自动关闭注入阀的浮子式沥青量筒。浮子通过钢丝绳吊着重块随着浮子升降，重块可沿导轨上下移动，其移动后的位置由旁边的标尺显示，所显示的数量即为筒内的沥青容量。并在导轨上还装有传感器，当重块触及传感器时，操纵装置关闭其沥青注入阀，停止向量筒内注入沥青，于是一次称量即完毕。调整传感器调整螺钉及夹子的高低位置，可以调整沥青的注入量，即调整量桶一次计量的沥青数量。筒内的沥青通过沥青排放阀放出，沥青排出管连接着沥青输送泵，以便向搅拌器内输送沥青。可通过蒸汽或导热油对沥青量筒内的沥青进行保温。若在沥青计量斗上端配置液面限位计，就可以取消溢流管（让液位计信号与沥青输送泵电源信号相连）。

图16-24为量斗式沥青称量及喷注装置。在沥青罐内设一量斗，其底部为一锥形阀，由压缩空气通过阀杆顶部的气压缸来顶开。流入罐内的沥青由沥青喷射泵压送到喷射管，最后由喷嘴喷入搅拌器。同样若在沥青计量斗上端配置液面限位计，就可以取消溢流管（让液位计信号与沥青输送泵电源信号相连，当液位计有信号时，沥青输送泵停止输送）。

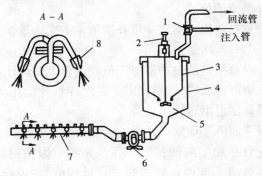

图 16-24　量斗式沥青称量计喷注装置
1—三通阀；2—气压阀；3—沥青计量斗；4—沥青
罐；5—锥形阀；6—喷射泵；7—喷射管；8—喷嘴

2）控制

计量斗的称量采用拉式或压式称重传感器，结构上采用三点式或四点式，三点结构调节较方便。计量系统精度受传感器的精度、灵敏度、热料仓放料的"飞料"、"响应滞后"、"假值偏差"等非人为因素等多种因素的影响。

解决上述问题的一些常用方法：

①粗、精称法：

【例】　设定4号仓计量为1000kg，放料门气缸动作一次仅计量骨料约 800kg 左右，此时气缸动作改为脉冲式驱动，若干脉冲后，计量逐渐达到设定值 1000kg。其精度误差为 0.03%，但使用精称模式拌合周期要长。

② "飞料"补偿法：

计量过程中，当称量继电器断电后，有些物料由于已离开热料仓，尚在半空中，这些物料会继续自由下落至计量秤上，这些自由下落的物料导致称重显示器读数增量就是过冲量，也称"飞料"。

解决过冲量的方法叫过冲量补偿。它是根据所设定的过冲量补偿值和补偿比例，再根据此次计量出的数值的误差的多少对下次的过冲量实施修正的控制。

冲量补偿值的计算：

下次冲量补偿值 = 本次冲量补偿值 + 本次计量误差 × 补偿比例

因此，对每批料的过冲量修正值经调整可提高计量精度。过冲量补偿比例可在 0~9 之间设定。若过冲量补偿比例设定为 0，自动过冲量补偿退出运算。

③克服"假值"现象：

a. 设定计量稳定时间：电子秤在充料时因物料冲击产生波动导致显示数值不准确，称之为"计量假值"。设定稳定时间，则系统只接受此时间后的实际称量数值，此时间自秤达到额定值后启动。

b. 设定皮重稳定时间：秤排空过程中也有类似波动，而且关门操作容易造成秤的不稳定，产生"零点假值"，如果在假值基础上称量，误差比较大。设定皮重稳定时间，每次重新计量前启动此参数值，这时间后的零点实际值才被系统接受。

（6）搅拌器

1）机械

搅拌器是间歇强制式沥青混合料搅拌设备的核心装置，其作用是将按一定配合比称量好的骨料、石粉和沥青均匀的搅拌成所需要的成品料。图 16-25 为间歇强制式搅拌设备上广为采用的卧式双轴叶桨搅拌器的结构与工作原理。它是由壳体、搅拌轴、桨叶、搅拌臂、衬板和卸料门等组成。通过一对齿轮的传动，两根搅拌轴做反向的旋转，其上的搅拌臂、桨叶搅动物料，使其得到均匀拌合。搅拌轴的转速一般为 40~80r/min。桨叶用耐磨材料制造，壳体内侧装有耐磨衬板，以保证搅拌器的使用寿命。卸料门设在搅拌器底部的中间位置，卸料门的启闭装置有气动、电动、液压等形式。

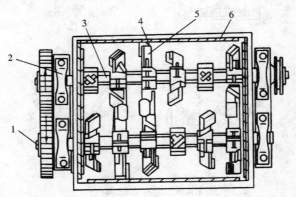

图 16-25　卧式双叶桨搅拌器
1—齿轮；2—轴承；3—搅拌轴；4—桨叶；5—搅拌臂；6—衬板

为了使物料搅拌均匀，通过桨叶在搅拌臂上相对安装，形成逆流式物料运动，即在桨叶旋转运动的作用下，物料自搅拌器的两端向中央移动，并逐渐隆起，随后堆顶向两边做扇形展开反流。如此反复循环，直至拌匀为止。逆流式搅拌物料运动使桨叶、搅拌臂等零件受力及磨损不均匀。

搅拌器卸料口的闸门有可抽动的闸板式，可转动的扇形门式、抓斗式和花瓣式等多种结构形式。

闸板式闸门实际上是搅拌器壳底的一部分，如图 16-26（a）所示。设有支架和支撑滚轮，滚轮可在悬架上来回滚动，从而使闸门开启。扇形门式（图 16-26（b））闸门安装在悬挂支架上，依靠气压缸绕自身纵轴转动而启闭。抓斗式闸门（图 16-26（c））是由两扇悬挂铰链板、轴、支架、气压缸和联动拉杆等组成。气压缸执行启闭，通过联动拉杆，使两扇铰链板同步翻转。花瓣式闸门（图 16-26（d））是由两片独立操作的活瓣组成，铰接地悬在同一根轴上，分别由两个气压缸控制其同步启闭。

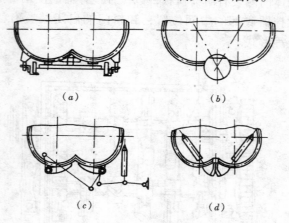

图 16-26　搅拌器卸料闸门

（a）闸板式；（b）扇形门式；（c）抓斗式；（d）花瓣式

　　搅拌器为提高其搅拌效率，可以采取提高搅拌速度、增大搅拌锅容量，国外设备通常采取在进入搅拌锅的注油管线上加上增压喷嘴，以达到沥青喷射时迅速、均匀，这样可以大大提高搅拌锅的效率，减少搅拌时间。另外，为保证搅拌效率，必须经常检查搅拌臂、衬板、桨叶，以保证热料在搅拌锅里的充盈率。

　　2）控制

　　双轴转动同步问题在搅拌锅控制问题中是一个重点，一般采取以下三种方式：

　　①用电机通过链传动将两轴上的链轮串联；

　　②用电机通过链传动带动其中一个轴，在此轴后端通过一对大齿轮带动另一个轴；

　　③用双电机带动双轴同时转动，但双轴后装有两个同样的大

齿轮，来保证同步。

(7) 成品料储仓

1) 机械

间歇强制式沥青混合料搅拌设备中设置成品料储仓是为了贮存混合料制成品，充分利用搅拌设备的工作能力，并协调搅拌设备与运输设备之间的衔接矛盾，满足小批量用户需求，同时可以减少或避免频繁开机或停机。在有较好的保温与防止氧化的措施等条件下，大型的混合料储仓也可用于成品料的较长时间的储备。

成品料储仓大多采用立式圆筒形成品料储仓，其下部为锥形，以利于卸料。卸料口安装有上述搅拌器用的几种类型的闸门。仓顶设有闸门的受料斗，待积聚一定数量的成品料后闸门才开启，使成品料集中卸入仓内，以免分散抛卸，容易产生成品料的离析现象，也可采取在仓中加分散装置来避免离析问题。带闸门的受料斗同时也充当计量斗用。

一般只在仓体外侧设保温层，或者在卸料口处安装电加热器，以利于卸料。若储仓用于较长时间贮存成品料时，除了设保温层外，还应采用导热油加热，并向仓内通入惰性气体，以防沥青氧化变质。此外，仓内还设有防止混合料离析的装置。

间歇强制式沥青混合料搅拌设备向成品料储仓输送成品料是采用沿导轨提升的簸箕形爬斗。爬斗形式有以下几种：

①水平爬斗加垂直爬斗，由于多一次卸料时间，为保证爬斗与搅拌时间一致，所以爬斗速度较快；

②采用双爬斗、中间双轨道方式，爬斗速度可以较低，并且节能，对制动系统要求下降；

③单斗爬行，速度要求快，对制动要求高，安全性低。

2) 控制

储仓应装有料位计，以便操作员能动态掌握产品数量，从而合理调配车辆，同时在控制时能转化为数据量。

爬斗的动力控制，一般采取以下两种方式：

①采用变频器控制，节能降耗，可以实现精确定位；

②采用行程开关控制，通过其信号来改变电阻大小，从而改变电机速度，不易精确定位，安全可靠性低。

（8）除尘装置

1）机械

间歇强制式沥青混合料搅拌设备在生产过程中，烘干、筛分、热骨料输送、称量和搅拌等工序都有大量的粉尘逸出。在骨料烘干加热过程中还有燃料燃烧产生的废气排出。这些都将造成环境污染。除尘装置就是将这些污染物尽可能的收集起来，以净化环境，使生产符合国家环境保护法的要求。

现在的间歇强制式搅拌设备所采用的除尘措施，一般有一级除尘和两级除尘。一级除尘就是只进行一次除尘，即粗滤，清除污物中的大粒径粉尘；两级除尘除了进行一次粗滤外，还要再进行一次细滤，清除污物中的微粒粉尘。常用除尘装置按其工艺形式有干式和湿式两种；按其结构和工作原理可分为旋风式、布袋式、水浴式三种；按过滤粉尘粒径可分为粗滤和细滤两种。对于小型搅拌设备，仅采用干式（旋风式）除尘即可；大型搅拌设备多采用两级除尘装置：旋风式与布袋式组合，或旋风式与水浴式搭配。

一级除尘通常采用干式旋风除尘器，其结构和工作原理如图16-27所示。干式旋风除尘器主要由旋风—集尘筒、抽风机、风管、烟囱等组成。旋风—集尘筒的上部呈圆形，其侧壁开有两个进风口，一个进干燥滚筒的含尘废气，一个进热骨料提升机和筛分装置来的含尘废

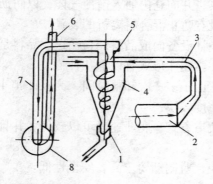

图 16-27 干式旋风除尘器

1—卸尘闸门；2—干燥滚筒；3—风管；4—旋风-集尘筒；5—吸风小筒；6—烟囱；7—抽风管；8—引风机

气。圆筒中装有一个或数个（视搅拌设备大小而定）吸风小筒，这些小筒与抽风管相连。

干式旋风除尘器的工作原理是：利用含尘气体在大筒内自上而下做旋转运动时的离心力和气体自下而上折回从小筒出去时的惯性力，使气体中的粗粒粉尘分离出来，并下落到集尘筒内。集尘筒下部呈锥形，即作收集尘粒之用，又可使旋风圈缩小，加快含尘气体的流速，便于其向上折返，并进入小筒。锥形筒中的尘粒可通过卸尘闸门回收到热骨料提升机或石粉螺旋输送机内，作为石粉而被利用。干式旋风除尘器结构简单，制造成本低，维护费用少，耐高温。

二级除尘通常采用湿式和布袋式两种除尘器。湿式除尘器有喷淋式和文丘里式等结构形式，喷淋式除尘器效果低于文丘里式，因此，目前，混合料沥青混合料搅拌设备均采用文丘里式除尘器，它可收集粒径 0.5mm 以上的粉尘，其结构和工作原理如图 16-28 所示。它主要由文丘里洗涤器、除雾器（气液分离器）、沉淀池和加压水泵等组成。文丘里式除尘器的工作原理是含尘烟气进入收缩管后，气流速度因为截面缩小而变大，高速气流冲击着从喷水装置喷出的液体，使其泡沫化。然后气、液、固由于惯性的不同，存在着相对运动，产生固体粉尘的大小颗粒间、液体和固体间、液体不同直径的水珠间等的相互碰撞，出现大颗粒粉尘捕集小颗粒粉尘、小颗粒粉尘黏附于大颗粒粉尘的聚集现象。烟气进入气液分离器后，由于剧烈的旋转运动，在离心力的作用下将粉尘和水滴抛向气液分离器的内壁，并被气液分离器内壁的水膜黏附，粉尘随水流入沉淀池，净化后的烟气从烟囱排出，由此可见，文丘里式除尘器是利用惯性碰撞原理工作的。

文丘里式除尘器的主要缺点是含尘废气易引起污染转移，而且水在使用过程中会酸化，对金属零件有腐蚀作用，因此水中需添加中和剂，并定期更换。

袋式除尘器是一种高效除尘装置，它是利用有机纤维或无机纤维做成的织物制作成滤袋，将烟气中的粉尘滤出。图 16-29 为

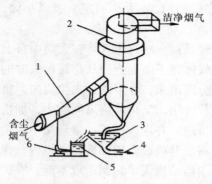

沥青搅拌设备用袋式除尘器的构造图，它是由箱体、折流板、滤袋、喉管、管座板、喷冲管、脉冲阀、差压计、螺旋输送器及控制器等组成。袋式除尘器工作时，在风机的抽吸作用下，含尘烟气进入箱体，在折流板的阻挡下烟气被迫分散流动，含尘气体从每个滤袋外侧流入袋内，在滤袋的筛分、冲击、格栅拦截、扩散和静电吸引等作

图 16-28　文丘里湿式除尘器

1—文丘里洗涤器；2—除雾器；3—沉淀池；4—排浆口；5—补给水；6—加压水泵

用下，粉尘贴附在滤布上，从而使粉尘从烟气中分离出来。袋式除尘器工作一段时间后，要消除滤袋上的积尘。清除的方法有机械振打和喷吹等，喷吹方式又有脉冲高压喷吹和大气反吹等不同方式，图 16-29 所示即为脉冲高压喷吹。其原理是控制器控制脉冲阀，定时、间隔地在滤袋上方与烟气反向喷入高压、少量压缩空气，使滤袋产生抖动，滤袋上的粉尘便落到箱底，由螺旋输送器送出箱外。为保证滤袋的过滤作用及效率，含尘烟气与过滤后净化体间必须保证一定的压差，为此袋式除尘器上设有差压计，以显示滤袋的工作情况。若压差过大，则表明滤袋积尘太多，过滤阻力太大，过滤效果下降，需清除滤袋积尘；若压差过小，则表明滤袋破损，需及时维修或更换。

袋式除尘器中的风机通常布置在除尘器之后，以避免粉尘加速风机的磨损。

2）控制

袋式除尘设备在控制上有以下几个关键点：

①压差计的正确显示，可以对布袋的完好情况进行动态掌握；

②通过电路板的定时间隔功能来实现高压脉冲阀顺序动作，

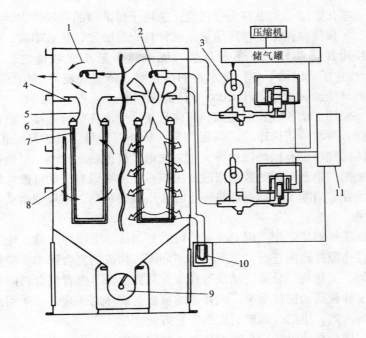

图 16-29  袋式除尘器

1—脉冲阀；2—喷吹管；3—净气；4—管座板；5—喉管；6—滤袋；7—
袋骨架；8—折流板；9—螺旋输送器；10—差压计；11—控制器

以保证各个反吹室能及时得到清灰；

③烟气进入布袋前后温度的控制，进入前温度可以控制大气不结露，同时可以通过自动控制保证超温停机，来达到保护布袋的目的。

**2. 典型间歇强制式沥青混合料搅拌设备**

LB 系列间歇强制式沥青混合料搅拌设备是交通部西安筑路机械厂的新产品。其中的 LB1000 型是引进英国 Parker 公司全套技术生产的，LB2000 型及 LB500 型是吸收国内外先进经验自行研制开发的，形成了生产能力从 30 ～ 160t/h 的系列产品，现该产品已达到 240、320、400t/h。

该系列产品采用轴流型涡轮喷气式燃烧器，利用压缩空气引射、雾化燃油，使燃料充分燃烧。它将干燥滚筒的前端作为燃烧室，不仅使结构紧凑，还使热量被骨料充分吸收，热效率高，燃料使用经济性好。该燃烧器最大燃油量与最小燃油量之比为10:1，它还可以烘干各种含水量的冷骨料。该燃烧器能燃用多种燃料（柴油、重油），LB2000型还能燃用渣油。

采用二层四段式振动筛，箱体骨架采用虎克螺栓连接，整体性好。筛网采用快速盖式压板固定，从外部即可对其进行维护。箱体两侧均设有振幅指示牌，可方便地了解振幅的大小。可通过增减振动轴上配重的数量来改变振幅。振动筛设有电动机反向制动装置，消除了振动筛即将停止时所出现的跳动、不规则运动等现象。

搅拌器均采用英国 Parker 公司的专利技术生产的产品，使混合料在搅拌器内进行"上下"和"环流"构成的复合运动，搅拌均匀，无花料、分离、结块等现象，从而保证了沥青混合料的均匀度和较高的搅拌效率。搅拌器的衬板与锅体的连接方式采用卡簧插入式，维护（调整、更换等）方便。

用全自动卧式导热油加热器，结构紧凑，工作可靠，具有自动点火、自动监控工作状态的功能，只要将工作温度、压力范围设定好，就可以全自动工作。燃烧器可根据导热油的温度进行大火或小火燃烧。加热器控制盒的面板上设有一系列指示灯，以显示加热器的工作状况。

该系列产品配置了可编程控制器、温度控制器等，以保证整个搅拌设备自动、可靠地工作。在控制系统中，只需设定配方值、批次、搅拌时间、放成品料时间等，按动启动按钮，则称量、搅拌、出料、成品料输送至成品料储仓等整个过程全自动控制。在温度控制方面，采用了高精度运算放大器作为信号处理单元，提高了计量精度，并采用了红外温度计和进口的数字温度控制器来测量和控制温度。根据骨料的多少、温度的高低，自动控制燃烧器火焰的大小，使其温度控制在设定值附近。LB2000型还具有计算机屏幕显示，成品料配方键盘输入，生产过程模拟显示，成品料及各种运行数据记录和结果打印机输出功能。

LB1000 型及 LB2000 型还配置了袋式除尘器，是搅拌设备的排尘浓度小于 200mg/m³，林格曼黑度小于二级，满足国家环境保护的要求。袋式除尘器收集的粉尘可经罗茨风机输送到粉料回收罐中重新使用。在 LB1000 型和 LB500 型中又配备了文丘里湿式除尘器，以适应不同地区和用户的选用。

日工株式会社生产的日工系列产品有 NBD1500、NBD2000、NBD3000、NBD4000 等产品，其设计结构简单、便于移动、结构紧凑、易于操作、面向对象性好。

其燃烧器有两种形式：高压机械雾化方式，主要用于燃烧柴油、燃料油；低压压缩空气雾化方式，采用快速升温装置，主要用于燃烧重油、渣油、柴油。

除尘器采用惯性除尘和袋式高压脉冲除尘器相结合的方式，除尘器与粉尘储罐紧紧容为一体，大大减少占地面积，同时可实现对粉尘的保温，提高搅拌效率，提高产量。

### 3. 连续滚筒式沥青混合料搅拌设备

（1）组成及特点

连续滚筒式沥青混合料搅拌设备的总体结构如图 16-30 所示。主要是由冷骨料储仓及给料器、粉料及沥青供给装置、搅拌滚筒、除尘装置和成品料储仓等组成。动态计量、级配的冷骨料和石粉，连续地从搅拌滚筒的前部进入，采用顺流加热方式烘干、加热，然后在滚筒的后部与动态计量、连续喷洒的热态沥青混合，采用跌落搅拌方式连续搅拌出沥青混合料。

与间歇强制式沥青混合料搅拌设备相比较，连续滚筒式的冷骨料烘干、加热与粉料、沥青搅拌等在同一搅拌滚筒内完成，故工艺流程简化，搅拌设备简单，制造成本和使用费用低。例如制造成本、使用费用和动力消耗可分别降低 15% ~ 20%、5% ~ 12%、25% ~ 30%。混合料拌制时粉尘、细小粒料难以逸出，容易达到环境保护标准的要求，且搬迁容易，便于转场。

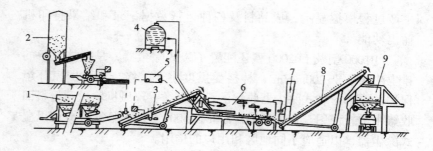

图 16-30　连续滚筒式沥青混合料搅拌设备总体结构

1—冷骨料储仓及给料器；2—粉料供给装置；3—带式输送机；4—沥青供给装置；
5—油石比控制仪；6—搅拌滚筒；7—除尘装置；8—产品料输送机；9—成品料储仓

（2）主要结构及工作原理

①冷骨料供给装置

由于连续滚筒式搅拌设备的各种物料（包括成品料）是连续供给和排出的，为保证相同规格骨料的级配以及油石比的精度，在给料器后面集料带和集料输送机之间设一计量装置，一般采用电子带秤，如图 16-31 所示。它是一种速度回路控制给料集料计量装置，采用称重转换器及速度传感器，在输出放大的信号与设定值比较后，改变输送带的速度，在要求的取值范围内，调节、

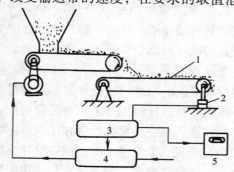

图 16-31　骨料集料计量装置

1—恒速称重输送带；2—计量元件；3—给料速度测
量器；4—给料流量控制器；5—物料流量指示器

控制给料机的给料量，以保证供料均匀，质量稳定。

②搅拌滚筒

搅拌滚筒是在连续滚筒式沥青混合料搅拌设备中，对冷骨料进行烘干、加热并与沥青一起搅拌成混合料的装置。其外观形状、外部和内部结构、与其配套的燃烧器、滚筒的驱动装置、沥青与粉料供给装置、成品料输送等许多部分和间歇强制式烘干滚筒相似。

搅拌滚筒内采用可形成帘的叶子结构及顺流式加热方式。喷燃器的一半深入滚筒的进料端，整个滚筒分成三个工艺区：靠近喷燃器的为冷拌区——刚进入的冷湿骨料和粉料在接受喷燃器火焰加热之前，先行冷拌；第二工艺区为烘干、加热区——火焰的辐射热和筒体的传导热使水分蒸发，骨料被烘干，并加热到最高温度；第三工艺区为与沥青热拌区——沥青与热骨料、粉料等在此区域均匀搅拌成混合料。热拌区内有热废气的对流作用，有利于提高混合料的均匀度和热效率。

冷骨料从搅拌滚筒进料端的上方进入，成品料从出料端提升到上方卸出，这样有利于沥青导管的安排布置。搅拌筒内装有一圈带隔栅底的宽漏斗形叶片，它们随筒旋转时将骨料带上去，从不同角度、不同高度沿筒的横截面陆续漏撒和抛散下来，在加热区与热拌区之间形成一个圆形料帘。料帘阻挡火焰的通过，只让热气穿过。由于火焰被阻挡在料帘之前，此时被抛撒成料帘的骨料与炽热火焰充分接触，处于最佳的受热状态，于是很快被烘干，并且温度急剧升高。料帘提高了燃料热量的利用率，相应地降低了燃料消耗率及生产成本，并可避免沥青被烧焦或老化变质。由于顺流式加热，沥青注入及其与骨料搅拌在滚筒的后半段进行，因此降低了排污程度。

③喷燃器及自动调节装置

连续滚筒式搅拌设备用喷燃器多为油压式，并采用低压空气助燃、电火花点火。不设专用火箱和二次空气供给。这种喷燃器的优点是火焰短，噪声低（因采用低速风机），可自动调节油气比率，使燃烧稳定，能有效地改变供热量，既能使骨料受到充分地加热，又能节约燃料。电火花点火无需其他燃油引燃，并可远距离控制。

④沥青供给及油石比自动调节装置

连续滚筒式搅拌设备对烘干、加热后的骨料不再计量，它所需要的沥青由沥青泵直接送入搅拌滚筒内。沥青流量是通过改变驱动沥青泵的调速电动机的转速来调节。为提高沥青混合料的油石比精度，自动控制装置在沥青泵出口处设一沥青流量检测计。计算机根据骨料流量信号和沥青流量信号，自动调节沥青的流量，从而使沥青混合料的油石比控制在设定值误差范围内，并随时处于动态平稳状态。

⑤石粉供给及计量装置

连续滚筒式沥青混合料搅拌设备中，石粉也是连续供给的。石粉储仓下方螺旋给料器由调速电动机驱动。通过调整调速电动机的转速即可控制石粉流量。为提高石粉配比精度，在螺旋给料器与送至搅拌滚筒的输送机之间设一带式电子秤，由计算机根据设定值进行自动控制。石粉加进搅拌滚筒后不应随热气流逸失，以提高石粉利用率，可采取与沥青混合加热的方式。

⑥除尘装置

为减少粉尘对环境污染，连续滚筒式沥青混合料搅拌设备在其搅拌滚筒出料端设有简单的湿式或袋式除尘器。袋式除尘器的结构和工作原理与间歇强制式搅拌设备的相同。湿式除尘器是在其烟道中设一喉管，含尘烟气经过此处时被喷头喷出的水清洗，喉管两侧壁可调整喉道的开启度，以适应粉尘含量多少，达到最有效的除尘目的。

图 16-32 为英国 Parker 公司生产的连续滚筒式搅拌设备用除尘装置的结构和工作原理。其特点是：在毗邻搅拌滚筒处先设一集尘箱，初步清除烟气中的较大粒径粉尘，在烟道喉管处被喷水洗下的含尘水滴被旋风式分离器分离（由小风扇抽风）出烟气，干净的烟气排入大气中。

#### 4．双滚筒式

双滚筒式沥青混合料搅拌设备综合了间歇强制式和连续滚筒式搅拌设备的优点，冷骨料烘干加热与混合料的拌制分别在不同的滚筒中进行。这样既简化了设备，使结构紧凑，移动、维护方便，节省能源，又能使骨料级配精确，油石比控制容易，搅拌均匀，并防止沥青老化、烧焦。它适用于中小型筑养路工程的施工。

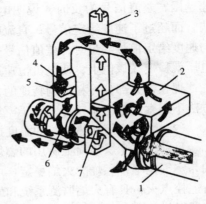

图16-32　连续滚筒式搅拌设备的
除尘装置

1—搅拌滚筒；2—集尘箱；3—烟囱；4—喷水头；5—喉管；6—分离器；7—小风扇

#### 5．沥青混合料搅拌设备电器控制系统

控制系统是沥青混合料搅拌设备的重要组成部分，用来控制整个搅拌设备的生产过程，并保证所生产的沥青混合料的质量符合规范要求。

（1）冷骨料皮带给料机的控制系统

冷骨料皮带给料机采用直流电机调速供料，通过调节速度给定电位器改变电机的电枢电压，来改变电机的转速，从而达到控制给料量大小的目的。其控制线路安装在操纵室内，它由主回路与控制回路组成。主回路采用可控硅单相半控桥式整流电路，通过改变可控硅导通角的位置来改变电枢电压。电枢电压的范围为0～220V。直流电机中的测速发电机给控制回路输入速度反馈信号，它与速度给定信号在控制回路的减法器中进行相减，得到一个差值信号。该差值信号经放大，通过脉冲变压器给一个控制电机转速的单相半波可控硅整流电路发出触发信号。差值信号越大，触发信号的控制角越小，可控硅整流电路的输出电压就越大，直流电机的转速就越快；反之，差值信号越小，直流电机转速越慢，差值信号为负时，说明电机因某些干扰因素或调速过快，而超过了速度给定信号，直流电流电机应减速直至电机转速与速度给定信号等量时，差值信号为零，可控硅整流电路的输出电压就稳定在该值上，使电机恒速运转。

现在，大部分冷料控制转速的方式，都采用变频器控制，该方法不用太多的应用技巧，属于模块化设计。

（2）干燥滚筒加热装置的温度控制系统

目前，在干燥滚筒上所用的燃烧器有以下功能：自动调节燃油与空气比率；燃烧的火焰稳定、可调；电点火可在控制室内进行遥控点火；具有火焰监测系统和鼓风监测系统，能随时了解燃烧器燃烧状态。

燃烧器的温度控制系统如图 16-33 所示。它是由温度和状态检测装置、控制器和燃油空气比率控制系统等部分组成。控制器根据检测信号驱动步进电机,燃油空气比例控制系统由步进电机带动连杆机构,使燃油和空气按照固定比例增减,从而调节出料温度。

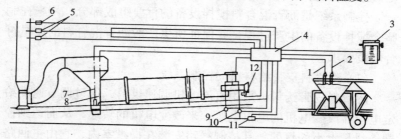

图 16-33　燃烧器温度控制系统

1—含水量探头；2—测量计；3—记录显示器；4—控制器或微机；5—烟气分析仪；6—烟气测温器；7—出料含水量探头；8—出料测温器；9—燃油供给压力计；10—回油压力计；11—燃油泵；12—空气流量计

①燃烧器点火程序控制

燃烧器的点火程序控制由步进式程序控制器来完成，它主要由输入继电器、输出继电器、输入矩阵、输出矩阵、连锁矩阵以及步进器等组成，如图 16-34 所示。工作中可以按照预先设定的动作顺序一步一步进行工作。在每一步程序完成后，就将动作完成的现场检测信号反馈回来，使燃烧器进入下一步程序的动作状态。当某程序出现错误时，程序控制器能显示出错误所在的位置，并发出报警信号，且使程序自动返回到待命的初始状态。

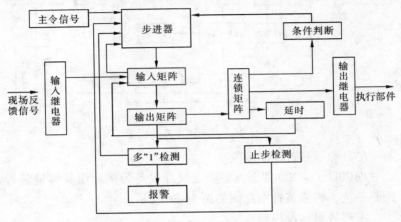

图 16-34　程序控制器的结构原理

图 16-36 中的步进器是一个程序计数器，它记录保存现行程序的位置和根据现场反馈信号或条件判断信号决定下一步该进入哪一个程序状态。当进入某一程序时，输出矩阵使该步进程序所对应的输出继电器动作，使执行元件执行设定的操作（如打开点火变压器等）当这一动作完成时，现场检测信号反馈输入矩阵，使程序自动步进。如在某一程序步进时，当满足了一定的条件，程序跳跃到另外任何一步程序；当条件不满足时，程序按顺序进入下一步程序。这个功能由条件判断协助步进器来完成。

②骨料烘干温度自动控制系统

根据沥青混合料的拌制要求，间歇强制式搅拌设备干燥滚筒出料口的料温为 160~180℃，具体值应根据环境温度变化和用料场所与搅拌设备的距离选择。为此，搅拌设备多采用恒温可调的自动调温系统，并选用热电偶或红外线仪作为温度检测装置。系统的组成原理框图如图 16-35 所示。

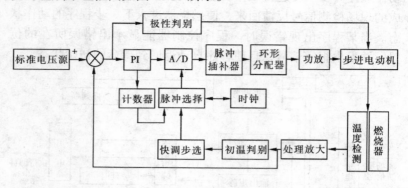

图 16-35　自动调温系统框图

（3）称量装置控制系统

现以日工 – 120 型沥青混凝土搅拌设备为例介绍其称量装置控制系统，称量装置示意图如图 16-36 所示。

①热骨料称量控制系统

骨料称量斗采用四个 50kN 的拉力传感器通过 U 形螺栓固定在机架上。传感器并联使用，其灵敏度为 1.5mV/V，激励电源

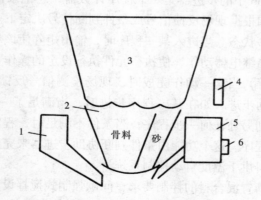

图 16-36　称量装置示意

1—粉料秤斗；2—骨料秤斗；3—热料仓；4—沥青三
通阀；5—沥青秤量筒；6—放沥青阀

为 DC24V。骨料秤可将四种骨料依次称量，累加计量。即第一次称量时，表头上的读数为第一种料的重量，第二次称量时，表头上的读数为第一种料和第二种料的合计重量，其余类推。

②沥青控制系统

沥青称量筒由 3 只 4kN 的拉力传感器并联使用，其灵敏度为 1.5mV/V，激励电源为 DC24V。沥青控制时，沥青通过气控三通阀后注入沥青称量筒，当沥青的质量达到预先设定的要求值时，沥青注入三通阀关闭，完成一次沥青称量。在骨料称量斗放料闸门第二个放料动作开始的同时，称量筒内称量好的沥青通过排放沥青阀开始，使沥青自流入搅拌器，进行搅拌。

沥青称量筒除设有一个加热装置外，还设有沥青保护装置，即当称量的沥青大于 120kg 时，程控器输出一个信号，使输入沥青泵停转。另外一些设备在计量筒上端安装液位开关，来实现保护。

③粉料称量控制系统

粉料称量斗采用 3 个 7kN 的拉力传感器并联使用，其灵敏度为 1.5mV/V，激励电源为 DC24V。粉料称量时控制的是粉料螺旋输送机及粉料输送气动门，二者可实现连锁，以防冲量过大。

开始称量时，粉料螺旋输送机的电机启动，螺旋输送机工作，通过同时开启的粉料注入仓门，将粉料送入粉料称量斗，称量斗称量仓内粉料称量，当粉料称量达到预先设定的要求值时，螺旋输送机的电机停止转动，且粉料注入仓门同时关闭，停止向粉料称量斗门内输送粉料。粉料称量斗完成一次粉料称量，等待卸料。当程控器发出信号使粉料称量斗门控制电磁阀动作时，粉料称量。斗门控制汽缸工作，开启粉料称量斗的放料斗门，向搅拌器内放粉料。

# （三）运行与管理

## 1. 生产组织

沥青混合料搅拌设备的生产组织包括矿料与沥青的供应和将

混合料成品运往工地两方面。这两方面的任何一方面组织不好都会引起设备的停工。

所用骨料要符合级配的规格，贮存量应为平均每天用量的 5 倍。为了不因淋雨而产生过多的水分从而增加烘干加热的油耗，砂石料堆现场中细集料应加盖苫布。石粉和沥青的贮量应为平均每天用量的 3 倍。

混合料成品被运送到工地时，要注意高温材料的使用安全，做到及时而经济的运行。为此，要做好下列准备和计划工作：

（1）工前调查。查明工地位置，施工条件，施工能力，运输路线，运距和运输时间，所需混合料的种类和数量等。

（2）运输车辆的准备。要求运输车辆有保温设备，必须能自卸。车箱内要涂一层重油或皂水。

（3）运输车辆数量的确定。车辆数量必须满足使搅拌设备能连续生产的要求，不因车辆少而临时停工。在生产中，搅拌设备开开停停会造成燃料的浪费、设备的损耗并影响成品料的质量。

所需运输车辆数量 $n$ 由搅拌设备的生产能力，车辆的载重量及运输时间等因素而定，可按下式计算：

$$n = a(t_1 + t_2 + t_3)/T \quad 辆$$

式中　　$t_1$——重载运程时间（min）；

　　　　$t_2$——空载回程时间（min）；

　　　　$t_3$——在工地卸料和等待的总时间（min）；

　　　　$T$——拌制一车混合料所需时间（min）；

　　　　$a$——贮备系数，视交通情况而定，取 $a = 1.1 \cdots\cdots 1.2$。

$$T = 60 G_0 / G_{min}$$

式中　　$G_{min}$——搅拌设备的生产能力（t/h）；

　　　　$G_0$——车辆的载重能力（t）。

（4）要组织好车辆做好安全检查，同时落实在搅拌设备处装料和工地卸料的顺序，尤其是要计划好车辆在工地卸料时的停置地点。装料时必须按其载重量装足，再启运。

（5）为了不因特殊事故或其他原因而使设备停工，拌制好的热混合料应有足够容量的混合料成品的贮仓。

## 2. 运行质量管理

为保证拌制的混合料成品符合规定的质量，要进行工前、工后与运转中的检查。这种检查包括原材料供应和设备本身两方面。

对骨料要取样检查，不使用不符合规格要求的骨料。不同规格的骨料要分别堆放，不能混杂，尤其是砂、石不能混放。对沥青的质量也要检查，并注意沥青的温度是否足够，如发现不够，应及时加温。

在工前对设备本身和仪表都要仔细检查一遍，在运行中要随时注意各仪表的指示数据。

对混合料质量要定时取样检查。此外还要注意排出的废气，并取样检查其污染情况。

在工作完毕后，要对设备进行一次全面检查、清理，以免影响下次生产时开始一段的产品质量。

## 3. 安全管理

由于搅拌设备是处于高温下工作的高大而复杂的设备，必须做好安全生产。首先要有安全管理组织机构，随时进行监督。要制订各类安全办法，并严格执行。在搅拌设备各个组织部分的运行过程中，如不注意安全，会招致死亡、受伤、火灾与烧伤等事故。要在重要位置设置消防安全设施。

（1）设备在使用中，各个组成部分的有关安全事项

①冷骨料传输装置　启动要缓和，以防有骨料卡住。工作结束时要及时清扫粘附的细料，对高处的清扫和设备润滑要有梯子。

②干燥滚筒或干燥搅拌筒　对驱动齿圈进行润滑时，应从齿轮齿圈脱开啮合的一侧上油，以免衣袖等被卷入。对筒内的叶片进行更换修理时，要有人在筒外守护。筒因修理而需旋转时，必须用手拨转，绝对不可开动电机。

③燃烧系统　点火一次未成，必须等待未燃气体排尽后，同时检查干燥滚筒内是否积油，才能进行第二次点火，若积油必须

用石料进行处理，再次确认后方可点火进行生产。

④沥青供给系统　对采用导热油加热沥青的沥青供给系统，不能让水分混入导热油中。因为，含水分的导热油在其循环加热时，由于生产的水蒸气会迫使导热油自加热的通气管中喷出，引起火灾，另外会造成系统压力不稳，造成不安全因素。当导热油加热到100°时，如听到有咝咝的响声，表明有水蒸气产生，应立即停止加热，而进入导热油系统脱水阶段。如发现加热器中的导热油液面过低或油温过高时都要停止加热，绝对不能让导热油与空气接触，这样会加速导热油老化，应定期对导热油进行检验，以保证系统安全。

⑤搅拌器　修理搅拌锅内部时要拉开电闸切断电源，并将电闸加锁，同时卸去保险。

⑥对传动部分，要加防护罩。检查链传动时应停机后，再用手动链条。

（2）对设备操作过程总的注意事项

①启动前要拉动信号，使各方人员相互联系，确认都准备好时，才能缓慢地合上电闸。对各组成部分的启动，应按料流方向顺序进行。如果逆料流方向逐一启动各部分，将会使初始的组成部分因突然增加较大载荷而遭损坏。待各部分空运转片刻，确认都良好时，才可开始上料，进行负荷运转。

②点燃喷燃器时，不准人身正面相对，最好采用电火花点火，以确保安全。

③修理时要挂出警告牌。

④清除运输部件上的异物时，要停机后进行。

自卸汽车在装取混合料时，要正对卸料口，以免偏载或料落在外。搅拌器卸料斗的卸料高度应尽可能低，以免混合料自高处倾下造成离析。向工地运料时要加盖保温。在工地卸料时要缓慢靠近推铺机，卸料后应清除车厢内的粘附物料。

**4. 搅拌设备操作规程**

（1）开机前的准备

①检查沥青，燃油的储量和温度，沥青温度应为150±5℃（改性沥青170~190℃）。主机电加热器运行前一小时打开。

②检查燃油管道各阀门位置是否正确，各部位汽缸油是否够量，并对设备进行检查。

③参照当日配比检查各冷料仓的上料情况及上料铲车，沥青混合料的到位情况。

（2）开机生产

①检查控制柜及控制台开关位置是否正确，如果雨后开机，检查电器设备是否受潮。

②打开配电柜操作电源及稳压器，检查各电机开关是否置于"开"档。

③打开显示器，按实验室提供的配比单，设定配合比。

④将引风机挡板开度关至"0"，启动引风机，待电流稳定后再启动空压机，然后依次打开以下各键：

振动筛——热料提升机——烘干滚筒——供应输送带——水平输送带——石粉提升机——石粉螺旋输送绞龙——振动器——沥青泵——搅拌锅——鼓风机——燃烧器——粉尘螺旋进料口——空气脉冲除尘

⑤机挡板开度至20°。

⑥燃烧器点火后，预热支袋滤入口温度50℃时，打开冷给料器，上骨料。

⑦当烘干滚筒温度迅速上升至100℃时，将引风机挡板开度逐渐加到40°即可。烘干滚筒温度在正常生产的情况下，应通过调节冷料速度或燃烧器开度，使之保持在160~170℃之间（夏季为150~160℃之间）。

⑧当确定热料仓已有料时，将计量打至手动档，按配比依次计量骨料、石粉、沥青，然后将骨料、石粉放置搅拌机内搅拌，干拌5~7秒钟后打沥青，再搅拌约30~35秒后打开拌锅门，将成品料放置运输车上。手动2~3盘后，在确认搅拌锅内无料的情况下，根据热料温度可改为自动计量。

⑨当用成品储仓时，打开空压机爬斗电机、小车电机。

⑩生产中应经常巡视主机，监视设备的运行状态，检查各部位有无异常和异响，检查沥青、燃油、骨料、石粉、车辆、溢料等情况，发现问题应及时采取措施。排除故障时应与操作人员保持联系，以免发生危险。

⑪生产中若突然停电，应立即关闭所有开关，用气动阀门打开拌锅门，手动放出机内骨料。

⑫在快停机时，应根据热料仓情况，掌握好断冷料和熄火的时间，以保证产量和质量的要求。

(3) 停机操作注意事项

①放空热料仓。

②关机顺序应与开机顺序相反。

③记录当天拌数及产量，关闭显示器、稳压器、操作电源。

④关机后，气路部分应放水，各部位按规定加润滑油。

**5. 维修管理**

对沥青混合料搅拌设备的维修管理，既要保证设备各部分处于良好的状态，又要保证环保措施符合有关法规的要求。为此，首先要建立一个严格的维修制度，作为预防措施，及时修理。

维修预防措施有如下一些主要项目：

(1) 所有操作和维修人员都要学习机械设备的使用说明书，懂得设备构造、性能和正确的使用方法，熟悉各种仪表的正确检查、观察方法。维修人员还要懂得设备的修理方法。

(2) 规定的例检及定期检查项目，应严格执行。

(3) 计划各种修理备件的贮存量，使它们都能及时供应需要，又不致积压过多，造成经济负担。

## (四) 常见故障排除方法

运转状态中不管出现任何异常都应立即检查原因并进行处理，有关常见故障的状况、原因及对策见表 16-2。

## 常见故障排除方法

| 故障现象 | 原　因　分　析 | 对　　　　策 |
|---|---|---|
| 停火故障 | 1. 停火后，管道里有渣油<br><br>2. 柴油运行时间太短<br>3. 故障（皮带机紧急停止、骨料检测无、尾气温度过高等）停机引起自动灭火<br>4. 突然停电 | 1. 检查渣油切换到柴油时，渣油电磁阀是否完全关闭<br>2. 加长切换后柴油运行时间<br>3. 手动打开柴油电磁阀、柴油泵，清除管道中的渣油<br><br>4. 每次正常停火后，打开燃烧器处放油阀，观察是否是柴油 |
| 温度不上升 | （一）燃烧器系统的问题<br>1. 燃油的供应压力太低<br>2. 燃油的供应量不足<br>3. 燃油的预热温度不适当<br>4. 燃烧器的喷嘴、配管被堵塞，使喷雾不良<br>5. 轴流风机提供的空气量不够<br>6. 干燥筒翻料板磨损或变形<br>7. 助燃空气压缩机运转不正常，空气压力不够或气量不够<br>8. 斜皮带机检测骨料通过的水银开关失灵<br>9. 斜皮带机检测骨料通过的探测装置磨损 | 1. 检查渣油管线、过滤器有无堵塞<br>2. 检查渣油供给泵、燃油泵<br>3. 提高燃油预热温度<br>4. 检修、清理燃烧器的喷嘴、扩散片、配管<br>5. 检查燃烧器风门开度<br>6. 更换干燥筒翻料板<br>7. 检查压缩空气供给系统，使其达到规定的压力和空气量<br>8. 更换<br>9. 维修或更换 |
| | （二）引风机的能力下降<br>1. V形皮带松弛<br>2. 引风机风轮叶片磨损<br><br>3. 烟道堵塞引起排烟不良<br>4. 烟道有窟窿<br>5. 烟道风门的开度调整得不妥当<br>6. 布袋除尘器故障，造成排烟不畅 | 1. 拉紧V形皮带，或更换V形皮带<br>2. 引风机风轮叶片磨损会产生引风机振动，补焊风轮，调整动平衡<br>3. 清理烟道<br>4. 补焊<br>5. 调整风门开度<br>6. 检查、清扫袋式除尘器的布袋 |
| | （三）温度测量的不准确<br>1. 温度测量传感器损坏<br>2. 补偿导线的接触不良<br>3. 温度指示迟滞 | 1. 更换温度测量传感器<br>2. 紧固<br>3. 调整温度测量传感器与被测物的接触点位置 |

| 故障现象 | 原 因 分 析 | 对 策 |
|---|---|---|
| 温度不稳定 | 骨料的供应量不稳定<br>1. 供应量太少<br>2. 供应量太多<br>3. 各种骨料的供应不定<br>4. 骨料的供应、燃烧器的开度调整，时间上不协调<br>5. 尾气温度太低<br>6. 温度测量传感器端点磨损，与被测物的接触点位置发生变化 | 1. 调整骨料供应量<br>2. 调整骨料供应量<br>3. 要求装载机使冷骨料上料均匀<br>4. 根据气候、气温、混合料品种调整燃烧器开度的设定<br>5. 调整骨料温度设定，调整初期设定<br>6. 更换温度测量传感器或调整温度测量传感器与被测物的接触点位置 |
| 温度过高 | （一）燃烧器调整不恰当<br>燃烧器的开度与骨料的供应调整不妥当 | 重新设定燃烧器开度和燃烧过程的相关数据 |
| | （二）骨料供应不足<br>1. 骨料给料器堵塞<br>2. 给料器的供应量太少<br>3. 骨料停止供应 | 1. 检修骨料供给器<br>2. 调整骨料供给速度<br>3. 某一个给料机过载自动停机，有物体碰到皮带输送机急停开关 |
| | （三）最初温度太高：<br>1. 干燥滚筒的空烧时间太长<br>2. 最开始（骨料检测）时燃烧器的开度太大 | 1. 调整初燃时间开度画面数值<br>2. 修证燃烧器开度设定值 |
| 筛分不良 | （一）振动筛效率低<br>1. 供应量不定<br>2. 筛眼堵塞筛子的有效面积减少<br>3. 筛子的振动、振幅不协调<br>4. 筛子的网眼不恰当<br>5. 温度极低<br><br>6. 供应量太多或太少 | 1. 均匀上料<br>2. 及时清理筛网<br><br>3. 调整振动筛的振幅<br>4. 按配比要求，更换筛网<br>5. 按操作规程调整温度、供应量；提高骨料设定温度<br>6. 调整冷料供应量 |

| 故障现象 | 原 因 分 析 | 对 策 |
|---|---|---|
| 筛分不良 | （二）混入其他骨料<br>1. 热料斗的隔板歪斜<br>2. 热料斗的隔板有窟窿<br>3. 筛子网断裂<br>4. 溢流管出口处的填料斗已满<br>5. 过大骨料排除管滑槽堵塞<br>6. 供应量太多<br>7. 筛子的振动、振幅不协调<br>8. 筛眼堵塞 | 1. 补焊<br>2. 更换筛网<br>3. 清理溢流管、大骨料排出管<br>4. 减少供应量<br><br>5. 清理筛网<br>6. 减少供料量<br>7. 调整振动筛的振幅<br>8. 清理筛网 |
| 混合料的质量不稳定 | 1. 混合料搅拌的量过多<br><br><br>2. 搅拌叶片的安装角度不恰当<br>3. 搅拌叶片有的磨损、脱落<br>4. 干、湿拌的设定时间不合适<br>5. 计量设定不对<br>6. 沥青喷射不均匀<br>7. 骨料的温度过低，沥青温度过低<br>8. 级配分布不均 | 1. 检查计量装置，计量是否准确<br>检查骨料计量斗是否漏料<br>检查石粉计量斗是否漏料<br>2. 修正搅拌叶片的安装角度<br>3. 更换搅拌叶片<br><br>4. 重新设定干、湿拌的设定时间<br>5. 重新设定<br>6. 检查喷油嘴是否堵塞；检查喷油管道是否不畅通<br>7. 重新设定骨料温度，核对沥青温度<br>8. 检查冷骨料是否有缺料、断档现象 |
| 计量不正常 | （一）计量不稳定<br>1. 称斗接触其他部位<br><br>2. 称斗刀口处有异物<br>3. 称斗泄漏<br><br><br><br>4. 沥青计量不稳定 | 1. 检查计量斗是否受外力挤压，调整使其达到自由状态<br>2. 清除计量装置刀口处异物<br>3. 检查计量斗门闭合是否严密<br>检查计量斗门控制气缸动作是否正常<br>检查电磁阀动作是否正常，检查是否漏气或气路不畅<br>4. 沥青供油泵压力不稳定<br>沥青截门开度过大，沥青流速太快<br>沥青放油门关闭不严<br>沥青放油气缸或电磁阀故障 |

| 故障现象 | 原　因　分　析 | 对　　策 |
|---|---|---|
| 计量不正常 | 5. 骨料计量不稳定 | 5. 冷料上料波动太大<br>热料仓料位不均匀<br>热料仓有的仓门不严<br>热料仓有的仓门控制气缸动作不正常<br>仓门控制电磁阀故障 |
| | (二) 计量值与实际值不一致<br>1. 称斗接触着其他东西 | 1. 检查计量斗是否受外力挤压，调整使其达到自由状态 |
| | 2. 料放出时没有全部放净 | 2. 检查计量斗门控制气缸动作是否正常；检查计量斗门是否被石料卡住<br>核准放料设定时间是否太短 |
| | 3. 计量传感器不良 | 3. 更换传感器并重新校准计量装置 |
| | 4. 计量过程中闸门漏料 | 4. 检修闸门 |
| | 5. 计量器空载时指示不回零 | 5. 检查计量斗是否受外力挤压；检查计量斗门控制气缸动作是否正常 |
| | 6. 计量器控制板的调整不良 | 6. 重新校准计量装置，在校准过程中调整计量器控制板 |
| | 7. 计量值的设定有误 | 7. 重新进行计量值设定 |
| 除尘效率下降 | 1. 烟囱冒黑烟或排尘量增大 | 1. 逐一检查滤袋是否有损坏，更换损坏的滤袋 |
| | 2. 集尘仓内粉尘太多 | 2. 清除集尘仓内粉尘 |
| | 3. 个别反吹脉冲阀损坏 | 3. 检修反吹脉冲阀 |
| | 4. 排尘绞龙故障 | 4. 检修排尘绞龙 |
| | 5. 引风机开度过大 | 5. 调整引风机开度，降低负压 |
| 爬斗及横车故障 | 1. 爬斗不上升 | 1. 储仓仓盖没有打开；上限位开关故障 |
| | 2. 爬斗不下降 | 2. 下限位开关故障 |
| | 3. 钢丝绳磨损 | 3. 更换钢丝绳 |

| 故障现象 | 原 因 分 析 | 对 策 |
|---|---|---|
| 爬斗及横车故障 | 1. 横车在接料处，拌缸闸门不开<br><br>2. 横车在放料处不开门 | 1. 横车放料门没有闭合<br>　横车没有碰到接料处限位开关<br>　检测放料门闭合的接近开关故障<br>2. 爬斗放料门没有闭合或检测爬斗放料门闭合的行程开关故障<br>　爬斗没有碰到下限位开关或下限位开关故障；<br>　横车没有碰到放料处限位开关 |
| 贮仓不开门 | 1. 空压机不运行或空气压力不够<br>2. 仓门电加热器没有打开或故障 | 1. 检查空压机运行状态和空气压力<br><br>2. 检查电加热器是否打开 |
| 爬斗及横车喷油装置故障 | 1. 爬斗在接料处，不喷油<br>2. 横车在放料处，不喷油<br>3. 喷油时不能呈雾状<br>4. 喷油后滴漏 | 1. 爬斗没有碰到下降限位开关<br>2. 横车没有碰到接料处限位开关<br>3. 气压力不够<br>4. 喷油电磁阀损坏 |
| 主空压机 | 1. 温度过高自动停机<br>2. 空气滤清器堵塞报警<br>压力＝635mmH$_2$O<br>3. 滤油器堵塞报警<br>压力＝0.1MPa<br>4. 油分离器堵塞报警<br>压力＝0.15MPa | 1. 当输出压缩空气达到110℃时，系统自动停机，降温以前并不能再次启动<br>　打开空压机门，使其降温<br>　清扫空压机内部吸附的尘土<br>2. 清扫、更换<br>3. 更换<br>4. 更换 |

| 故障状况 | | 原　因 | 对　策 |
|---|---|---|---|
| 空压机容量调整装置 | 卸料机不运作、安全阀喷气 | 1. 调节器的压力设定过高 | 检查再调整 |
| | | 2. 卸料机系统配管处漏气 | 检查修正 |
| | | 3. 安全阀的故障（安全阀在设定压力以下会喷气） | 交　换 |
| | | 4. 卸料阀门的位置不对 | 分解修正 |
| | | 5. 卸料机活塞动作不对 | 分解检查 |
| | | 6. 机械密封条破损 | 分解检查 |
| 空压机非常时态开关运作后停止 | 气缸出口空气开关过热（从分离器蓄汽筒的温度计确认） | 1. 油冷却机的冷却能力低下（冷却管被堵塞等） | 分解清扫 |
| | | 2. 滤油器被堵塞 | 检查交换 |
| | | 3. 开关动作不良（在设定温度以下运作） | 检查修正 |
| | | 4. 吐出压力过高 | 修　正 |
| | | 5. 旁侧管阀门故障 | 分解检查 |
| | | 6. 周围温度过高 | 换　气 |
| | 热量调节转换器运作 | 1. 过负荷状态 | 主回路配线检查、修正 |
| | | 2. 热量调节转换器故障 | 压缩器检查修理交换 |
| | | 注：始动时因电压下降出现的过电流也能引起运作，此时应解决电压下降问题 | |
| 空压机其他 | 不能始动 | 1. 低电压 | |
| | | 2. 逆相 | 改正电源 |
| | | 3. 计时器、转换器一类故障 | 修理交换 |
| | 电流值大 | 1. 卸料机的设定压力过高 | 修正 |
| | | 2. 电压低、不平衡 | |
| | | 3. 电流计故障 | 交换 |
| | 吐出空气中有油，不装载时电流多，V形皮带有异声 | 1. 分离器蓄器筒油量过多，滤油器被堵塞、吐出压低 | 调整检查 |
| | | 2. 卸料阀门的表面、吐出管止回阀表面密封不良 | 检查修正 |
| | | 3. 皮带滑动 | 张度调整或交换 |

# 思 考 题

1. 沥青混合料生产过程中应注意哪些安全问题。

2. 沥青混合料生产的主要辅助设备有哪些。

3. 简述沥青拌合机计量系统的作用。

4. 简述分拌式沥青拌合机的优缺点。

5. 简述振动筛的作用。

6. 简述滚筒式沥青拌合机的优缺点。

7. 在拌制沥青混合料时，搅拌时间越长混合料质量越好。

8. 指示仪表和比较仪表的主要区别是什么。

9. 简述布袋除尘器中装设布袋内外压差计的原因。

10. 简述微机如何控制沥青称量的精确度。

11. 简述生产沥青混合料用的矿粉的工艺流程。

12. 集料在干燥滚筒内停留时间与哪些因素有关？

13. 为提高袋式除尘器的除尘效率，应注意哪些方面。

14. 在生产中，为什么冷料要按比例粗控进入干燥筒？

15. 简述生产沥青混合料操作要点。

16. 文明生产的内容包括哪些？

17. 简述拌锅的工作原理。

18. 简述热料提升机的工作原理。

19. 简述除尘装置的作用。

20. 简述干燥滚筒的工作原理和维修保养注意事项。

21. 说出沥青混合料拌合机的主要设备。

22. 什么叫沥青拌合机？

23. 什么是给料装置？

24. 写出沥青混合料生产中与沥青有关的四种主要辅助设备。

# 十七、新材料、新工艺、新技术

## (一) 再生沥青混合料

沥青混合料路面使用一定年限后，因自然因素和人为因素造成损坏，失去了使用功能，必须进行养护或大修，在此过程中，会产生大量的废旧沥青混合料。这些沥青混合料中的石料和沥青还有一定的使用价值。如果不能将其合理有效地回收利用，不仅浪费资源，增加道路修建的成本，而且还会造成环境污染。

### 1. 沥青路面再生的定义及分类

沥青路面现场热再生一般采用沥青路面热再生联合机组，沥青路面的再生利用，是将旧沥青路面经过翻挖、回收、破碎、筛分等相关工艺后，与再生剂、新沥青材料等按照一定比例重新拌合成沥青混合料，满足路用性能要求并重新铺筑于路面的一整套工艺。

按照沥青路面再生方式和拌合地点的不同，可以将沥青路面的再生利用分为三种：一是沥青路面现场冷再生，二是沥青路面现场热再生，三是沥青路面工厂热再生。工厂热再生按照使用的设备不同又可分为连续式再生法和间歇式再生法。

沥青路面的现场冷再生是指利用旧沥青路面材料以及部分基层材料进行现场破碎加工，并根据配合比需要加入一定量的新集料、添加剂和水，在自然的环境温度下连续完成材料的铣刨、破碎、添加、拌合、摊铺以及压实成型的作业，重新形成结构层的一种工艺方法。这种方法得到的再生路面的质量不好，但对设施要求较低，生产成本不高，主要用于低等级道路或铺筑基层使用。

采用特殊的加热装置在短时间内将沥青路面加热到施工温度，然后利用铣刨装置将路面面层刨削一定厚度，根据旧料性能掺加新材料、再生剂等，搅拌摊铺，压实完成路面再生的一整套工艺。

沥青路面工厂热再生是旧路面翻松、回收、破碎以后，按照旧料组成情况、根据路面不同层次的质量要求，进行配合比设计，确定旧沥青混合料的掺加比例，利用一种可以添加旧沥青混合料的沥青混凝土搅拌设备，添加新材料、稳定处理材料或再生剂等，从而得到满足路面性能要求的新的沥青混合料。

在路面性能要求不高，或者原有路面较好的情况下，可以采用现场热再生方法进行施工，虽然减少了旧沥青混合料的运输，但是沥青路面再生的质量很难达到较高的水平，并且设备也比较复杂；采用工厂热法进行沥青路面再生，尤其是间歇式拌合设备再生法，可以方便利用已有的沥青路面施工的各个设备，只需要添加有关的铣刨设备，以及旧料加热拌合设备，所增加的成本较小。同时这种方法可以保证再生沥青混合料的质量，确保达到高等级公路的使用要求，与我国的国情比较吻合。

**2. 沥青路面现场热再生特点及应用**

当沥青路面出现裂缝、泛油、磨损、车辙、坑槽等病害或路用性能下降时，可以使用现场热再生机组，就地加热旧路面，耙松、收集旧料，增加适当的新料、再生剂进行机内拌合，随即摊铺，熨平，快速辗压成型，即可完成路面的再生利用。与传统方法相比，经济、高效、快速、环保、节约，具有显著的经济效益和社会效益。因此，沥青路面现场热再生方法在近几年的沥青路面养护中得到了较为广泛的应用。

此维修方法是以路面面层为施工对象，适于基层承载力良好，因面层疲劳而龟裂，车辙，破损的路面。损坏波及到基层以下时，原则上不适用，或必须首先对基层进行处理。现场热再生一般不能纠正属于结构上的破坏。

（1）现场热再生施工工艺流程

现场热再生施工将再生沥青混合料的生产、拌合和摊铺压实等都集中在路面现场进行，减少了工序，提高了效率，是较有发展前景的一种再生路面施工方法。现场热再生的施工步骤，见图17-1。

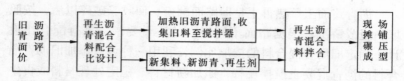

图 17-1　现场沥青路面热再生施工工艺流程

（2）现场热再生施工的设备

沥青路面现场热再生利用技术是当前国际采用一种先进施工工艺，能对路面进行连续作业，一次成型，对机械的成套性要求比较高。现场热再生所用的再生机一般包括下列装置：加热装置，耙松、整平装置，拌合装置，摊铺、压实装置。其中加热装置是关键，它要提供高效的辐射热能，对旧路面加热既要时间短、又要达到一定的深度。与此同时，还要防止烧焦沥青，也不会破坏集料；由于修补面积大小不等，加热装置要求能够调节加热面积。

（3）现场热再生路面的施工方法

根据大量的应用经验，采用现场热再生方法施工，路面的厚度、路面的类型、交通负荷、以前的维修处理、路面现有条件和周围的环境温度必须都被考虑。针对不同的路面损坏状况和表面处理要求选取不同的再生施工工艺，可以进行简单的表面整形，使路面恢复到原有的状况。可以在对旧沥青路面表面整形后在上面再加铺一薄层新混合料后碾压完成路面再生，或者将破碎路面和新料充分混拌后再摊铺碾压完成。

施工中应先对路面进行清扫，以保证基层表面平整、干净。在进行现场热再生方法前，原路面上的大量冷混合料补丁，必须除掉。严格按照再生沥青混合料设计的用量添加再生剂、新集料和新沥青，控制旧沥青路面的加热温度。再生材料摊铺后应立即进行压实，保证碾压温度。应采取必要的措施保证附近环境免受加热的影响。另外，由于此方法是在路上加热旧路面，容易受气候的影响，寒冷季节和雨天一般不宜施工。

### 3. 工厂热法再生施工技术

厂拌再生施工包括现场旧料的回收、集中加热拌和、运输、摊铺、碾压等几个步骤。与常规的沥青混合料施工相比，主要增加了旧料回收，以及集中拌合时的冷料加热装置和输送装置。按照再生剂掺入的方式不同，其整个的工艺流程，见图 17-2、图 17-3 所示。

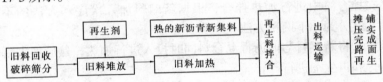

图 17-2　沥青路面工厂热再生工艺流程一

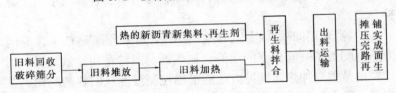

图 17-3　沥青路面工厂热再生工艺流程二

从图中可以看出，再生沥青路面的施工工艺与普通沥青路面的施工工艺相比，在再生沥青混合料的生产工艺复杂程度有所增加。如何确保旧沥青混合料的再生质量是生产拌合需要重点考虑的问题。

（1）旧料回收

沥青路面再生利用的第一步必须进行旧料的有效回收，包括旧料的铣刨、破碎和筛分贮存等步骤。通过铣刨装置可以回收旧路面材料，同时使原路面结构达到所要求的坡度。铣刨回收的旧料以 10mm 以下的细料为主，占 60% 以上。在现场铣刨旧料时可能混入部分基层材料，此时必须对混合料进行区分，清除其中的杂质，以保证再生沥青混合料的质量。对非铣刨掘路收集的旧沥青路面，应在厂内经过破碎筛分分级。

（2）再生沥青混合料的加热拌合

首先，需要考虑如何对旧料进行加热，何时加入再生剂以获得最佳的再生效果等。旧沥青、再生剂和新沥青能够充分地混溶是再生沥青混合料生产及质量控制的关键。对再生沥青混合料的加热拌合按照设备不同有不同的方法。

1）当采用连续式再生，旧沥青混合料、新沥青、再生剂都是在拌合筒中进行加热拌合，根据新旧料加入次序和方法的不同，又分为如下两种方法：

①将新集料与旧沥青混合料同时投入进行加热，然后加入新沥青和再生剂进行拌合。

②先加热新集料，然后再将旧沥青混合料倒入拌合，通过新旧粒料热传导以及热风加热进行加热，再与新沥青和再生剂进行拌合。

2）当采用间歇式再生方法，采用的是单独加热技术，专门为旧料配备了一套独立的滚筒、加热器、旧料仓和计量装置，新骨料也是独立加热。这种方法能准确控制温度及旧料的配比。首先用高精度的皮带秤来控制不同规格旧料及新冷料的供给量，然后，再用静态秤将旧料和热的新集料按一定的比例配合，放入间歇式拌合机中，再加入新沥青和再生剂进行拌合。

比较这两种加热拌合方式，因间歇式再生设备采用的是单独加热技术，能准确控制旧料的温度，由于对旧料主要采用热气流来加热，能防止沥青的进一步老化。为了使再生沥青混合料中再生剂与旧沥青进行充分融合，取得最佳的再生效果，可以使再生剂与旧料先拌合后再加入新料和新沥青拌合，再生料的搅拌时间比一般混合料延长，而间歇式拌合机搅拌时间，可以按照需要设定搅拌时间。对旧料及新骨料采用了单独计量的方法，减少了计量误差，保证配合比的精确，使再生沥青混合料的质量稳定。

（3）再生沥青混合料的运输、摊铺和碾压

再生沥青混合料的运输、摊铺和碾压与普通沥青混合料基本一致，其具体的施工工艺和步骤，可以参见《沥青路面施工及验收规范》（GB50092－96）。

（4）再生沥青混合料的配合比设计及生产质量控制

1）再生沥青混合料的配合比设计与普通沥青混凝土的配合比设计方法相同，只是增加了对旧沥青混合料（旧沥青含量、性质，旧集料级配组成、旧集料的性质）的评价过程，综合考虑旧料老化情况、铺设部位、设备情况以确定旧料的掺配比例，根据旧料沥青含量按事先试验所确定再生剂掺加比例、确定再生剂用量，按沥青混合料油石比设计方法扣除旧沥青和再生剂用量确定几组不同的新沥青用量，按照普通沥青混凝土的配合比设计方法拌合、制件，确定最佳沥青用量，最后再进行动稳定度和水稳性测试，验证最佳沥青用量及整体配合比。

2）再生沥青混合料生产质量控制主要包括三个方面：混合料级配、沥青含量、马歇尔技术指标。

①混合料的级配控制

由于旧沥青混合料的级配复杂，需要对出厂的再生沥青混合料进行级配检验，确保添加了合适数量的新集料后，能满足相应沥青混合料的有关级配要求。

②沥青含量控制

沥青含量对再生沥青混合料的性能有重要影响，沥青含量过低会使混合料的耐久性变差，沥青含量过高又会降低沥青混合料的稳定性，虽然在配合比的设计过程中已经进行了沥青含量的验证，但是由于在搅拌机生产时实际的沥青含量可能会出现偏差，因此需要对再生沥青混合料生产过程中的沥青含量进行检测，以保证在规定的范围之内。

③马歇尔技术指标

对出厂的沥青混合料要按照《沥青路面施工及验收规范》

（GB50092 - 96）进行取样检测，对马歇尔稳定度、流值及空隙率等指标进行检验，确保生产的再生沥青混合料满足路面使用的要求。如果发现不符合设计质量要求，应及时找出原因，修正配合比设计，直到满足要求方可出厂。

# （二）沥青玛琋脂碎石混合料

沥青玛琋脂碎石混合料（简称 SMA 沥青混合料）是近年来国际上出现的一种新型沥青混合料，以其优良的抗车辙和抗滑性能闻名于世。我国是在 1991 开始接触 SMA 混合料技术的，1992年在建设首都机场高速公路过程中，北京市公路局率先应用了改性沥青及 SMA 技术，之后各省市陆续铺筑了 SMA 试验段。交通部已经在全国范围内组织推广 SMA 混合料，并将正式列入现行的《公路沥青路面设计规范》中。

## 1.SMA 沥青混合料的定义及强度形成机理

SMA 沥青混合料是一种以沥青、矿粉及纤维稳定剂组成的沥青玛琋脂结合料填充于间断级配的矿料集架中，形成集架密实结构型沥青混合料。组成特点可以概括为三多一少，就是沥青多、粗集料多、矿粉多、细集料少。

普通沥青混合料在高温条件下，沥青砂浆黏度变小，承受变形的能力急剧降低，很容易产生永久变形，造成车辙、拥包等。而 SMA 混合料中粗集料含量高，在混合料中颗粒面与面直接接触、相互锁结构成的骨架直接承受交通荷载，对温度敏感性小，所以即使在高温条件下，沥青玛琋脂的黏度下降，这种混合料变形仍很小，因此 SMA 混合料有着较强的高温抗车辙能力。

SMA 沥青混合料矿粉含量多能与沥青形成黏结力很高的胶凝状物——玛琋脂提高了整体的力学性质。在低温条件下，沥青混合料的抗裂性能主要由结合料的拉伸性能决定，由于 SMA 沥青混合料中的粗集料之间填充了足够量的沥青玛琋脂，它包裹在粗集料表面，即使在低温条件下，随着气温的下降，混合料产生收缩变形，沥青玛琋脂较好的韧性和柔性使沥青混合料有着较好的抵抗低温收缩变形的能力。

SMA 沥青混合料对沥青结合料的要求比普通沥青混凝土要高，但是否要用改性沥青，国际上并无一致的结论。各个地区气候条件及交通条件不一样，经济实力也不一样。但是使用改性沥青，能够使 SMA 的优点得到更加充分的发挥。从总体上来说，使用 SMA 结构和改性沥青是从矿料级配和沥青结合料两个方面改善沥青路面的质量。选用不同的改性剂，可以提高 SMA 沥青玛琋脂混合料的高温稳定性及低温抗裂性。

SMA 沥青混合料通常使用纤维稳定剂。纤维主要有木质素纤维、矿物纤维、聚合物纤维三大类，另外还有玻璃纤维，不过很少使用。纤维在沥青混合料中主要有以下几种作用：①纤维在混合料中以三维的分散相存在，可以起到加筋作用。②SMA 中沥青和矿粉因为纤维的存在可以均匀地分散在集料之间，而不是形成胶团、铺筑在路面上形成油斑。③它能吸附及吸收沥青，使沥青用量增加，沥青油膜变厚，提高混合料的耐久性。④纤维使沥青膜处于比较稳定的状态，尤其在夏天高温季节，纤维内部的空隙还可以缓冲沥青受热膨胀，提高高温稳定性。⑤提高黏结力。由于矿物纤维用量大并且劳动保护问题难解决，聚合物纤维又价格昂贵，通常使用木质素纤维。

### 2.SMA 沥青混合料配合比设计

SMA 沥青混合料配合比设计，国际上尚无公认的成熟方法。我国对 SMA 的研究刚刚起步，经验还不多，目前是在学习美国和德国的方法基础上，结合我国工程的实际情况，由中国工程建设标准化协会公路工程委员会制订了《公路沥青玛琋脂碎石路面技术指南》，采用马歇尔试件体积设计方法进行配合比的设计。

按标准要求选择材料，并根据集料筛分情况合成初试级配。要求混合料试件矿料间隙率 SMA 大于 17%，以保证沥青、纤维填充在里面而不是将粗集料骨架撑开。

测定集料粗骨料部分的捣实后间隙率，要求压实状态下沥青混合料中的粗集料骨架间隙率必须等于或小于粗集料捣实状态下的空隙率，保证形成粗集料骨架的紧密嵌挤作用。

选择初试油石比。进行马歇尔试验，根据矿料间隙率和粗集料骨架间隙率确定配合比级配。

在确定级配的基础上变化油石比进行马歇尔试验，确定沥青用量。

配合比的设计检验，包括用谢伦堡析漏试验、肯塔堡飞散试验。用车辙试验，用 48h 浸水马歇尔试验和冻融劈裂试验，透水性检验和表面构造深度检验，如果各项指标均符合设计标准要求，则 SMA 配合比设计完成，所得到的配合比可以用于工程施工。

### 3. SMA 沥青混合料质量管理

（1）SMA 沥青混合料的拌制

由于改性沥青的黏度较高，而混合料在拌合时要加入较多数量的冷矿粉、纤维，则集料的烘干温度、混合料的拌合温度需要高一些。如果温度不够，混合料不可能拌制均匀，即使拌制均匀，也会影响摊铺碾压工序的质量。

SMA 沥青混合料为间断级配，粗集料量多，为此可能需要将上粗集料冷料仓的数量增多，而细集料用量很少，开口要小，还要注意细集料不宜露天堆放，避免下雨受潮。SMA 矿粉用量多，几乎是普通沥青混凝土的 2 倍，使矿粉的输送设备供料紧张。在搅拌站自身输送设备供应量不足时，要采取措施补充矿粉。

SMA 沥青混合料的级配范围比普通沥青混合料的容许范围窄的多，其配料要求比普通沥青混合料严格。对间歇式拌合机，必须要求逐盘打印配合比，与标准配合比进行对照，发现问题及时纠正。

油斑是 SMA 沥青混合料路面的常见病害，出现这种现象的原因一般有以下几种：一是配合比设计不准确，沥青含量偏高；二是混合料的级配有问题；三是纤维的拌合不匀。由于 SMA 沥青混合料路面施工之前都经过了严格的配合比设计过程，油石比、级配出现问题的几率比较小，而国内很多搅拌站还依赖于人工投入纤维，即使使用纤维投放机，机械的故障率也较拌合机高，所以第三种情况出现的可能性最大。可能是纤维漏投、少投，纤维稳定剂数量不够，材料出现离析，或纤维投放不及时，干拌时间不够，纤维没有充分分散，导致沥青用量不均匀。

1）SMA 沥青混合料的储存及运输

改性沥青混合料拌合以后不能存放太长时间，以防止混合料表面结成一层硬壳，同时由于 SMA 的沥青用量要比一般的混合料多，时间长了会发生沥青析漏，造成沥青用量不均匀。

改性沥青和 SMA 混合料黏度较大，运料车的底部要刷涂较多的隔离剂，为了防止混合料表面结成一层硬壳，运输过程中运料车表面要加盖苫布。

2）SMA 沥青混合料的摊铺及碾压

为保证路面的平整度，必须按照规范缓慢、均匀、连续地摊铺。摊铺机最好不要停顿，这就要求拌合机的生产效率与摊铺机配套，在开始摊铺时摊铺机前至少要有一定数量辆运料车等候。但也要注意混合料的待摊时间不得过长，施工现场的调度指挥必须做好。

由于改性沥青的黏度较高，故 SMA 路面的施工温度应该适当提高，这也是施工的技术关键。混合料的摊铺碾压要在尽可能高的温度下一气呵成，否则摊铺无法平整，碾压不可能达到压实度要求，施工质量无法保证。

（2）改性沥青和 SMA 沥青混合料的质量检测方法

由于改性沥青和 SMA 沥青混合料的结构特点，施工质量管理和质量检测应该有所侧重。与普通沥青混合料一样，矿料级配和油石比是质量检测的重点，要求每天对每一台拌合机取样、抽提、筛分不少于一次。要求油石比误差相比于配合比不得超过±0.3%。此外，由于 0.075mm 以下颗粒含量对混合料性能的影响很大，所以在检测过程中要注意矿料级配中 0.075mm 筛孔的通过率。

对于 SMA 沥青混合料，马歇尔试验的稳定度和流值不像普通沥青混合料那么重要，但马歇尔试验仍然是拌合厂最主要的质量检测项目。其目的首先是混合料试件的密度和空隙率、VMA、VCA、VFA 等四大体积指标，以确定是否满足 SMA 构成的必要条件。同时检测马歇尔稳定度和流值，其目的主要是看生产质量的稳定性，是否能稳定在一个基本不变的水平上。

对 SMA 沥青混合料路面的质量检测，要按照现行的《公路改性沥青路面施工技术规范》（JTJ036）及相关的技术规范和指南的要求进行。除了外形尺寸外，施工现场检测的内容包括施工压实度、压实厚度、路面的平整度、弯沉值、表面的构造深度、透水性、摩擦系数等。

## （三）彩色沥青混合料

彩色沥青混凝土作为一种新型的路面材料，可用于步行街、景观区、建筑屋顶、学校操场、球场、居民区的甬道和慢车道、公园游览路以及一些特殊的道路等，改变了路面的单一色调，美化环境；亦可用于人行横道、十字路口及事故多发地段或医院、小学校门前，用以规范道路类别，方便运行管理，维护交通安全。

随着城市建设规模的高速发展，铺筑沥青路面面积越来越大，散发热量越来越多，使用彩色沥青混合料则可以改变由于大量铺筑沥青路面而产生的"热岛"效应，减少环境污染。以北京为例，如果将北京现有的屋顶和相关能利用彩色沥青的地方都使用彩色沥青，整个北京的热岛效应将得到缓解。彩色沥青混合料路面主要用于新建或改建沥青路面的上面层，其路用性能与热拌石油沥青混合料相同，在路面结构中可同等使用。由于彩色沥青主要用于道路表层、下面层，基层和一般沥青路面要求相同，只是面上铺 2～3cm 厚的彩色沥青混合料，施工后即刻可以开放交通。

## 1. 彩色沥青混凝土的定义及分类

彩色沥青混凝土是由不同比例的粗集料、细集料及填料组成的符合规定级配的矿料，与彩色沥青拌合而制成的符合技术标准的沥青混合料。彩色沥青混合料由于多铺筑小区、人行道，对强度的要求不高，矿料级配一般选择 AC–5I 型沥青混合料，其各项技术标准按相应国标执行。

目前的彩色沥青混合料生产主要有两种途径：一是用彩色沥青结合料拌制成混合料，二是在对颜色的要求不高时，也可以采用沥青掺加颜料生产彩色沥青混凝土的方法。

## 2. 研发概况

最初对彩色沥青混凝土的研究侧重于脱色沥青。国内外研究人员主要考虑从石油化工的副产品材料中将可用的原料，用化工合成或其他方法制作符合沥青路面技术要求的胶结料，当然最好能够使配制的产品在发挥路用沥青优良品质的同时，也能弥补其不足，如提高高温稳定性和低温抗裂性。合成的物质最好是无色的，这样添加颜料时才能更好地生产出所需的彩色沥青混凝土。目前，脱色沥青的研究已经获得了成功，市场上脱色沥青的各项技术指标都达到或超过了路用沥青的规范要求，用脱色沥青生产的混合料各项技术指标也达到或优于普通沥青混合料的各项技术指标。

有些公司独辟蹊径，研制出了一系列理化性能十分优异的新型脱色沥青。不同于以往的脱色沥青，这种成品自身即呈现红、黄、绿、蓝等多种颜色，用户仅需掌握沥青混凝土搅拌技术，用传统的间歇式搅拌设备，将红、黄、蓝、绿各色沥青与石料、石粉等混合搅拌即可生产出品质优异、色彩绚丽的彩色沥青混凝土。

彩色沥青混凝土的生产工艺及设备

目前多采用间歇式沥青混合料拌合设备经改装后生产彩色沥青混合料，其工艺流程，见图 17-4。

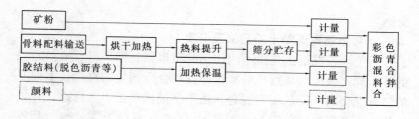

图 17-4　间歇式设备生产彩色沥青混合料工艺流程图

我国沥青搅拌站大多为间歇强制式沥青混凝土搅拌设备，经简单改装即可使用该搅拌设备生产彩色沥青混合料。由于彩色颜料与矿粉性质相似，只需要多加彩色颜料的计量、投放装置即可生产。如果还使用该设备进行普通沥青混凝土的生产，则需要考虑添加一套胶结料的计量、供给系统。

**3. 彩色沥青混合料配合比设计**

彩色沥青混凝土的配合比设计采用马歇尔试验设计方法，并对设计的沥青混凝土进行浸水马歇尔试验、水稳定性检验、车辙试验、抗车辙能力检验。级配和性能指标应符合普通沥青混合料相关技术规范。

**4. 彩色沥青混凝土生产质量控制**

（1）用于彩色沥青混合料面层的粗集料应具有良好的颗粒形状，洁净、干燥、无风化、无杂质，具有足够的强度、耐磨耗并与脱色沥青粘附力好。细集料可采用天然砂、机制砂及石屑。细集料应洁净、干燥、无风化、无杂质，并有适当的颗粒组成，宜采用优质天然砂及机制砂。细集料应与胶结料有良好的粘结能力，填料有两种，一种是矿粉，另一种是彩色的颜料。不得使用拌合机的回收粉尘。

（2）脱色沥青应在低温状态下存放，避免在高温状态下长期存放。不同批次制作的脱色沥青混合使用前应先搅拌均匀并经检验合格后方可使用。脱色沥青在贮运、使用及存放过程中应有良好的防水措施，并应避免雨水或加热管道蒸汽进入沥青罐中。

（3）由于彩色沥青混合料一般要掺加颜料，保证拌合均匀或使用黏度相对普通沥青较高的脱色沥青生产，所以拌合时间较普通沥青混凝土长，以混合料颜色均匀，无花料为准。

（4）用于彩色沥青混合料生产的颜料及脱色沥青不耐高温，在较高温度下拌合会发生理化性质的变化，表现为颜色变暗，直接影响彩色沥青混合料的铺筑效果，所以拌合温度宜低。并要确保在运输途中，料温不致有较大的降低，以保证摊铺时的温度。

## （四）降噪排水沥青混合料

降噪排水沥青混合料采用间断型开级配，属骨架空隙结构型沥青混合料，空隙率较大，在 20% 左右，粗集料用量达到 80% 左右。粗集料间隙由少量砂粒填充，矿粉用量也较少。这种路面能迅速从混合料内部排走路表雨水，具有排水、防滑、抗车辙及降低噪声的作用。

这种混合料具有的低噪声、防溅水、防反光、增强路面附着力等优点，在许多国家日益受到重视，并在应用与研究方面取得了许多成果与经验。美国称这种路面为开级配沥青混凝土（OGAC），主要改善路面抗裂能力，增加抗车辙能力，提高抗滑性能。欧洲一些国家铺筑这种路面，主要注重其排水、抗滑功能。当对这种路面主要强调其降低噪音功能时，则这种路面又称为低噪音路面。

### 1. 排水原理

透水性沥青混合料最大的特点就是大空隙率。由于其空隙率大，使得混合料内部的空隙呈连通状态。当遇雨水时，水可以沿连通的空隙流动，最后排走。雨天在普通路面上，高速行车会产生水滑现象，汽车有失去控制的感觉，使行驶的车辆处于危险状态。在透水型沥青路面上，由于雨水能及时排走，从而消除了水滑现象，防止了刹车和操纵失控，提高雨天行车的速度和安全性。另外，透水性路面有较高的摩擦系数，良好的抗滑性能。

## 2. 降噪原理

交通噪声干扰人们的正常生活和休息，严重时甚至影响人们的身体健康。如引起心血管疾病、内分泌疾病等。噪声可使学习工作效率降低、产品质量下降，在特定条件下甚至成为社会不稳定的因素之一。据统计，全国有 3390 万人受交通噪声影响，其中 2700 万人生活在高于 70dB 的噪声环境中。解决城市居民的交通噪声污染问题，已经是当务之急。控制交通噪声有多种措施，直接的措施如在道路两侧安装隔音屏障、种植绿化带、道路两侧建筑物安装隔音玻璃；再有就是对车辆的轮胎、发动机和排气系统进行改造等；而铺设低噪声路面可以削减汽车轮胎挤压路面产生的气体，降低噪声。

在交通噪声中，当车辆速度较低时，汽车产生的噪声主要来自于与发动机有关的噪声源；随着车速的提高，轮胎噪声所占的比例越来越高。这种轮胎-路面噪声主要由三部分组成：一是撞击噪声，轮胎在地面上滚动，路面小的凹凸内的空气被压缩产生噪声。二是气压噪声，由轮胎变形时表面花纹沟槽中的空气受到挤压而振动、喷射所产生的噪声。三是滑粘噪声，由橡胶轮胎在路表上吸着拖滑而产生的噪声。光滑的路面可以降低撞击噪声，但是却会增加气压噪声和滑粘噪声，而透水性沥青混合料其空隙率大，一般在 20% 左右，其多孔隙结构可使气流顺利消散，所以降低了这两部分噪声。

## 3. 配合比设计方法

（1）降噪排水沥青混合料的粗集料，其用量达到 80% 左右，大颗粒之间的相互接触而构成的骨架结构承担了荷载的作用，所以在材料的选择上一定要注意粗集料要有足够的强度和抗压碎性，颗粒近似立方体，表面粗糙，针片状含量少。

（2）参考已有的级配范围初拟级配，按马歇尔试验方法每面击实 50 次制备试件，选择空隙率达到目标要求值时的沥青用量。若空隙率达不到预定值时，再进行级配调整。直至可以选择出几个空隙率满足要求的沥青用量。

（3）对所选择的几个沥青用量拌制的混合料做流淌试验（盘法），确定混合料所能保持的最大沥青用量，对成型的试件做洛杉矶磨耗试验，确定混合料必须使用的最小沥青用量，得到沥青混合料的油石比范围。

（4）最后按透水系数、马歇尔稳定度、残留稳定度、流值及其他性能指标试验分析，最后定出满足透水性、耐久性、强度要求的最佳沥青用量。

### 4. 使用中的注意事项

（1）由于这种混合料大颗粒之间的相互接触而构成了骨架结构承担了荷载的作用，所以在高温作用下抵抗变形的能力大，使用这种混合料的路面高温稳定性的抗车辙能力比一般沥青混合料高。由于多孔隙的存在，其综合路用力学强度比传统路面降低很多，产生老化、剥落的现象会较早，耐久性比一般沥青路面要低。因此必须使用高黏度高弹性耐老化性能好的改性沥青。

（2）使用一定时间后，空隙会由于灰尘、污物堵塞而减少，排水、降噪效果降低，对于有较多农业运输及土壤运输的乡村道路、污染较严重的城市道路、市场附近公路、停车场以及慢车道，应避免使用这种路面。

（3）由于多孔隙的存在，使得其综合路用力学强度比传统路面降低很多，对于水平剪切力较大的路段，如：交叉口、刹车频繁区、急弯处等应避免使用；纵坡较大路段，应考虑路面排水的有效性，即应做好排水设施。这种路面可以改善行车的舒适性（雨天无溅水、无水雾、无水漂现象，有良好的可见度）和安全性，路面能抗车辙，降低噪声；对于弯道较多或纵横坡较小的路段为了防止行车漂滑现象，建议使用该路面。

## （五）热拌冷铺沥青混合料

沥青路面在长期的使用过程中，会出现松散、坑洞、剥落等病害。路面病害不仅降低了路面的服务能力，而且主要影响道路正常交通，在高速道路上的坑洞甚至可能引发交通事故。因此对于路面出现的坑洞、破损需要及时加以修补。

目前，修补路面坑洞大都采用热拌热铺沥青混合料，它对于地点集中、工程量较大的路面维修是可行的，但对于地点分散、工程量小的路面维修，不仅因数量太少而沥青拌合厂难以生产，而且施工单位对热沥青混合料的保温和修补操作也感到不便，特别在冬季和雨水较多的季节。

而冷铺沥青混合料预先在工厂生产并储存起来，随时可供使用，适合常年路面坑洞修补，或供路面开挖埋设管线后恢复路面使用；由于在常温下施工，且使用简单工具即可进行坑洞修补，操作颇为方便。但是许多外国企业的冷铺材料大多价格昂贵，用户难以承受，除少量使用外，无法在工程中大量使用。目前我国国内的冷铺沥青混合料主要分为热拌冷铺沥青混合料和冷拌冷铺沥青混合料两类。

**1. 冷拌冷铺沥青混合料**

冷拌冷铺沥青路面是在基质沥青中加入一定量有机复合液添加剂，使改性后的沥青处于易流动状态，能够在常温下和矿料进行拌合，并摊铺压实形成路面的一种新型养护方法。

冷拌冷铺沥青混合料的技术性能符合养护规范要求，具有抗低温冷冻、抗高温变形、水稳性好、抗剥离性好等优点。应用于沥青路面维修养护中，具有预防性养护、全季节性养护、低温养护、质量稳定、生产修补工序简单、操作方便、显著降低养护工人劳动强度、明显改善劳动条件、成本低、环保等特点。

**2. 热拌冷铺沥青混合料**

不同于普通热拌热铺沥青混合料，它是事先将沥青混合料在较高温度下，预拌好，当发现路面上出现坑洞时，随时运到现场，进行路面修补。使用时在常温下进行摊铺和压实，因而将这种材料称之为热拌冷铺沥青混合料。经过碾压成型的冷铺沥青路面，具有与热铺沥青路面基本一样的使用性能，且冷铺沥青路面不易出现温度收缩裂缝。

（1）特点

这种混合料，可储存几个月，甚至更长的时间，都能保持良好的疏松状态而不结成团块，即使结成团块，经拍打就能散开。混合料在路面坑洞中摊铺后，经过压实即能粘结成型而不松散，这就要求混合料具有良好的黏结性能和压实性。路面在行车作用下会逐渐压实，强度慢慢提高。如果在路面修补时，未能使用碾压设备，路面在使用过程中经行车碾压会逐渐密实。

（2）生产方法

热拌冷铺混合料现场生产应先配制改性稀释沥青结合料，采用重交通道路沥青、树脂、石油溶剂、添加剂配合而成，其黏度按照使用季节分别调配，由于这种混合料主要用于沥青路面面层的修补，所以采用细粒径集料进行配合。结合料用量先按经验选取，然后根据试拌情况加以调整。混合料在 60～80℃ 的温度下进行拌合，出料后采取措施使其快速冷却，取现场生产的冷铺沥青混合料，检验其疏松性与压实性，并进行初始强度和抗水性试验。

（3）热拌冷铺混合料应用

热拌冷铺混合料在材料配方上与热拌热铺沥青混合料有所区别，成本相对较高，同时由于热拌冷铺沥青材料生产量很少，管理、包装费用较高，使成本有所提高。粗略测算，这种冷铺材料的价格是热拌沥青混合料的 2～3 倍左右。而使用国外经销的冷铺添加剂，因经远距离运输、加收关税和高额利润，生产的冷铺料价格差不多为热拌料的 10 余倍。由此可见，国内所开发的产品性能既好，成本又低，具有良好的应用前景。现在，国内所开发的冷铺材料已逐渐在城市道路和郊区公路上得到应用，其效果与国外同类产品相比毫不逊色。

## 思 考 题

1. 再生沥青混合料是如何分类？

2. SMA 沥青混合料的结构特点及形成机理是什么？

3. 彩色沥青混合料的发展过程？
4. 叙述降噪排水沥青路面的降噪排水原理。
5. 热拌冷铺沥青混合料优点及材料特点是什么？

# 主要参考文献

1　沥青工岗位标准、岗位鉴定规范、岗位鉴定试题库．北京：中国建筑工业出版社，2001

2　周养群主编．中国油品及石油精细化学品手册．北京：化学工业出版社

3　扬永先主编．机械基础知识．北京：人民交通出版社

4　巴勃格林公司编．沥青施工手册［美国］．北京：人民交通出版社，1989　第 1 版

5　倪寿璋编著．色路面成套机械与设备．北京：人民交通出版社，1988　第 1 版

6　沥青路面施工及验收规范（GB50092—96）．北京：中国计划出版社，1996

7　公路工程沥青及沥青混合料试验规程（JTJ052—2000）．北京：人民交通出版社，2000

8　严家伋．沥青材料性能学．北京：人民交通出版社，1990

9　严家伋．道路建筑材料．北京：人民交通出版社，1996

10　吕伟民．沥青混合料设计原理与方法．上海：同济大学出版社，2001

11　阳离子乳化沥青路面交通部阳离子乳化沥青课题协作组．北京：人民交通出版社，1999

12　公路工程集料试验规范（JTJ058—2000）．北京：人民交通出版社，2000

13　沈金安．改性沥青与 SMA 路面．北京：人民交通出版社，1999

14　沈金安．高等级公路沥青混合料配合比设计方法．石油沥青．1989 年第四期

15　沈金安．改性沥青与 SMA 路面．北京：人民交通出版社，1999

16　郭忠印，李立寒．沥青路面施工与养护技术．北京：人民交通出版社，2003

17　常魁和，高群．公路沥青路面养护新技术．北京：人民交通出版社，2001

18　黄晓明，朱湘．沥青路面设计．北京：人民交通出版社，2002

19 中国工程建设标准化协会公路工程委员会. 公路沥青玛琋脂碎石路面技术指南. 北京：人民交通出版社，2002

20 李军，周映华，余宗芳. 高等级公路机械化施工设备与技术. 北京：人民交通出版社，2003

21 杨林江，李井轩. SBS 改性沥青的生产与应用. 北京：人民交通出版社，2001

22 杨士敏等. 高等级公路养护机械，2003

23 吴爱贤，傅耀增. 有机热载体炉. 常能集团，1994